AF392942

ARRESTS
ET
REGLEMENS
CONCERNANT
LES FONCTIONS
DES
PROCUREURS,
TIERS REFERENDAIRES
DU PARLEMENT DE PARIS,
OÙ L'ON VOID

La conduite qu'il faut tenir dans l'instruction des Procés jusqu'à Jugement diffinitif.

A PARIS,

Chez JACQUES LE FEBVRE, au logis de la Veuve Pepingué,
ruë de la Harpe, vis-à-vis la ruë Saint Severin, au Soleil d'or
& à la grande Harpe.

M. DC. XCIV.
AVEC PRIVILEGE DU ROY.

QUOYQUE ce Livre ſemble n'avoir eſté fait que pour l'uſage des Procureurs, on peut dire que le Public n'en recevra pas moins d'utilité : Et ceux qui ſont dans les affaires en reconnoîtront l'importance, s'ils veulent lire avec application ce qui regarde les Fonctions des Procureurs.

En effet, on y trouve toute la Pratique, comme elle s'obſerve à preſent, & la maniere certaine de ſe conduire dans les routes qu'il faut tenir pour inſtruire toute ſorte de Procés juſqu'à Jugement diffinitif.

La grande facilité qu'on éprouve, aprés la lecture de ce qu'il contient, vient de ce qu'on n'y void aucun mélange de ces longs diſcours, qui bien ſouvent font plûtôt perdre l'idée de l'objet qu'on a dans l'eſprit, qu'ils ne le font connoître.

En ſorte qu'on peut dire, aprés pluſieurs Perſonnes d'un merite diſtingué, qui ont vû cet Ouvrage : *Que c'eſt une Loy vivante, compoſée, non ſeulement des Edits & Ordonnances de* LOUIS LE GRAND, *dont la Science eſt certaine ; mais encore des Arreſts & Reglemens de* NOSSEIGNEURS DE PARLEMENT, *dont l'experience eſt conſommée.*

La diviſion qu'on en a faite en trois Parties, dont

la 1ᵉ. traite de la Creation des Procureurs, la 2ᵉ. de leurs Fonctions, & la 3ᵉ des Deliberations de la Communauté des Avocats & Procureurs, ne foulagera pas peu ceux qui y auront recours ; puifque les matieres eftant ainfi diftinguées, chacun y trouvera plus promptement & à poinct nommé ce qui luy fera neceffaire.

Quoique chacune de ces Deliberations contienne plufieurs difficultez qui regardent la Procedure, on n'a pas crû devoir les fpecifier toutes dans la Table : On s'eft contenté d'y mettre le principal fujet qui en fait le titre, de crainte de fatiguer le Lecteur en la rendant trop longue : Et l'on a bien prévû que la conftruction des ti-tres fuffifoit, pour faire connoître que les Deliberations renferment beaucoup de chofes qu'il feroit impoffible d'énoncer dans un titre de peu de lignes.

EDITS ET DECLARATIONS:

ARRETS ET REGLEMENS

CONCERNANT

La Creation & les Fonctions des Procureurs , Tiers Referendaires , Taxateurs des Dépens : Avec les Deliberations de la Communauté des Avocats & Procureurs du Parlement de Paris.

PREMIERE PARTIE.

De la Creation des Procureurs.

A premiere creation des Procureurs en titre d'Office a esté faite par Charles IX. en Juillet 1572.

L'Edit a esté suprimé par Henry III. lequel l'a rétably par autre Edit du 20. Octobre 1585.

Loüis XIII. en 1620. a creé les Procureurs en titre d'Office ; l'Edit a esté verifié, le Roy séant, le 18. Fevrier de la même année : mais il n'a point eu d'execution.

Par Arrest du Conseil du dernier Septembre 1621. le Roy a réduit les Procureurs de la Cour de Parlement à deux cent, conformément à l'Ordonnance de Moulins, & à l'Arrest donné en la Cour le 16. Juillet 1621.

En 1627. Loüis XIII. a de nouveau creé en titre d'Office trois cent Procureurs au Parlement de Paris ; l'Edit a esté verifié, le Roy séant ; Il n'a pareillement point eu d'execution.

En 1635. le Roy a revoqué la Creation des Procureurs , & a creé trente Offices de Tiers Referendaires au Parlement de Paris , avec pouvoir de postuler , en execution de l'Edit & de la Declaration

I. Part.   A

du 26. May 1637. Il n'y a eu que quatre Charges de cette Creation qui ayent esté levées ; encore ils ont demeuré sans fonction.

En 1639. a esté fait la Creation des quatre cent Procureurs, avec reünion des Tiers Referendaires ; L'Edit a esté verifié, exe-cuté, & le nombre de quatre cent rempli.

En Juin 1657. le Roy ayant fait une nouvelle Creation de cent Procureurs ; & envoyé des Lettres de Jussion pour l'enregistre-ment ; La revocation en a esté faite par Declaration du 31. Mars 1674. qui a maintenu les Procureurs en toutes leurs fonctions.

Par Arrest du Conseil du 13. Decembre 1687. les Offices de Procureurs ont esté fixez à 12000. livres. Et par autre Arrest du Conseil du 31. Juillet 1688. il a esté enjoint de porter les procu-rations aux Parties Casuelles.

En Novembre 1689. le Roy ayant fait une nouvelle Creation de Tiers Referendaires pour taxer les dépens, & postuler comme Procureurs dans toutes les Cours & Jurisdictions du Royaume; par Declaration du 6. Decembre 1689. les Procureurs du Parle-ment de Paris ont esté confirmez en la fonction de Tiers Refe-rendaires, & la fixation de leurs Charges levée.

En 1692. le Roy ayant creé des Greffiers, Gardes-minuttes, & Expeditionnaires des Lettres de Chancellerie prés les Parlemens & Presidiaux du Royaume, par Declaration du 29. Avril 1692. les huit Charges creées pour la Chancellerie prés le Parlement de Paris, ont esté reünies à la Communauté des Procureurs, qui en font la fonction & exercice par huit d'entr'eux qui sont preposez à cette fin.

En 1693. le Roy ayant fait l'union de la Jurisdiction de la Chambre du Tresor au Corps des Tresoriers de France, & creé vingt Procureurs pour postuler en ladite Jurisdiction, par Decla-ration du 16. May 1693. ils ont esté suprimez, & les Procureurs du Parlement maintenus en la possession d'occuper audit Bureau, avec rétablissement du droit de revision, & droits qui avoient esté re-tranchez aux Procureurs par l'Ordonnance de 1667. en execution de laquelle Declaration le Parlement a, le 17. Juillet 1693. fait le Reglement pour la fonction des Avocats & Procureurs de ladite Cour.

EDIT DU ROY,

Portant creation en heredité des Offices de Tiers Referendaires des dépens au Parlement, avec pouvoir de postuler : Contrôlleurs desdits dépens, Place de Clercs de Greffes, Gardes des Sacs, & autres Charges qui s'exercent par Commißion audit Parlement, & dans l'enclos du Palais à Paris. Ensemble de pareils Offices de Tiers Referendaires, & de Contrôlleurs hereditaires, & d'un premier Huißier Audiencier en tous les Presidiaux & Iurisdictions Royales, du mois de Decembre 1635.

Declaration de Sa Majesté sur ledit Edit, pour le fait desdits Offices de Tiers Referendaires, & de Contrôlleurs, du 26. May 1637.

Verifiez en Parlement & Cour des Aydes.

LOUIS par la grace de Dieu Roy de France & de Navarre : A tous presens & à venir, Salut. Nous avions esperé un notable secours de l'execution de nostre Edit du mois de Fevrier 1620. portant creation des Offices de Procureurs en toutes nos Cours Souveraines & Jurisdictions de ce Royaume, & notamment de ceux de nostre Parlement de Paris ; Mais nous ayant esté remontré, que cet établissement estoit contraire à l'usage ancien de nostre Parlement, nous en aurions surcis l'execution à son égard seulement. Au lieu dequoy, & pour avoir plus de moyen de soûtenir les grandes & excessives dépenses des Armées que nous sommes obligez de tenir sur pied pour la conservation de cet Estat, Nous ayant esté proposé de creer en titre d'Office formé & hereditaire, des Tiers Referendaires, Gardes des declarations de dépens & frais en toutes nos Cours de Parlemens & Jurisdictions Royales, au lieu des Tiers qui ont accoûtumé de taxer lesdits dépens : & des Contrôlleurs desdits Tiers Referendaires, aussi hereditaires, aux droits & émolumens cy-aprés specifiez : ensemble d'ériger en titres d'Office formé & hereditaire, dans nostre Parlement, Enquestes, Requestes & autres Jurisdictions qui sont dans l'enclos du Palais de Paris, toutes les Places de Clercs, Gardes des Sacs, & autres

charges qui s'éxercent feulement par commiffion , dont l'établiffement & la vente auroient efté furcifes en confequence d'un Brevet
de la feuë Reine Catherine de Medicis : & de creer encore en titre
d'Office formé , un premier Huiffier Audiencier en tous nos Prefidiaux , Senéchauffées , Bailliages & Jurifdictions Royales : Nous
avons eftimé ne devoir differer lefdites creations , tant pour le foulagement qui en doit reuffir au public , que pour le notable fecours
que nous en attendons. A CES CAUSES , Sçavoir faifons, Que,
ayant mis cette affaire en deliberation en noftre Confeil , où eftoient
aucuns Princes , Officiers de noftre Couronne , & autres grands
& notables Perfonnages : De l'avis d'iceluy , & de noftre certaine
fcience , pleine puiffance & autorité Royale , Nous avons par ce
prefent noftre Edit perpetuel & irrevocable , revoqué & revoquons noftredit Edit du mois de Fevrier 1620. en ce qui concerne
le rétabliffement defdits Offices de Procureurs Poftulans en nôtredite Cour de Parlement de Paris , & autres nos autres Cours
& Jurifdictions eftant dans l'enclos de noftre Palais feulement :
Lequel Edit , quant au refte , nous voulons avoir lieu felon fa forme & teneur , & l'avons en tant que befoin feroit , confirmé &
confirmons par cétuy noftre prefent Edit. Et moyennant ce , nous
avons créé , érigé & établi , creons , érigeons & établiffons en titre
d'Office formé , trente Offices hereditaires de Tiers Referendaires , Gardes des declarations de dépens & eftats de frais , dommages & interefts adjugez en noftredite Cour de Parlement , Cour
des Aydes , Requeftes de l'Hoftel & de noftre Palais , & autres nos
Jurifdictions eftant dans l'enclos d'iceluy : Pour à l'avenir voir &
taxer toutes les declarations de dépens & eftats de frais , au lieu
des Procureurs Tiers qui s'y font employez jufques à prefent , aufquels nous défendons de s'en plus entremettre en quelque forte &
maniere que ce foit , à peine de faux , de cinq cent livres d'amende , & de tous dépens , dommages & interefts. Avons auffi creé
& creons en titre d'Office formé , huit Contrôlleurs hereditaires
defdits Tiers Referendaires audit Parlement , Cour des Aydes ,
& autres Jurifdictions de l'enclos dudit Palais , lefquels tiendront
regiftres des noms des parties , dattes des Arrefts , Jugemens &
Appointemens , en confequence defquels lefdits dépens auront efté
taxez & liquidez , la datte des Executoires & la délivrance d'iceux ,
& le nom de ceux qui les auront retirez. Et pour cet effet lefdits
Tiers Referendaires feront obligez incontinent aprés qu'ils auront

liquidé lefd. dépens, d'en remettre les declarations entre les mains defdits Contrôlleurs, qui en feront le calcul, & les prefenteront à celuy de nos Confeillers qui aura efté commis pour faire lefd. taxes, auquel ils les feront figner : & expedieront les Executoires, qu'ils feront auffi figner aux Greffiers, & les retireront du Sceau pour les délivrer aux parties, ou à leurs Procureurs. Aufquels Tiers Referendaires, nous avons attribué & attribuons femblables droits d'affiftance qu'avoient accoûtumé de prendre lefdits Tiers, fans autre augmentation que du demy parifis de leurfdits droits d'affiftance. Avons auffi attribué à nos Confeillers, commis à faire lefdites taxes de dépens, pareil droit de demy parifis, de ce qu'ils ont accoûtumé de prendre pour faire lefdites taxes. Et quant aufd. Contrôlleurs defdits Tiers Referendaires, nous leur avons attribué & attribuons le demy parifis de tout le contenu aufdites declarations de dépens, dommages & interefts, frais, foit qu'ils foient adjugez & liquidez par Arrefts, Jugemens, Appointemens, ou autrement : Lequel demy parifis fur tout le contenu aufdits dépens, enfemble celuy attribué aufdits Tiers Referendaires & nos Confeillers commis pour faire lefdites taxes de dépens, nous voulons eftre augmentez & compris dans lefdites taxes. Avons auffi uny & incorporé aufdits Offices de Tiers Referendaires, la charge de Procureur poftulant audit Parlement, pour y eftre reçû aprés avoir prêté le ferment & fuby l'examen, ainfi qu'il eft accoûtumé. A tous lefquels Offices il fera par nous pourvû de perfonnes capables : Et feront vacation advenant, confervez à leurs veuves, enfans ou heritiers, qui en pourront difpofer ainfi qu'ils aviferont. Et pour donner un profit & lucre reglé à ceux qui feront cy-aprés pourvûs defdits Offices de Tiers Referendaires & Contrôlleurs, Nous entendons qu'en chacun de leur Corps ils foient tenus faire bourfe commune de tous les droits & émolumens dépendans defdites taxes de dépens, & liquidation des dommages & interefts generalement quelconques : Lefquels droits feront partagez entr'eux de telle forte, qu'il en fera rapporté les deux tiers au profit de la bourfe commune, & l'autre tiers demeurera au profit de celuy d'entr'eux qui en aura fait la fonction. Et defirant que lefdits Offices de Tiers Referendaires & Contrôlleurs, puiffent eftre exercez avec ordre, & fans aucune confufion, au foulagement des parties plaidantes, Nous voulons qu'il leur foit donné quelque lieu commode en l'enclos de noftredit Palais, pour y

faire leur Bureau , auquel ils fe rendront aux jours & heures les
plus propres, pour figner & délivrer leurfdites expeditions. Lefquels Offices de Tiers Referendaires & Contrôlleurs, nous avons
pareillement creé, érigé & établi, creons, érigeons & établiffons
en titre d'Office formé & hereditaire , en tous les Prefidiaux,
Bailliages , Senéchauffées , & autres Jurifdictions Royales du
reffort de noftredit Parlement , pour en joüir par les pourvûs aux
droits & fonctions fufdites , en tel nombre qu'il fera jugé fuffifant
& neceffaire. Outre laquelle creation de Tiers Referendaires,
fufdits Contrôlleurs , Nous avons auffi creé , érigé & établi,
creons, érigeons & établiffons en titre d'Office formé & hereditaire , toutes les Places de Clercs , Gardes des Sacs , & toutes
autres Charges qui s'exercent par commiffion en noftredit Parlement , Enqueftes, Requeftes & toutes autres Jurifdictions contenuës dans l'enclos de noftre Palais à Paris, dont l'établiffement
& la vente auroient efté furcifes à caufe du Brevet de ladite feuë
Reine Catherine de Medicis, auquel nous avons dérogé & dérogeons par ces prefentes perpetuelles & irrevocables , & ne voulons
avoir lieu à l'avenir. Voulons & nous plaît , que lefdits Offices
foient vendus & adjugez au plus offrant & dernier encheriffeur,
pardevant les Commiffaires qui feront par nous deputez, pour en
joüir par les acquereurs, aux droits,émolumens & fonctions, telles
& femblables que celles dont joüiffent lefdits Commiffionnaires.
Comme auffi nous avons par cétuy même Edit perpetuel & irrevocable , creé & érigé, en titre d'Office formé , un premier Huiffier Audiencier , en tous les Prefidiaux , Senéchauffées , Bailliages, & toutes autres Jurifdictions Royales : Et à cette fin , voulons, conformément aux anciens Reglemens & Ordonnances, que
toutes caufes d'Audience foient dorefnavant appellées à tour de
rôlle par lefdits premiers Huiffiers , privativement aux autres
Huiffiers Audienciers établis aufdits Sieges , lefquels feront auffi
les publications des heritages faifis, & autres chofes qui fe ven-
dront par decret , & ce à l'exclufion de tous les autres Huiffiers
Audienciers, & tout ainfi que font les premiers Huiffiers Audienciers établis en noftred. Parlement de Paris , Requeftes du Palais,
& autres : pour joüir defdits Offices & gages qui leur font attribuez, jufques à la fomme de douze mil livres, à départir entr'eux,
dont fera laiffé fonds efdits eftats , qui feront arreftez pour cet
effet en noftre Confeil.

SI DONNONS EN MANDEMENT à nos amez & feaux Conseillers, les Gens tenans noftre Cour de Parlement de Paris, Qu’ils faffent lire, publier & regiftrer le prefent Edit ; & le contenu en iceluy inviolablement garder & obferver de point en point felon fa forme & teneur, ceffant & faifant ceffer tous troubles & empêchemens au contraire, nonobftant toutes Lettres & chofes à ce contraires, aufquelles & aux derogatoires des derogatoires y contenuës, nous avons dérogé & dérogeons par cefdites prefentes, nonobftant auffi oppofitions ou appellations quelconques, pour lefquelles & fans prejudice d’icelles, ne voulons eftre differé, dont fi aucunes interviennent, nous avons refervé la connoiffance à nôtredit Confeil, & icelle interdite & défenduë à toutes nos Cours & Officiers : Car tel eft noftre plaifir. Et dautant que des prefentes on pourra avoir befoin en plufieurs & divers lieux, nous voulons qu’à la copie d’icelles, dûëment collationnées par l’un de nos amez & feaux Confeillers & Secretaires, foy foit ajoûtée comme au prefent original, auquel afin que ce foit chofe ferme & ftable, nous avons fait mettre noftre Scel, fauf en autre chofe noftre droit & l’autruy en toutes. Donné à faint Germain en Laye au mois de Decembre, l’an de grace 1635. Et de noftre Regne le vingt-cinquiéme. Signé, LOUIS: Et plus bas, Par le Roy, DE LOMENIE, à cofté, vifa, & fcellé du grand Sceau de cire verte fur lacs de foye rouge & verte. Et encore eft écrit :

Lû, publié & regiftré, oüi ce requerant & confentant le Procureur General du Roy, copie collationnée à l’original d’iceluy, envoyée aux Bailliages & Senechauffées de ce reffort, pour y eftre pareillement lû, publié, regiftré & executé felon fa forme & teneur, à la charge que les deniers en provenans feront employez au payement des gens de guerre, à peine du quatruple contre les ordonnateurs & parties prenantes. A Paris en Parlement, le Roy y feant, le 20. jour Decembre 1635. Signé, DU TILLET.

Lû, publié & regiftré par le commandement du Roy, porté par Monfieur Frere unique de Sa Majefté, Duc d’Orleans, affifté du Sieur d’Eftrée, Maréchal de France, & des Sieurs Aubery & Colmoulins, Confeillers en fon Confeil d’Eftat, oüi & ce requerant fon Procureur General. A Paris en la Cour des Aydes, les Chambres affemblées, le vingtiéme jour de Decembre 1635. Signé, BOUCHER.

DECLARATION DU ROY,

Sur ledit Edit, verifiée en Parlement le 15. Juin 1637.

LOUIS par la grace de Dieu Roy de France & de Navarre: A tous ceux qui ces presentes Lettres verront, Salut. Par noftre Edit du mois de Decembre 1635. verifié en noftre Cour de Parlement de Paris, nous avons creé & érigé trente Offices hereditaires de Tiers Referendaires des dépens adjugez en nos Cours de Parlement, des Aydes, & autres Jurifdictions eftans dans l'enclos du Palais : Et auffi creé huit Offices de Contrôlleurs defdits Tiers Referendaires audit Parlement & Jurifdictions fufdites, pour exercer lefdits Offices conformément audit Edit : Et en outre, par le mefme Edit, creé en titre d'Office formé & hereditaire, toutes les Places de Clercs de Greffes, Garde Sacs, & toutes autres Charges qui s'exercent par commiffion en nofdits Parlement, Requeftes de noftre Hoftel & du Palais, & autres Jurifdictions dudit enclos. Mais dautant qu'il nous a efté reprefenté, qu'il fe rencontre plufieurs difficultez en l'execution de noftredit Edit, pour n'avoir par iceluy particulierement exprimé noftre intention fur l'ordre, fonctions & attributions defdits Offices : A CES CAUSES, Sçavoir faifons, Qu'aprés avoir fait mettre cette affaire en deliberation en noftre Confeil, où eftoient aucuns Princes & Officiers de noftre Couronne, & autres grands & notables Perfonnages de noftredit Confeil : De l'avis d'iceluy, & de noftre certaine fcience, pleine puiffance & autorité Royale, Nous avons par ces prefentes nos Lettres de Declaration, perpetuelles & irrevocables, declaré, ftatué & ordonné, declarons, ftatuons & ordonnons, voulons & nous plaît, qu'aufdits Offices de Tiers, il foit pourvû des Procureurs de noftredite Cour de Parlement, qui auront exercé du moins fix ans leurs Charges, ou autres perfonnes capables & experimentées qui auront efté dans les études des Procureurs l'efpace de dix ans; fans que pour la reception aufdits Offices de Tiers, lefdits Procureurs qui en feront pourvûs, foient obligez de fubir aucun examen, ains feulement prefteront le ferment en noftredite Cour ; & ceux qui ne feront Procureurs, qui leveront lefdits Offices, y feront reçûs en la mefme forme & maniere qu'elle a accoûtumé de recevoir les Procureurs. Lefquels

Tiers

Tiers feront la mesme fonction que faisoient les Tiers desquels les Procureurs convenoient , verront toutes les declarations de dépens , frais ordinaires & extraordinaires de criées , estats de frais & mises , tout ainsi & en la mesme forme & maniere que faisoient les Procureurs Tiers qui s'y font jusques à present entremis : avec defenses à tous autres de s'entremettre & faire ladite fonction en quelque sorte & maniere que ce soit, à peine de cinq cent livres d'amende , & de tous dépens , dommages & interests. Et pour les assurer en la fonction de leurs Charges, empècher qu'autres qu'eux ne voyent lesdites declarations à leur prejudice , & qu'ils ne soient frustrez de leurs droits ; Faisons défenses aux Greffiers & Commis , de délivrer aucuns Executoires , si la declaration n'est signée dudit Tiers qui l'aura vûë; & aux Procureurs, de liquider entr'eux directement ny indirectement , par appointemens ou autrement , les dépens qui auront esté adjugez par les Arrests & Sentences de nosd. Cours & Juges , à peine contre les contrevenans , de répondre des droits, desd. Tiers, de tous leurs dépens, dommages & interests, & de trois cent liv. d'amende : Lesquels Tiers , aprés qu'ils auront vû & fait leur memoire sur lesd. declarations , ils feront tenus de les remettre avec les pieces és mains des Procureurs qui les leur auront baillées , ainsi qu'il estoit accoûtumé. Voulons aussi que lesd. Tiers tiennent chacun un Registre sommaire de toutes les declarations qu'ils verront, contenant seulement les noms des parties & de leurs Procureurs , la qualité desd. dépens , & le nombre des articles , sur lequel ils feront signer les Procureurs , ou leurs Clercs, qui retireront lesd. declarations , sans pour ce prendre aucun droit : Lesquels Registres lesd. Tiers se communiqueront respectivement à la fin de chaque mois , pour reconnoistre leurs droits. Et dautant qu'il arrive souvent, qu'en voyant lesd. dépens, il survient des difficultez sur lesquelles lesd. Tiers font necessitez d'oüir les Procureurs des parties , Nous voulons en ce cas , que celuy qui aura vû lesd. declarations, assisté d'un ou deux de ses collegues (si l'affaire le merite) vuident & decident lesd. difficultez , en la presence & aprés avoir oüy les Procureurs des parties , ainsi qu'ils avoient accoûtumé : lesquels feront tenus de comparoir à la premiere sommation : A faute dequoy faire , feront lesd. differens vuidez en leur absence, & leur avis transcrit à costé des articles contentieux. Lequel memoire du Tiers, sera porté avec la declaration à

I. Part.   B

celuy de nos Confeillers commis par la Cour , ou de nos Juges ,
pour taxer par eux lefd. dépens , comme il eft accoûtumé : contre lefquelles taxes de nofd. Confeillers & Juges , les parties ne
fe pourront pourvoir que par appel. Et afin que la creation defd.
Officiers de Tiers foit au foulagement , & non à l'oppreffion de
nos Sujets , Nous entendons qu'ils ne puiffent prendre autre droit
que celuy que lefd. Procureurs Tiers avoient accoûtumé de
prendre , à fçavoir les deux tiers feulement de ce que nos Confeillers & Juges ont auffi accoûtumé de fe taxer. Et pour regler
pareillement la fonction des Contrôlleurs créez par noftredit
Edit , ordonnons que trois jours aprés que les Procureurs auront
retiré les declarations des Tiers qui les auront vûës , ils foient
tenus de les remettre , avec le memoire d'iceux , és mains defd.
Contrôlleurs , pour les contrôller , & verifier les calculs ; & s'il
y a erreur , les corriger , & aprés les remettre és mains des Procureurs qui les leur auront baillées , lefquels feront tenus de les
retirer , & payer aufdits Contrôlleurs dudit Parlement , & autres
Jurifdictions de l'enclos dudit Palais , au lieu du demy parifis que
nous leur avons attribué par noftredit Edit , fix deniers pour livre
feulement du contenu aufd. declarations , à quoy nous avons reduit & moderé par cefd. prefentes leur droit ; pour la confervation duquel ils tiendront pareillement regiftre defd. declarations , pour iceux fe communiquer refpectivement : aufquels
Contrôlleurs lefd. Tiers feront tenus auffi de communiquer
leurs Regiftres , pour reconnoiftre & fe faire payer de leurs
droits.   Voulons auffi , que les Greffiers defd. Cours & Jurifdictions , ayent la garde & depoft defdites declarations , ainfi
qu'ils avoient auparavant noftredit Edit , defquelles neanmoins
ils tiendront bon & fidel regiftre , cotté & paraphé à chacun
feüillet , qu'ils feront tenus de communiquer à la fin de chacun
mois , aufd. Tiers & Contrôlleurs , pour éviter qu'ils ne foient
fruftrez de leurs droits.   Lefquels Offices de Contrôlleurs nous
permettons à toutes perfonnes d'acquerir & fe rendre proprietaires d'un ou plufieurs d'iceux , même d'y commettre perfonnes capables , dont ils feront civilement refponfables , qui feront reçûës par noftredite Cour , aprés avoir prefté le ferment
en tel cas requis.   Et quant aux Tiers & Contrôlleurs hereditaires pareillement créez par noftredit Edit , tant en noftre Châtelet & Siege Prefidial de Paris , qu'en tous les autres Prefidiaux , Bailliages , Senéchauffées , Prevoftez , Elections & au-

tres Jurifdictions Royales du reffort de nofd. Cours de Parlement
& des Aydes de Paris, Voulons & entendons qu'il y foit pouvû de
perfonnes capables , & que lefd. Tiers levent & perçoivent les
droits par nous à eux attribuez , fur le pied de deux tiers de
la taxe que les Juges ou Commiffaires Examinateurs dud. Châtelet & autres Jurifdictions , avoient accouftumé de prendre ,
avec augmentation du demy parifis de leurfd. droits, bien que
cy-devant lefd. Tiers n'ayent efté introduits en la plûpart defd.
Sieges : Et que ceux qui feront pourvûs defd. Offices de Tiers,
puiffent plaider & poftuler en tous les Sieges Royaux du lieu
de leur établiffement , même és Elections & Greniers à Sel,
excepté en nofd Cours & Jurifdictions de l'enclos du Palais de
Paris : & que lefdits Controlleurs ne levent & perçoivent que fix
deniers pour livre , au lieu du demy parifis porté par ledit Edit :
Et au furplus , que la fonction defd. Offices de Tiers & Controlleurs , exemptions , honneurs , facultez & privileges d'iceux,
foient reglez à l'inftar de ceux de noftredite Cour de Parlement,
même que toutes perfonnes puiffent acquerir un ou plufieurs
defd. Offices de Controlleurs aufd. Prefidiaux & Sieges Royaux,
commettre à l'exercice d'iceux , ou les bailler à ferme ainfi que
bon leur femblera.   Et pour obvier aux brigues que pourroient
faire les pourvûs defd. Offices de Controlleurs , tant audit Parlement qu'és Sieges dudit reffort , au prejudice de leurs collegues , Nous voulons qu'ils faffent bourfe commune de tous les
droits dépendans de leurs Charges , pour les partager entr'eux
également.

SI DONNONS EN MANDEMENT à nos amez & feaux
Confeillers , les Gens tenans noftre Cour de Parlement à Paris , & autres qu'il appartiendra, Que nos prefentes Lettres de
Declaration ils faffent lire , publier & enregiftrer , & le contenu
en icelles garder & obferver de point en point , felon leur forme & teneur , fans fouffrir qu'il y foit fait & contrevenu en
aucune forte & maniere que ce foit : Car tel eft noftre plaifir ;
nonobftant oppofitions ou appellations quelconques , & tous
Edits , Ordonnances , Reglemens , ufances & privileges à ce
contraires , aufquelles & aux dérogatoires des derogatoires y
contenuës , nous avons dérogé & dérogeons par ces prefentes.
Et pource que d'icelles on pourra avoir affaire en plufieurs & divers lieux , nous voulons qu'aux copies dûëment collationnées
par l'un de nos amez & feaux Confeillers & Secretaires , foy

ſoit ajoûtée , & execution s'en enſuive comme au preſent origi-
·nal. En témoin dequoy nous avons fait mettre noſtre Scel à
ceſd. preſentes. DONNE' à Verſailles le 26. jour de May, l'an
de grace 1637. Et de noſtre Regne le vingt-huitiéme. Signé,
LOUIS ; & plus bas , Par le Roy, DE LOMENIE : & ſcellées du grand Sceau de cire jaune ſur double queuë. Et encore eſt écrit :

*Lûës , publiées & regiſtrées , ouy & ce conſentant le Procureur General
du Roy , pour eſtre executées aux charges portées par le Regiſtre & Arreſt du
10. de ce mois, qui ſont, Qu'il ne ſera reçû aux Offices & Charges de Tiers
en ladite Cour , que des Procureurs qui auront exercé la charge de Procureur
au moins dix ans. Que leſdits Tiers ne pourront prendre que huit deniers tournois pour chacun article de la declaration des deſpens , qui eſt les deux Tiers
de la taxe du Conſeiller ou Juge : Et exerceront leurs charges comme ils faiſoient
auparavant ladite creation , & non autrement : Et que les Contrôlleurs feront
perſonnes capables & experimentées , leſquels ne prendront les ſix deniers tournois pour livre , que de ce à quoy montera le contenu és executoires de dépens
ſeulement , avec deffenſes de prendre plus grands droits , à peine de concuſſion:
Et à la charge , que la garde des declarations demeurera entre les mains des
Greffiers en depoſt , leſquels feront les executoires ainſi qu'il a eſté de tout
temps obſervé : Et copies collationnées d'icelles , envoyées aux Bailliages & Senéchauſſées de ce reſſort , pour y eſtre pareillement lûës , publiées , regiſtrées ,
gardées & executées à la diligence des Subſtituts dudit Procureur General,
auſquels enjoint d'y tenir la main , & en certifier la Cour avoir ce fait au
mois. A Paris en Parlement le 15. Juin 1637. Signé , DU TILLET.*

DECLARATION DU ROY,

*Portant creation en titre d'Office formé & hereditaire , des
Procureurs Poſtulans du Parlement de Paris , Chambre des
Comptes , Cour des Aydes , & autres Cours & Juriſdi-
dictions de l'enclos du Palais , au nombre de quatre cent.*

LOUIS par la grace de Dieu Roy de France & de Navarre : A tous ceux qui ces preſentes Lettres verront , Salut.
Comme la creation des Offices eſt un droit Royal , n'apparte-
nant à autres qu'à nous ; Par noſtre Edit du mois de Fevrier 1620.
enregiſtré en noſtre Parlement de Paris , nous aurions revoqué
toutes matricules, que les Procureurs , tant en noſtre Parlement
de Paris , Grand Conſeil , Chambre des Comptes , Cour des

Aydes, qu'aux autres Parlemens , Bailliages ,Senéchaussées ,
Sieges Presidiaux , & autres y ressortissans , avoient obtenuës ,
& les aurions à bonne & juste cause creez & érigez en titre d'Office formé ; neanmoins par autre Edit du mois de Decembre
1635. ayant revoqué la creation desdits Procureurs audit Parlement & enclos du Palais de Paris seulement , & creé des Offices de Procureurs Tiers & Controlleurs de dépens , dont de
la vente d'iceux nous aurions tiré fort peu de secours , & reconnu d'ailleurs combien il importoit de regler lesd. Procureurs
audit Parlement de Paris , à un nombre certain : Pour y pourvoir , & nous servir aux dépenses de la guerre des deniers qui
proviendront de la finance desdits Offices : Sçavoir faisons ,
Qu'ayant mis cette affaire en déliberation en nostre Conseil ,
où estoient nostre tres-cher & unique Frere le Duc d'Orleans ,
aucuns Princes, Officiers de nostre Couronne , & autres Grands
& notables personnages de nostredit Conseil : De l'avis d'iceluy , & de nostre certaine science , pleine puissance & autorité
Royale , Nous avons par ces presentes Lettres de Declaration
signées de nostre main , rétabli & rétablissons en titre d'Office
formé , les Procureurs postulans de nostre Parlement de Paris ,
Chambre des Comptes , Cour des Aydes , & autres Cours &
Jurisdictions de l'enclos du Palais , que nous avions revoquez
par nostre Edit du mois de Decembre 1635. Lesquels Offices ,
entant que besoin est , ou seroit , nous avons derechef creez
& érigez , creons & érigeons en heredité , au nombre de quatre cent : auquel nombre nous avons reduit & limité , reduisons
& limitons lesd. Procureurs audit Parlement, Cour des Aydes ,
& autres Jurisdictions de l'enclos du Palais, & à trente ceux de
la Chambre des Comptes dudit Paris , pour en joüir par les
pourvûs , leurs veuves , heritiers , successeurs & ayans cause ,
aux honneurs, prerogatives, préeminences , droits & fonctions,
& tout ainsi que ceux qui ont exercé lesd. charges jusques à
present , en ont bien & dûëment joüi , sans qu'à l'avenir aucunes personnes y puissent estre admises qu'en vertu de nos Lettres
de provision , faisant tres-expresses inhibitions & défenses aux
Officiers de nostredit Parlement & Chambre des Comptes, d'en
établir autrement : Pour estre presentement par nous pourvû
ausdits Offices de Procureurs , jusques ausd. nombres, & non
plus , des personnes de ceux qui sont de present en exercice,
qui seront contraints comme pour nos propres affaires , de les le-

ver dans un mois aprés la publication des presentes, & payer la finance à laquelle lesd. Offices seront moderément taxez en nostre Conseil, dont sur les quittances du Tresorier de nos parties casuelles, toutes Lettres de provision leur seront expediées. Voulons que les supernumeraires qui exercent lesd. Offices de Procureurs audit Parlement, & qui n'auront payé ladite finance, demeurent supprimez par leur decés, jusques à ce que led. nombre soit reduit à quatre cent, non compris en iceluy les trente Procureurs Tiers Referendaires moderateurs de dépens creez par led. Edit du mois de Decemb. 1635. qui sera pour ce regard executé, ensemble nos Lettres de Declaration sur iceluy du 26. May 1637. sans avoir égard aux modifications portées par l'Arrest dudit Parlement de Paris, rendu sur l'enregistrement desd. Lettres, lesquelles modifications nous avons levées & ostées. Voulons aussi, que le surplus dudit Edit du mois de Fevrier 1620. soit exucuté selon sa forme & teneur, & que lesd. Offices de Procureurs soient conservez aux pourvûs d'iceux, leurs veuves, heritiers, & ayant cause, lesquels les pourront vendre & resigner à d'autres Procureurs qui n'auront payé ladite finance, ou à des Clercs & Praticiens qui auront esté dix ans dans les Estudes des Procureurs, sans qu'au moyen de ladite heredité ils soient censez ni reputez domaniaux, sujets à vente ou supplément. Si donnons en mandement à nos amez & feaux Conseillers, les Gens tenans nos Cours de Parlement & des Aydes à Paris, & autres qu'il appartiendra, Que nos presentes Lettres de Declaration ils fassent lire, publier & enregistrer, & le contenu en icelles garder & observer de point en point, selon leur forme & teneur, sans souffrir qu'il y soit contrevenu en aucune sorte & maniere que ce soit; car tel est nostre plaisir, nonobstant oppositions ou appellations quelconques, & tous Edits, Ordonnances, Reglemens, usances & privileges à ce contraires, ausquelles & aux derogatoires y contenuës, nous avons dérogé & derogeons par ces presentes : Et pour ce que d'icelles on pourra avoir affaire en divers lieux, nous voulons qu'aux copies dûëment collationnées par l'un de nos amez & feaux Conseillers & Secretaires, foy soit ajoûtée, & execution s'en ensuive, comme en vertu du present original. En témoin dequoy nous avons fait mettre nostre Scel à cesdites presentes. Données à Fontaine-bleau, le 8. jour de Janvier, l'an de grace 1639. Et de nostre Regne le vingt neuviéme. Signé, LOUIS: Et sur le reply, Par le Roy, DE LOMENIE. Et scellées sur double queuë du grand Sceau de cire jaune : Et encore sur le reply est écrit.

Regiſtrées, ouy le Procureur General du Roy, pour eſtre executées ſelon leur forme & teneur, aux charges contenuës en l'Arreſt de ce jour. A Paris en Parlement le 15. Janvier 1639. Signé, DU TILLET.

EDIT DU ROY,

Portant creation deſdits quatre cent Offices de Procureurs ; & reünion auſdits Offices de la fonction de Tiers Referendaires de dépens.

LOUIS par la grace de Dieu, Roy de France & de Navarre: A tous preſens & à venir, Salut. Comme par divers Edits & Declarations des Rois nos predeceſſeurs & de Nous, les charges de Procureurs poſtulans en noſtre Cour de Parlement de Paris, ayant eſté creées en titre d'Office, & par autres revoquées, pour laiſſer la liberté à noſtredite Cour d'en diſpoſer ſuivant l'ancien uſage; & que pour ſubvenir aux grandes dépenſes que nous ſommes contraints de ſupporter pour l'entretenement des gens de guerre, nous ayons par autre Edit du mois de Decembre 1635. & Declaration ſur iceluy, reïteré la revocation deſd. Procureurs, & creé trente Offices de Tiers Referendaires moderateurs de dépens, frais & miſes, en noſtredite Cour de Parlement,& autres Juriſdictions de l'enclos de noſtre Palais, au lieu des Procureurs qui eſtoient employez à voir leſd. dépens comme Tiers, avec attribution de droits & fonctions:Et que depuis par autre Declaration du 8. Janvier dernier, enregiſtrée en noſtredite Cour, nous ayons entr'autres choſes rétably en titre d'Offices hereditaires, leſd. Procureurs au nombre de quatre cent : A l'execution deſquels Edits & Declarations s'eſtant rencontré pluſieurs difficultez, deſirant y pourvoir au ſoulagement de nos ſujets, & maintenir ce qui a eſté obſervé pour la taxe deſd. dépens, Nous eſtant fait repreſenter l'Edit de Charles IX. publié en l'année 1572. pour la creation deſdits Procureurs, avec reduction à certain nombre reglé & limité : en ſuite d'autres Edits & Declarations de nos predeceſſeurs Rois, Loüis XII. François I. François II. & Henry III. noſtre Edit de l'année 1620. & Declarations intervenuës ſur iceluy;enſemble l'Edit de creation deſd.trente Tiers Re-

ferendaires moderateurs de dépens , & lad. Declaration du mois
de Janvier dernier , portant rétablissement desdits Proccureurs
en titre d'Office : A ces causes , ayant fait mettre l'affaire
en deliberation en noſtre Conſeil : De l'avis d'iceluy, & de nôtre certaine ſcience, pleine puiſſance & autorité Royale , Nous
avons par ceſtuy preſent Edit, perpetuel & irrevocable, joint, uni
& incorporé , joignons, uniſſons & incorporons , la fonction des
trente Offices de Tiers Referendaires moderateurs de dépens,
eſtats de frais & miſes , creez par noſtre Edit du mois de Decembre 1635. & Lettres de Declaration ſur iceluy du 26. May
1637. au Corps & Communauté des quatre cent Procureurs de
noſtre Parlement, Cour des Aydes de Paris, Requeſtes de nôtre Hoſtel & du Palais, Cour des Monnoyes , Eaux & Foreſts,
Chambre du Treſor, Conneſtablie , Maréchauſſée, Admirauté,
& Bailliage dudit Palais, creés & rétablis en heredité par nos
Lettres de Declaration du 8. Janvier dernier : leſquels en tant
que beſoin ſeroit , nous avons derechef creez & érigez, creons
& érigeons par ceſtuy même Edit, pour en joüir hereditairement
par les quatre cent Procureurs qui en ſeront pourvûs , leurs
veuves, heritiers, ſucceſſeurs & ayans cauſe , ainſi qu'il eſt porté par leſd. Lettres de Declaration. Et pour faire ladite fonction
de Tiers Referendaires moderateurs de dépens, & en percevoir
les droits & émolumens ſuivant ledit Edit & Lettres de Declaration, & en ce faiſant, les neuf cy-devant pourvûs deſd. Offices
de Tiers, & à preſent exerçans , ſeront par nous rembourſez de
la finance par eux payée en nos coffres ; comme auſſi ſemblable-
ment les heritiers de celui qui ſeroit decedé. Et dautant qu'il
importe pour la ſeureté & ſoulagement de nos Sujets, de maintenir l'ordre établi pour ladite fonction de Tiers , ſuivant ce qui
eſt ordonné par noſd. Edit & Lettres de Declaration , & de conſerver les droits attribuez aux Contrôlleurs de dépens creez par
ledit Edit ; ce qui ne ſe pourroit faire , ſi ladite fonction de Tiers
eſtoit confuſément exercée par tous leſdits Procureurs: Voulons
icelle fonction eſtre exercée ſeulement par trente deſd. quatre
cent Procureurs qui auront levé leſdits Offices, & qui ſeront pris
ſelon l'ordre du Tableau, & changez conſecutivement de deux
mois en deux mois : les noms deſquels ſeront tranſcrits en un
Tableau qui ſera mis & poſé en la Chambre de lad. Communauté:
Faiſant deffenſes à ceux qui ne ſeront en mois , d'exercer ladite
charge de Tiers , à peine de faux. Auront leſdits quatre cent

Procureurs

du grand Sceau de cire jaune : Et encore sur le reply est écrit.

Registrées, ouy le Procureur General du Roy, pour estre executées selon leur forme & teneur, aux charges contenuës en l'Arrest de ce jour. A Paris en Parlement le 15. Janvier 1639. Signé, DU TILLET.

EDIT DU ROY,

Portant creation desdits quatre cent Offices de Procureurs ; & reünion ausdits Offices de la fonction de Tiers Referendaires de dépens.

LOUIS par la grace de Dieu, Roy de France & de Navarre: A tous presens & à venir, Salut. Comme par divers Edits & Declarations des Rois nos predecesseurs & de Nous, les charges de Procureurs postulans en nostre Cour de Parlement de Paris, ayant esté creées en titre d'Office, & par autres revoquées, pour laisser la liberté à nostredite Cour d'en disposer suivant l'ancien usage ; & que pour subvenir aux grandes dépenses que nous sommes contraints de supporter pour l'entretenement des gens de guerre, nous ayons par autre Edit du mois de Decembre 1635. & Declaration sur iceluy, reïteré la revocation desd. Procureurs, & creé trente Offices de Tiers Referendaires moderateurs de dépens, frais & mises, en nostredite Cour de Parlement, & autres Jurisdictions de l'enclos de nostre Palais, au lieu des Procureurs qui estoient employez à voir lesd. dépens comme Tiers, avec attribution de droits & fonctions: Et que depuis par autre Declaration du 8. Janvier dernier, enregistrée en nostredite Cour, nous avons entr'autres choses rétably en titre d'Offices hereditaires, lesd. Procureurs au nombre de quatre cent : A l'execution desquels Edits & Declarations s'estant rencontré plusieurs difficultez, desirant y pourvoir au soulagement de nos sujets, & maintenir ce qui a esté observé pour la taxe desd. dépens, Nous estant fait representer l'Edit de Charles IX. publié en l'année 1572. pour la creation desdits Procureurs, avec reduction à certain nombre reglé & limité : en suite d'autres Edits & Declarations de nos predecesseurs Rois, Loüis XII. François I. François II. & Henry III. nostre Edit de l'année 1620. & Declarations intervenuës sur iceluy; ensemble l'Edit de creation desd. trente Tiers Re-

ferendaires moderateurs de dépens , & lad. Declaration du mois
de Janvier dernier , portant rétabliſſement deſdits Proccureurs
en titre d'Office : A ces causes , ayant fait mettre l'affaire
en deliberation en noſtre Conſeil : De l'avis d'iceluy , & de nôtre certaine ſcience, pleine puiſſance & autorité Royale , Nous
avons par ceſtuy preſent Edit, perpetuel & irrevocable , joint , uni
& incorporé , joignons, uniſſons & incorporons , la fonction des
trente Offices de Tiers Referendaires moderateurs de dépens,
eſtats de frais & miſes , creez par noſtre Edit du mois de Decembre 1635. & Lettres de Declaration ſur iceluy du 26. May
1637. au Corps & Communauté des quatre cent Procureurs de
noſtre Parlement , Cour des Aydes de Paris , Requeſtes de nôtre Hoſtel & du Palais, Cour des Monnoyes , Eaux & Foreſts,
Chambre du Treſor, Conneſtablie , Maréchauſſée, Admirauté,
& Bailliage dudit Palais , creés & rétablis en heredité par nos
Lettres de Declaration du 8. Janvier dernier : leſquels en tant
que beſoin ſeroit , nous avons derechef creez & érigez, creons
& érigeons par ceſtuy même Edit, pour en joüir hereditairement
par les quatre cent Procureurs qui en ſeront pourvûs , leurs
veuves, heritiers, ſucceſſeurs & ayans cauſe , ainſi qu'il eſt porté par leſd. Lettres de Declaration. Et pour faire ladite fonction
de Tiers Referendaires moderateurs de dépens, & en percevoir
les droits & émolumens ſuivant ledit Edit & Lettres de Declaration, & en ce faiſant, les neuf cy-devant pourvûs deſd. Offices
de Tiers, & à preſent exerçans, ſeront par nous rembourſez de
la finance par eux payée en nos coffres ; comme auſſi ſemblable-
ment les heritiers de celui qui ſeroit decedé. Et dautant qu'il
importe pour la ſeureté & ſoulagement de nos Sujets, de maintenir l'ordre établi pour ladite fonction de Tiers , ſuivant ce qui
eſt ordonné par noſd. Edit & Lettres de Declaration, & de conſerver les droits attribuez aux Contrôlleurs de dépens creez par
ledit Edit ; ce qui ne ſe pourroit faire , ſi ladite fonction de Tiers
eſtoit confuſément exercée par tous leſdits Procureurs : Voulons
icelle fonction eſtre exercée ſeulement par trente deſd. quatre
cent Procureurs qui auront levé leſdits Offices , & qui ſeront pris
ſelon l'ordre du Tableau, & changez conſecutivement de deux
mois en deux mois : les noms deſquels ſeront tranſcrits en un
Tableau qui ſera mis & poſé en la Chambre de lad. Communauté:
Faiſant deffenſes à ceux qui ne ſeront en mois , d'exercer ladite
charge de Tiers , à peine de faux. Auront leſdits quatre cent
Procureurs

Procureurs rang immediatement aprés les Avocats de noftredite
Cour. Joüiront ceux feulement qui exercent ladite fonction de
Procureurs depuis dix ans , du droit de Committimus , & auront
leurs caufes commifes aux Requeftes de noftre Palais à Paris.
Voulons au furplus , que lefdits Edits & Lettres de Declaration
pour la creation defdits Offices de Tiers & Contrôlleurs de dépens,
enfemble pour la creation defdits Offices de Procureurs poftulans
hereditaires , foient executez de point en point felon leur forme &
teneur , en ce qu'ils ne fe trouveront contraires à ces prefentes : Et
que lefdits trente Procureurs exerçans lefdites fonctions de Tiers,
foient tenus de communiquer à la fin defdits deux mois , fans fraude
ny déguifement , aux pourvûs defdits Offices de Contrôlleurs de
dépens , à la premiere fommation ou interpellation qui leur en fera
faite , les Regiftres de toutes les declarations de dépens , eftats de
frais & mifes qui auront paffé par leurs mains , à peine de cinq cent
livres d'amende contre les contrevenans ou refufans , pour chacune
declaration ou contravention , au profit defdits Contrôlleurs. Et
moyennant la fuppreffion defdits trente Offices de Tiers , & la
reünion de leurs fonctions , droits & émolumens , au profit de la
Communauté defdits quatre cent Procureurs , fuivant l'ordre cy-
deffus exprimé , ils payeront chacun d'eux jufques audit nombre de
quatre cent , la fomme à laquelle ils feront moderément taxez en
noftre Confeil , tant pour l'Office de Procureur hereditaire , que
pour ladite reünion. A quoi faire ils feront contrains , ainfi qu'il eft
accoûtumé pour nos propres deniers & affaires , & ce fuivant la
matricule apportée au Greffe de noftre Confeil par le Greffier de
noftredite Cour ; contenant les noms & furnoms de tous les Procureurs exerçans à prefent ladite charge , pour y avoir recours : &
feront lefdits quatre cent Procureurs déchargez , comme nous les
déchargeons , du droit de confirmation d'heredité , tant pour le
prefent que pour l'avenir. Voulons que fur les quittances de finance du Treforier de nos Parties Cafuelles , leur foient expediées
& délivrées nos Lettres de provifion en heredité , lefquelles feront enregiftrées au Greffe de noftredite Cour , fans que les
pourvûs foient tenus fubir nouvel examen , ny qu'il foit befoin
d'informer de leurs vie & mœurs , ains feulement de prefter le ferment en noftredite Cour : Et en cas de decés , refignation ou de-
miffion , il fera par nous pourvû aufdits Offices fur les fimples procurations des refignans , leurs veuves & heritiers : Seront les re-
fignataires reçûs par noftredite Cour , ainfi qu'il eft accoûtumé , fans

qu'ils foient tenus de nous payer aucune finance pour quelque pretexte & occafion que ce foit. Et à l'égard defdits Procureurs ex-
cedans ledit nombre de quatre cens, nous les avons dés-à-prefent
fupprimez & fupprimons : Et neanmoins de noftre grace fpeciale,
leur permettons d'exercer leurs charges, leur vie durant feulement,
fans que par leur decés ou autrement, il y puiffe eftre par nous ny
autres pourvû , ny ledit nombre de quatre cens augmenté. Qu'aucuns de ceux qui ne feront dudit nombre de quatre cent pourvûs,
foient cenfez ny reputez Officiers , ny qu'ils puiffent efperer de
joüir du privilege de Committimus , ny des autres prerogatives par
nous accordées aufdits quatre cent pourvûs. Si donnons en mandement à nos amez & feaux Confeillers les Gens tenans nos Cours
de Parlement , les trois Chambres affemblées , Cour des Aydes,
& autres qu'il appartiendra, Que noftre prefent Edit ils faffent lire,
publier & enregiftrer , & le contenu en iceluy garder & obferver
de point en point , felon fa forme & teneur , fans fouffrir qu'il y foit
contrevenu en aucune forte & maniere que ce foit : Car tel eft nôtre plaifir , nonobftant oppofitions ou appellations quelconques, &
tous Edits, Ordonnances, Reglemens , Ufances & Privileges à ce
contraires ; aufquelles & aux derogatoires des derogatoires y contenuës , nous avons dérogé & dérogeons par ces prefentes. Et pource que d'icelles on pourra avoir affaire en divers lieux , nous voulons qu'aux copies d'icelles düëment collationnées par l'un de nos
amez & feaux Confeillers & Secretaires , foy foit ajoûtée, & execution s'en enfuive comme en vertu du prefent original , auquel afin
que ce foit chofe ferme & ftable à toûjours , nous avons fait mettre
noftre fcel , fauf en autres chofes noftre droit & l'autruy en toutes.
Donné à Saint Germain en Laye , au mois de May , l'an de grace
1639. Et de noftre Regne le trentiéme. Signé , LOUIS , à cofté,
Vifa : & plus bas , Par le Roy , DE LOMENIE , & fcellé du
grand Sceau de cire verte fur lacs de foye rouge & verte. Et encore eft écrit :

*Regiftré , oüi le Procureur General du Roy , pour eftre executé felon leur
forme & teneur , conformément aux Edit, Declaration & Arreft de verification d'icelle du 15. Juin 1637. A Paris en Parlement le 18. jour de Juin 1639.
Signé , DU TILLET.*

*Regiftrées en la Cour des Aydes , oüy le Procureur General du Roy , pour
eftre executées felon leur forme & teneur , à la charge que lefdits Tiers ne
pourront prendre que huit deniers tournois pour chacun article de la declara-*

tion de dépens , qui est les deux tiers de la taxe du Conseiller ou Juge , con-
formement à l'Arrest de la Cour de Parlement du 10. Juin 1637. suivant l'Arrest du jourd'huy , donné à Paris , les Chambres assemblées , le 5. jour de Juillet
1639. Signé , BOUCHER.

DECLARATION DU ROY,

Concernant les Procureurs du Parlement.

Verifiée en Parlement le 16. Avril 1674.

LOUIS par la grace de Dieu Roy de France & de Navarre:
A tous ceux qui ces presentes Lettres verront , Salut. L'experience de plusieurs années , ayant fait connoistre que le grand
nombre de Procureurs apportoit du desordre dans les procedures
de la Justice , le feu Roy nostre tres-honoré Seigneur & Pere , de
glorieuse memoire , auroit par Declaration du 8. Janvier 1639. reduit & limité à quatre cent , ceux de nostre Cour de Parlement,
Cour des Aydes & autres Jurisdictions de l'enclos du Palais de Paris ; & pour rendre ce nombre fixe & certain pour l'avenir, & retrancher toutes occasions de l'augmenter dans la suite des temps:
il auroit par la même Declaration creé , érigé & établi en titre
d'Offices formez pareille quantité de Procureurs de lad. Cour,qui
avoient esté créez par Edit du mois de Fevrier 1620. & revoquez par
autre de l'année 1635. Ce qu'il auroit encore confirmé par autre Edit
du mois de May de ladite année 1639. qui porte aussi union au
corps & communauté desdits quatre cent Procureurs , de trente
Offices de Tiers Referendaires & moderateurs de dépens desdites
Cours , avec attribution du privilege de Committimus & suppression des autres Procureurs qui excedoient ledit nombre de quatre cent. Neanmoins la faculté qui avoit esté reservée par le mesme
Edit aux supprimez d'exercer pendant leur vie seulement , Nous
ayant porté à augmenter le nombre desdits Procureurs jusqu'à cinq
cent, Nous aurions pour cet effet par nostre Declaration du 15. Juin
1657. creé & érigé en titre d'Offices cent autres Procureurs en nôtredite Cour , pour estre incorporez aux quatre cent premiers , &
ne composer qu'un seul & mesme corps & communauté , & envoyé
nos Lettres de Jussion à nostredite Cour de Parlement ,pour y estre
procedé à l'enregistrement de ladite Declaration ;Mais depuis par
nostre Ordonnance du mois d'Avril 1667. ayant pourvû au retran-

chement de tout ce qui estoit inutile dans la procedure , Nous avons reconnu que le premier nombre de quatre cent estoit suffisant pour l'expedition des affaires , en sorte que l'augmentation des cent derniers pourroit remettre les abus que nous avions voulu retrancher : Et comme pour donner moyen ausdits Procureurs de s'attacher avec plus d'assiduité à nostre service & du public, Nous avons par nostre Declaration du 23. Mars 1672. rétabli l'heredité qui leur avoit esté ôtée par nostre Edit de l'année 1664. & que lesdits Procureurs dans une bonne affection de nous servir dans les besoins pressans de nostre Estat , se sont portez à nous payer la taxe qui a esté faite sur eux en consequence de nostredite Declaration de 1672. Nous avons crû devoir leur donner quelque marque de nostre satisfaction. A CES CAUSES desirant favorablement traiter lesdits quatre cent Procureurs , & faciliter l'emprunt des sommes qu'ils doivent nous fournir pour lesdites taxes, de l'avis de nostre Conseil , & de nostre certaine science , pleine puissance & autorité Royale , Nous avons par ces presentes signées de nostre main , dit , declaré & ordonné , disons, declarons & ordonnons , voulons & nous plaît , que lesdits cent Offices de Procureurs , Tiers Referendaires Postulans en nostredite Cour de Parlement , Cour des Aydes , & autres Jurisdictions de l'enclos du Palais de Paris , créez par nosdites Lettres de Declaration du 15. Juin 1657 soient & demeurent revoquez & supprimez , comme nous les revoquons & supprimons , & en consequence faisons tres-expresses inhibitions & défenses aux Procureurs exerçans par matricule de continuer , & de s'immiscer en la fonction desdits Offices , à peine de faux , & de mil livres d'amende contre chacun des contrevenans , applicable un tiers à Nous , un tiers à l'Hôpital general , & un tiers aux pauvres de la Communauté desdits Procureurs , dépens, dommages & interests des parties , pour & contre lesquelles ils auront occupé , nonobstant toutes matricules & receptions que nous avons cassées & annullées , ensemble la faculté d'exercer sans provisions , portée par nos Edits , ausquels nous avons dérogé & dérogeons par ces presentes , & à toutes Lettres, Arrests & Reglemens à ce contraires : Voulons que le nombre des Procureurs , Tiers Referendaires desdites Cours & Justices soit fixé pour toûjours, & reduit à celuy de quatre cent créez par l'Edit du mois de May 1639. pour en joüir par eux hereditairement, conformément à nostredite Declaration du 23. Mars 1672. sans qu'ils puissent estre cy-aprés augmentez , sous quelque pretexte &

pour quelque occasion que ce puisse estre : Entendons neanmoins
que si aucuns desdits Matriculaires , vouloient contribuer au payement des sommes ausquelles ont esté taxez lesdits quatre cent Procureurs , & payer à leur décharge chacun la somme de deux mil
livres , à laquelle chacun desdits quatre cent ont esté taxez , ils
puissent en ce cas continuer de faire les fonctions desdites Charges
pendant leur vie seulement ; ce qu'ils seront tenus d'opter par acte
d'eux signé au Greffe de nostre Conseil , & de payer lesd. taxes
avant le vingt-cinquiéme Avril prochain , lequel temps passé ceux
qui n'auront fait leur option & payé,en demeureront déchûs en vertu des presentes , sans que la décheance & peines cy - dessus puissent
estre reputées comminatoires ; Et pour donner les facilitez à ceux
desdits quatre cent Procureurs , qui se trouveront obligez d'emprunter chacun en leur particulier les deniers necessaires pour payer
lesdites taxes, nous avons ordonné & ordonnons par ces presentes,
que ceux qui leur fourniront les deniers pour cet effet , auront
privilege special sur leursdits Offices, à l'exclusion de tous autres
creanciers, mesme de ceux qui les auroient vendus , ou fourni les
deniers qui ont esté employez au payement du prix de la vente
qui leur en aura esté faite , sans qu'il soit besoin de faire declaration dudit emprunt par les quittances qui leur en seront délivrées ;
Voulons que la simple declaration de ceux qui emprunteront ,
portée par l'acte dudit emprunt , & reïterée par autre acte passé
pardevant Notaires écrit au bas desdites quittances , ait la mesme
force & vertu , que si elle avoit esté faite par lesdites quittances.
Nous avons par ces mesmes presentes rétabli & rétablissons le privilege de Committimus qui leur avoit esté accordé par ledit Edit
du mois de May 1639. pour en joüir par eux & leurs veuves aprés
leurs decés ; tout ainsi que les autres qui ont droit d'en joüir par
nostre Ordonnance du mois d'Aoust 1669.   Nous avons aussi déchargé lesdits Procureurs de toutes les condamnations intervenuës contr'eux pour les amendes qui se trouveront n avoir point
esté payées par les parties, pour & contre lesquelles ils ont occupé ;
ensemble de toutes recherches qui ont esté , ou pourroient cy-
aprés estre faites contr'eux , pour raison desdites amendes & autres
peines qu'ils pourroient avoir encouruës pour l'inexecution de la
Declaration du 21. Mars 1671. ou autrement pour quelque cause
que ce soit du passé jusqu'à ce jour, nonobstant l'Arrest du Conseil
du 3. Mars dernier , auquel nous avons dérogé & dérogeons pour
ce regard , pour le payement desquelles amendes ceux qui sont

C iij

chargez d'en faire le recouvrement pour nous, fe pourvoiront contre les parties par les voyes, & ainfi qu'il eft accoûtumé pour nos
deniers & affaires, Et feront lefdits quatre cent Procureurs tenus
de payer chacun la fomme de deux mil livres, à laquelle ils ont
efté taxez par les rôlles arreftez en noftre Confeil, moitié comptant,
& l'autre moitié dans le premier May prochain ; & à faute de ce
faire dans lefdits temps, & iceux paffez, ceux qui n'auront payé
feront tenus de payer les deux fols pour livre defdites taxes fur
les quittances de Vialet, & ceux qui n'auront payé lefdites taxes
en entier, dans huitaine aprés ledit premier jour de May prochain,
demeureront déchûs des graces à eux accordées par ces prefentes, & fera permis aufdits Matriculaires d'entrer au lieu & place
des défaillans, en payant chacun la fomme de deux mil livres, &
les deux fols pour livre pour lefdites taxes, & la fomme de feize
cent livres au Procureur en la place duquel ils voudront entrer pour
l'ancienne finance de fon Office ; quoy faifant, ils demeureront
titulaires defdits Offices pour en joüir hereditairement ; & à cet
effet toutes lettres de provifion feront expediées & fcellées en nôtre grande Chancellerie, fans que cy-aprés ils puiffent eftre troublez en la poffeffion defdits Offices, pour quelque caufe & fous
quelque pretexte que ce foit. Si donnons en mandement à nos
amez & feaux Confeillers, les Gens tenans noftre Cour de Parlement à Paris, que ces prefentes nos Lettres & Declaration ils
faffent lire, publier & enregiftrer, & le contenu en icelles garder
& obferver de point en point, felon leur forme & teneur, nonobftant tous Edits, Declarations, Arrefts, & autres Lettres à ce
contraires, aufquelles & aux derogatoires des derogatoires y contenuës nous avons dérogé & dérogeons par ces prefentes. Car tel
eft noftre plaifir : En témoin dequoy nous avons fait mettre noftre
Scel à cefdites prefentes. Donné à Verfailles le 31. jour de Mars,
l'an de grace 1674. Et de noftre Regne le trente uniéme. Signé,
LOUIS ; Et plus bas, Par le Roy, COLBERT.

*Regiftrées, oüy & ce requerant le Procureur General du Roy, pour eftre
executées felon leur forme & teneur, fuivant l'Arreft de ce jour. A Paris en
Parlement le 16. Avril 1674. Signé, DONGOIS.*

Extrait des Regiſtres de Parlement.

VEU par la Cour les Lettres en forme de Declaration données à Verſailles le dernier Mars dernier. Signées, LOUIS;
Et plus bas, Par le Roy, COLBERT : Et ſcellées du grand Sceau
de cire jaune; par leſquelles pour les cauſes y contenuës ledit Seigneur Roy auroit dit, ſtatué & ordonné; veut & luy plaît que les
cent Offices de Procureurs Tiers Referendaires poſtulans en ladite
Cour & autres Juriſdictions de l'enclos du Palais créez par la Declaration du 15. Juin 1657. ſoient & demeurent revoquez & ſupprimez; Et en conſequence fait défenſes aux Procureurs exerçans
par matricule de continuer & de s'immiſcer en la fonction deſdits
Offices à peine de faux, & de mil livres d'amende contre chacun
des contrevenans, applicable un tiers audit Seigneur Roy, un autre tiers à l'Hôpital General, un autre tiers aux pauvres de la
Communauté deſdits quatre cent Procureurs en titre d'Office eſd.
Cours & Juriſdictions, dépens, dommages & intereſts des parties,
pour & contre leſquelles ils auroient occupé, nonobſtant toutes
matricules & receptions que ledit Seigneur auroit caſſées & annullées; enſemble la faculté d'exercer ſans proviſions, portée par
les Edits auſquels il auroit dérogé, & à toutes Lettres, Arreſts &
Reglemens à ce contraires : Veut en outre ledit Seigneur que le
nombre des Procureurs, Tiers Referendaires ſoit fixé & reduit
pour toûjours au nombre de quatre cent, créez par Edit du mois
de May 1639. pour joüir par eux deſdits Offices hereditairement:
Ordonne neanmoins ledit Seigneur Roy, que ſi aucun deſdits Matriculaires vouloit contribuer au payement des ſommes auſquelles
ont eſté taxez leſdits quatre cent Procureurs, & payer à leur décharge la ſomme de deux mil livres, ils puiſſent en ce cas continuer la fonction deſdites Charges, pendant leur vie ſeulement;
Rétablit auſdits quatre cent Procureurs le Privilege de Committimus qui leur avoit eſté accordé par l'Edit du mois de May 1639.
ainſi que plus au long le contiennent leſdites Lettres à la Cour
adreſſantes. Concluſions du Procureur General du Roy : Oüy le
rapport de Maiſtre Henry de Refuge Conſeiller; la matiere miſe
en deliberation. LA COUR a ordonné & ordonne, que leſdites Lettres ſeront regiſtrées au Greffe d'icelle, pour eſtre executées ſelon leur forme & teneur. Fait en Parlement le ſeiziéme

Avril mil six cent soixante-quatorze. Signé, DONGOIS.

*Collationné à l'Original par moy Conseiller-Secretaire du
Roy , Maison & Couronne de France & de se Finances.*

Extrait des Registres du Conseil Privé du Roy.

SUR la Requeste presentée au Roy en son Conseil par les
Procureurs Tiers Referendaires & Moderateurs de dépens du
Parlement de Paris ; Contenant, Que par l'Edit de creation de
leurs Charges du mois de May 1639. il leur a esté attribué droit
de Committimus, dans lequel ils ont esté rétablis, maintenus &
conservez par la Declaration du 31. Mars 1674. nonobstant celle du
mois d'Aoust 1669. moyennant la somme de huit cent mil livres par
eux payée és coffres de Sa Majesté, en execution & pour les causes
portées par icelles, dûëment registrée & verifiée où besoin a esté,
pour en joüir par eux & leurs veuves aprés leurs decés, tout ainsi
que les autres qui ont ledit droit de Committimus, & ont esté reservez par ladite Declaration de ladite année 1669. Mais comme
par Arrest du Conseil d'Estat du 22. Janvier dernier 1678. il est surcis à l'execution de tous les Arrests dudit Conseil, & Lettres Patentes intervenuës sur iceux, surpris par les Eglises, Chapitres,
Abbayes, Prieurez, Corps & Communautez, en execution de
l'article 18. de ladite Declaration de l'année 1669. sur des titres &
possessions supposées, ou mal expliquées, qui les maintiennent audit droit de Committimus, & que sous pretexte d'iceluy l'on pourroit refuser de sceller les Committimus des Supplians, bien que
cet Arrest ne les concerne en aucune maniere, & ne leur puisse estre
appliqué, n'ayant obtenu aucun Arrest, ny Lettres Patentes expediées sur iceluy de maintenuë, sur des titres & possessions supposées, ou mal expliquées, en execution dudit article 18. de ladite Declaration de 1669. Mais estans fondez en une Declaration
posterieure du 31. Mars 1674. qui les y maintient, moyennant ladite
somme de huit cent mil livres par eux payée en consequence, ils
sont obligez d'avoir recours à Sa Majesté pour leur estre pourvû.
A CES CAUSES, requeroient qu'il plût à Sa Majesté en
interpretant l'Arrest du Conseil dudit jour 22. Janvier dernier,
declarer n'avoir entendu comprendre en iceluy les Supplians, ny
avoir

avoir dérogé à la Declaration du 31. Mars 1674. rendüe à leur profit, laquelle fera executée felon fa forme & teneur ; ce faifant, & conformément à icelle , maintenir & garder les Supplians en la poffeffion & joüiffance dud. droit de Committimus, qui leur fera expedié en la Chancellerie toutesfois & quantes que befoin fera, & ordonner que l'Arreft qui interviendra fur la prefente Requefte fera lû & publié en ladite Chancellerie le Sceau tenant , & regiftré és Regiftres de l'Audience d'icelle. Vû ladite Requefte , fignée de Maiftre Alexandre de Champuon de la Saullaye , Avocat & Confeil des Supplians , l'Edit de creation defdites Charges de Procureurs du mois de May 1639. la Declaration du mois d'Aouft 1669. celle du 31. Mars 1674. l'Arreft du Confeil du 22. Janvier dernier , & autres pieces attachées à ladite Requefte : Oüy le rapport du fieur le Pelletier Confeiller du Roy en fes Confeils, Commiffaire à ce deputé , & tout confideré. LE ROY EN SON CONSEIL, ayant égard à ladite Requefte, a levé & ofté , leve & ofte à l'égard des Supplians la furfeance portée par l'Arreft du Confeil du 22. Janvier dernier , & en confequence ordonne qu'ils joüiront du droit & privilege de Committimus en la Chancellerie de Paris. Fait au Confeil privé du Roy , tenu à Saint Germain en Laye , le vingt-huitiéme jour de Juin 1678. Signé, BRUNET.

Lû , publié & regiftré és Regiftres de l'Audience de la Chancellerie de Paris , de l'ordonnance de Monfieur de Jaffaud Confeiller du Roy en tous fes Confeils , Doyen de Meffieurs les Maiftres des Requeftes ordinaires de fon Hôtel , y tenant le Sceau , par moy Confeiller Secretaire du Roy , Maifon, Couronne de France , Audiencier en ladite Chancellerie , le 2. Juillet 1678. Signé , LA HOGUE.

ARREST DU CONSEIL D'ESTAT DU ROY,

Qui fixe les Offices de Procureurs poftulans du Parlement , & autres Jurifdictions de l'enclos du Palais, à la fomme de 12000 l. & celuy des Offices de Procureurs poftulans au Chaftelet de Paris, à la fomme de 8000 l. Avec défenfes aux acquereurs defdits Offices d'en augmenter le prix, à peine de 6000. l. d'amende.

Du treize Decembre 1687

LE ROY eftant informé du prix exceffif des Offices de Procureurs du Parlement , & Jurifdictions de l'enclos du Palais , & de ceux du Chaſtelet de Paris , & des ſommes que ſe vendent leurs pratiques ; ce qui ne peut venir en partie que de la multiplicité des Procedures extraordinaires & inutiles , outre & au prejudice des Ordonnances , Edits & Reglemens, & à la foulle & charge des Parties ; A quoy Sa Majeſté voulant pourvoir : Oüy le rapport du ſieur le Pelletier , Conſeiller ordinaire au Conſeil Royal, Contrólleur general des Finances. SA MAJESTE' EN SON CONSEIL , a fixé le prix des Offices de Procureurs poſtulans du Parlement , & autres Juriſdictions de l'enclos du Palais , à la ſomme de douze mil livres; & celuy des Offices de Procureurs poſtulans au Chaſtelet de Paris , à la ſomme de huit mil livres. Fait tres-expreſſes défenſes à ceux qui les acquereront à l'avenir , d'augmenter le prix au deſſus des fixations, par contre-lettre, ou autrement , en quelque ſorte & maniere que ce ſoit , à peine contre les vendeurs de perte deſdits Offices au profit de Sa Majeſté ; & contre les acquereurs de ſix mil livres d'amende, payable ſans depoſt. Veut & ordonne Sa Majeſté , que dans les contrats qui ſeront paſſez de la vente deſdits Offices , il ſoit mis une clauſe expreſſe , que l'Office de Procureur vendu n'excede point le prix fixé par le preſent Arreſt, dont l'extrait ſera attaché ſous le contre-ſcel des Lettres de Proviſions qui ſeront expediées dudit Office , & fait mention dans leſdites Proviſions; Et à l'égard des pratiques , elles ſeront venduës ſeparément deſd. Offices de Procureurs , à autres Procureurs qu'aux acquereurs deſdits Offices : auſquels Sa Majeſté fait défenſes de les acheter ſous des noms & perſonnes ſuppoſées , ny d'en joüir directement ny indirectement, à l'exception toutefois des enfans, gendres, ou heritiers, auſquels Sa Majeſté permet de pouvoir ſucceder & exercer les Offices de Procureurs , avec les pratiques dont leurs peres ou parens deſquels ils heritent eſtoient pourvûs ; Et ſera le preſent Arreſt lû , & publié , le Sceau tenant, & pour ſon entiere execution toutes Lettres neceſſaires ſeront expediées. Fait au Conſeil d'Eſtat du Roy , tenu à Verſailles , le treiziéme jour de Decembre 1687. Signé , DE FREMONT. Et Collationné.

Collationné à l'Original , par Nous Conſeiller-Secretaire du Roy , Maiſon , Couronne de France & de ſes Finances.

Extrait des Registres du Conseil d'Estat.

LE ROY s'estant fait representer l'Arrest rendu en son
Conseil le 13. Decembre 1687. par lequel Sa Majesté auroit fixé le prix des Offices de Procureurs postulans au Parlement,
& autres Jurisdictions de l'enclos du Palais, à la somme de douze
mil livres, & celuy des Offices de Procureurs postulans au Chastelet à huit mil livres : & fait tres-expresses défenses à ceux qui les
acquerroient à l'avenir d'augmenter le prix au dessus des fixations
par contre-lettre, ou autrement, en quelque sorte & maniere que
ce soit, à peine contre les contrevenans de perte desdits Offices au
profit de Sa Majesté ; & contre les acquereurs de six mil livres d'a-
mende. Et à l'égard des pratiques, qu'elles seroient venduës separément des Offices à d'autres Procureurs que les acquereurs, à
l'exception toutes-fois des enfans, gendres, ou heritiers, ausquels
Sa Majesté auroit permis de succeder & exercer les Offices de Procureurs, avec les pratiques dont les peres & parens desquels ils heritent estoient pourvûs : Et Sa Majesté estant informée qu'au prejudice de cet Arrest les Offices de Procureurs dudit Parlement
dont estoient pourvûs les nommez Hanriau & Rouvroy ont esté
vendus à leurs Clercs, lesquels ont payé chacun trois mil livres de
pot de vin, & traité des pratiques par intelligence entr'eux, à quoy
estant necessaire de pourvoir : Oüy le rapport du sieur le Pelletier
Conseiller ordinaire au Conseil Royal, Contrôlleur General des
Finances.

SA MAJESTE' a ordonné & ordonne, que les procurations de nominations des Offices de Procureurs postulans au Parlement de Paris, & autres Jurisdictions de l'enclos du Palais &
du Chastelet, seront remises aux revenus casuels, & le prix de la
fixation d'iceux sera payé aux veuves, enfans, & heritiers, ou resignataires par le Receveur des Revenus Casuels ; Lesquels Offices seront remplis par ceux qui seront choisis par Sa Majesté : laquelle ordonne, que par le sieur de la Briffe Conseiller en ses
Conseils, Maistre des Requestes ordinaire de son Hostel, il sera
incessamment informé du payement de trois mil livres fait par
chacun de ceux qui ont acheté les Offices de Procureurs audit Parlement dont estoient pourvûs lesdits Hanriau & Rouvroy, &
comment ils y ont acquis les pratiques desdits Procureurs, pour

ladite information vûë & rapportée à Sa Majefté, eftre par Elle ordonné ce qu'il appartiendra. Fait au Confeil d'Eftat du Roy,
tenu à Verfailles le 31. Juillet 1688.

E D I T D U R O Y,

Portant creation de Tiers Referendaires pour taxer les
dépens & poftuler comme Procureurs dans toutes
les Cours & Jurifdictions du Royaume.

Regiftré en Parlement le 2. Decembre 1689.

LOUIS par la grace de Dieu Roy de France & de Navarre:
A tous prefens & à venir, Salut. Les Rois nos predeceffeurs par differens Edits ont créé tant en noftre Chaftelet de Paris
que dans les autres Jurifdictions Royales de noftre Royaume, des
Commiffaires Examinateurs, lefquels entr'autres fonctions fai-
foient les taxes des dépens, & depuis il fut créé en 1635. trente
Tiers Referendaires pour taxer les dépens dans nos Cours & Jurifdictions de l'enclos de noftre Palais à Paris, lefquels par l'Edit
du mois de May 1639. furent unis & incorporez au Corps des quatre cent Procureurs des mêmes Cours & Jurifdictions. Mais nous
avons reconnu que les Commiffaires Examinateurs, dont même la
plûpart des Charges ont efté unies dans nos Provinces à des Offices de Judicature, n'ont pas toute l'experience de pratique neceffaire pour s'acquiter exactement de cette fonction, & qu'ils fe con-
tentent d'en percevoir les droits, & en abandonnent le foin & le
travail à des particuliers Praticiens, fouvent auffi peu experimen-
tez qu'eux ; que d'ailleurs il eftoit important qu'il y eût des Officiers en titre, deftinez particulierement pour ce genre d'emploi
dans toutes nos Cours & Jurifdictions ; A c e s c a u s e s , de
l'avis de noftre Confeil & de noftre certaine fcience, pleine puiffance & autorité Royale, Nous avons par ces prefentes fignées de
noftre main, dit, declaré & ordonné, difons, declarons & ordonnons, voulons & nous plaift, que les trente Offices de Tiers
Referendaires, Taxateurs de dépens créés par noftre Edit du mois
de Decembre 1635. & unis aux Charges des quatre cent Procureurs poftulans au Parlement de Paris, par autre Edit du mois de
May 1639. foient & demeurent defunis des Offices de Procureurs,

pour en compofer un Corps d'Office feparé , & à cet effet les avons d'abondant , & entant que befoin feroit de nouveau créez, & érigez en titre d'Office hereditaire , pour en joüir par ceux qui en feront pourvûs par Nous , & taxer & faire le calcul de tous les dépens qui feront adjugez en nos Cours de Parlement de Paris, Cour des Aydes, Requeftes de l'Hoftel à l'ordinaire , & du Palais, Bailliage du Palais , Admirauté, Eaux & Forefts , Conneftablie, Trefor , & autres Jurifdictions de l'enclos du Palais, de même & ainfi qu'ont cy-devant fait les Procureurs , Nous refervant de pourvoir au remboutfement de la finance qu'ils juftifieront avoir payée pour l'union qui a efté cy-devant faite defdits Offices à leurs Charges s'il y échet. Et en outre , avons créé & érigé en toutes nos Cours , Sieges Prefidiaux , Bailliages, Senéchauffées , & au- tres Juftices Royales de noftre Royaume , pareils Offices heredi- taires de Tiers Referendaires Taxateurs & Calculateurs de dépens; Sçavoir , deux en noftre Chambre des Comptes , quatre en noftre Grand Confeil & Prevofté de l'Hoftel; vingt en noftre Chaftelet, & deux en l'Election de Paris, dix en noftre Parlement , Cham- bre des Comptes, Cour des Aydes, Requeftes du Palais, Eaux & Forefts & Table - de-Marbre à Roüen, huit en noftre Parlement & Requeftes du Palais & Table-de-Marbre de Bretagne , deux en noftre Chambre des Comptes de Nantes , huit en noftre Par- lement & Requeftes du Palais de Guyenne , deux en noftre Cour des Aydes de Libourne , fix en noftre Parlement , Chambre des Comptes , Requeftes du Palais , Eaux & Forefts de Dijon, fix en noftre Parlement, Cour des Comptes , Aydes & Finances de Pro- vence , fix en chacun de nos Parlemens de Dauphiné & de Metz, quatre en noftre Parlement & Chambre des Comptes de Pau, deux en chacune de nos Cours des Aydes de Montpellier , Mon- tauban , & Clermont-Ferrand , quatre en chacun des Bailliages, Sieges Prefidiaux , & autres Jurifdictions des villes d'Orleans, Tours, Angers, Lyon, Poitiers, Riom & Nifmes, deux en cha- cun des Sieges Prefidiaux , Senéchauffées , grands Bailliages, & autres Jurifdictions des lieux, & Villes où lefdits Sieges font éta- blis, & un en chacun des autres Bailliages, Prevoftez, Chaftelle- nies , Elections , & autres Juftices Royales. A tous lefquels Offi- ces nous avons attribué, & attribuons par ces Prefentes , le droit & pouvoir de taxer & calculer tous les dépens, tant au Civil qu'au Criminel, qui feront adjugez en nofdites Cours & Jurifdictions, chacun à leur égard , fuivant la forme qui leur fera prefcrite par

D iij

le Reglement qui en sera arresté ; & jusqu'à ce en la même forme,
& maniere qu'il se pratique à present en chaque Jurisdiction : Et
pour cet effet leur attribuons un sol six deniers pour chaque article
des Declarations, laquelle taxe sera employée dans les Declarations, sans que lesdits Tiers ny celuy qui fera la taxe puissent
prendre d'autres droits, sous pretexte de vacations extraordinaires, ou sous quelque autre pretexte que ce soit, quand même il
leur seroit offert volontairement, à peine de restitution du quatruple. Ceux de nos Cours seront exempts de tous droits de Guet,
& Garde, Tutelle, Curatelle, & autres Charges de Ville & Police, & auront droit de Committimus du Petit Sceau : & ceux des
Presidiaux, Bailliages, Senéchaussées, & autres Sieges Royaux,
auront droit & faculté de postuler ainsi que les Procureurs. Faisons défenses à toutes personnes de faire taxer aucuns dépens par
autres que par lesdits Tiers Referendaires, & en cas qu'il en soit
taxé aucuns par appointemens, le droit cy-dessus reglé sera payé
à celuy qui sera commis pour en faire la recette. Faisons pareillement défenses aux Clercs des Officiers de nos Cours, & autres
Juges, aux Commissaires du Chastelet, Commissaires Examinateurs & autres, de s'immiscer à la taxe ou calcul des dépens, ny de
prendre aucuns droits pour raison de ce, à peine de restitution du
quatruple ; sauf à nous à pourvoir à l'indemnité desdits Commissaires s'il y échet. N'entendons toutefois prejudicier au droit de
six deniers pour livre attribuez aux Contrôlleurs desdits Tiers
créez par l'Edit du mois de Decembre 1635. supprimez par la Declaration du mois d'Avril 1667. & réünis à nostre Domaine. N'entendons aussi rien innover à la disposition de l'article dernier du titre 31. de nostre Ordonnance du mois d'Avril 1667. pour la liquidation des dépens par les Juges subalternes. Et lesdits Tiers Referendaires feront bourse commune pour partager le produit des
taxes également entr'eux. Voulons que les Lettres de provisions
desdits Offices soient expediées en nostre grande Chancellerie sur
les quittances du Tresorier de nos Revenus Casuels, des sommes
contenuës és rôlles qui seront arrestez en nostre Conseil pour la
finance desdits Offices, avec les deux sols pour livres d'icelle, &
sur les quittances des droits du Marc-d'or, suivant & ainsi qu'ils
seront par nous reglez, sur lesquelles Lettres les pourvûs desdits
Offices seront reçûs par les Officiers de nos Cours, Presidiaux,
& autres Jurisdictions où ils feront leur exercice, après un simple examen sur ce qui sera du fait de leurs Charges : & au cas

qu'ils veüillent joüir du droit de poftuler , ils feront reçûs en la même maniere & forme que les Procureurs ; & en attendant la vente defdits Offices , Reception & Inftallation des Officiers : Voulons que l'exercice & fonction en foit faite par ceux qui feront par nous commis à leur exercice , fuivant les Commiffions qui leur en feront expediées en noftre grande Chancellerie , en fubiffant l'examen aux termes cy-deffus. SI DONNONS EN MANDEMENT à nos amez & feaux Confeillers , les Gens tenans nos Cours de Parlement , Chambre de nos Comptes, Cour des Aydes à Paris , que le prefent Edit ils faffent lire , publier & regiftrer , & le contenu en iceluy garder & obferver de point en point felon fa forme & teneur , fans y contrevenir , ny permettre qu'il y foit contrevenu en quelque forte & maniere que ce foit , nonobftant tous Edits , Declarations , Ordonnances, & Reglemens , Ufages , & autres chofes à ce contraires , aufquels nous avons expreffément dérogé & dérogeons par le prefent Edit. Car tel eft noftre plaifir ; & afin que ce foit chofe ferme & ftable à toûjours , Nous avons à ces Prefentes fait mettre noftre Scel. Donné à Verfailles au mois de Novembre , l'an de grace 1689. Et de noftre Regne le quarante-feptiéme. Signé, L O U I S : Et plus bas , Par le Roy , COLBERT. Vifa, BOUCHERAT.

Regiftré , oüi , & ce requerant le Procureur General du Roy , pour eftre executé felon fa forme & teneur , fuivant l'Arreft de ce jour , & copies collationnées envoyées aux Bailliages & Senéchauffées du Reffort , pour y eftre pareillement lûës , publiées & regiftrées. Enjoint aux Subftituts du Procureur General du Roy d'y tenir la main , & d'en certifier la Cour au mois, A Paris en Parlement le 2. Decembre 1689. Signé , DU TILLET.

DECLARATION,

Qui confirme les Procureurs au Parlement en la fonction de Tiers Referendaires , & leve la fixation de leurs Charges.

L O U I S par la grace de Dieu Roy de France & de Navarre : A tous ceux qui ces prefentes Lettres verront ; Salut. Les Procureurs en noftre Cour de Parlement , & autres Jurifdictions établies dans l'enclos de noſtre Palais à Paris , Nous ont repreſenté, que par noſtre Edit du mois de Novembre dernier, Nous aurions deſuni de leurs Charges celles de Tiers Referendaires Taxateurs de dépens , créés par Edit du mois de Decembre 1635 & Declaration du 26. May 1637. & qui avoient eſté unies à leurſdites Charges par Edit du mois de May 1639. Que les difficultez qui ſe preſentent ſouvent dans les taxes de dépens ne pouvant eſtre reglées par des perſonnes qui ayent beaucoup d'experience & de capacité ſur ces matieres , il ſe paſſeroit au moins un long-temps avant que les Officiers qui ſeroient pourvûs deſdites Charges nouvelles fuſſent en eſtat de faire en la maniere que nous le pouvions deſirer pour le ſoulagement de nos Sujets ; celles qui ſeroient adjugées par noſtre Cour de Parlement de Paris , & autres Juriſdictions de l'enclos de noſtre Palais. Et qu'eſtant d'ailleurs tres-facile de prévenir les inconveniens que l'on avoit apprehendez de leur part dans leſdites taxes , ils ſe ſoûmettoient à les faire, ſuivant les regles qu'il nous plairoit de leur preſcrire, & le Tarif des dépens que l'on faiſoit en noſtredite Cour de Parlement , ſi nous avions agreable de leur permettre de continuer cette fonction, de lever la fixation qui avoit eſté faite de leurs Charges à la ſomme de douze mil livres , de leur laiſſer la liberté de diſpoſer de leurs Pratiques , & de recevoir d'eux la ſomme de ſix cent mil livres qu'ils nous ont ſupplié d'agréer, pour nous aider à ſoûtenir une partie des dépenſes exceſſives dans leſquelles nous ſommes engagez. A CES CAUSES , & autres à ce nous mouvans, de l'avis de noſtre Conſeil , & de noſtre certaine ſcience , pleine puiſſance & autorité Royale, Nous avons par ces preſentes ſignées de noſtre main, accepté & acceptons leſdites offres ; & en conſequence confirmé & confirmons les Procureurs de noſtredite Cour de Parlement de Paris , & autres Juriſdictions de l'enclos de noſtre Palais , en la fonction de Tiers Referendaires Taxateurs de dépens créés par Edit du mois de Decembre 1635. Lettres de Declaration du 26. May 1637. & unies & incorporées au Corps de la Communauté deſdits Procureurs, par Edit du mois de May 1637. pour en joüir hereditairement par leſdits Procureurs , leurs veuves , heritiers, ſucceſſeurs & ayans cauſes, aux mêmes droits & privileges portez par noſtredit Edit du mois de Novembre, dérogeant à leur égard ſeulement à la creation & deſunion deſdites Charges portées par ledit Edit : & pour apporter l'ordre neceſſaire dans l'exercice de ladite fonction de Tiers Referendaires Taxateurs de dépens, Voulons

lons qu'elle ne foit exercée par lefdits Procureurs qu'aprés dix
années de reception & d'exercice de leurfdits Offices ; & que
de ceux qui auront acquis ledit temps, il y en ait toûjours trente
qui faffent les uns aprés les autres lefdites taxes de dépens durant
le temps, & en la maniere qui fera reglée par leur Communauté,
& approuvée par noftre Cour de Parlement. Faifons défenfes à
ceux qui ne feront point commis pour faire lefdites taxes d'en faire
aucunes, à peine de faux ; lefdits Procureurs qui feront lefdites
taxes, auront la moitié du droit pour leur retribution, & l'autre
moitié fera mife en bourfe commune, pour eftre employée au
payement des dettes & charges de la Communauté ; & feront les
dépens par eux reglez, fuivant le Tarif de noftredite Cour, &
les Taxes faites dans le temps prefcrit par noftre Ordonnance
du mois d'Avril 1667. fans que l'on en puiffe prendre communication que par les mains du Tiers ; il ne fera expedié aucuns
Executoires en toutes les Jurifdictions de l'enclos du Palais, où
lefdits Procureurs de noftre Parlement occupent, que la Declaration n'ait efté regiftrée préalablement fur le Regiftre de leur
Communauté, vifée par l'un defdits Procureurs qui fera en charge, & le memoire de Tiers annexé à la Declaration, à peine de
faux, & pour donner à la Communauté defdits Procureurs la
facilité de trouver les deniers neceffaires pour payer ladite fomme de fix cent mil livres, Nous avons ordonné & ordonnons par
ces prefentes, que ceux qui leur prefteront les deniers pour cet
effet auront privilege fpecial fur leurfdits Offices à l'exclufion
de tous autres creanciers, même de ceux qui les auroient vendus ou prefté les deniers pour employer au payement du prix,
fans qu'il foit befoin de faire la declaration dudit emprunt par les
quittances qui en feront delivrées. Voulons que la fimple declaration des Procureurs de Communauté qui emprunteront, & reïterée par autre Acte paffé pardevant Notaires au bas des quittances, ait la même force & vertu que fi elle y avoit efté faite,
& en tant que befoin feroit autorifons tous les Contrats qui feront
paffez à cette fin par lefdits Procureurs de Communauté pour
toute leur Compagnie. Ne pourront aucuns defdits Procureurs
difpofer de leurs Charges, qu'en chargeant leurs fucceffeurs defdites dettes de la Communauté : & ne fera auffi ledit fucceffeur
reçû qu'à ladite condition, & la Charge y demeurera affectée en
telles mains qu'elle puiffe paffer, fans qu'à quelque titre que ce
foit ladite Charge puiffe eftre exempte des dettes de la Com-

I. Part.   E

munauté. Nous avons auſſi levé la fixation par nous faite deſdites Charges de Procureurs, permettons aux titulaires, à leurs veuves, heritiers d'en diſpoſer, enſemble de leur pratique au profit des autres Procureurs ou de ceux qui traiteront de leurs Charges, tout ainſi qu'ils faiſoient auparavant ladite fixation. Avons au ſurplus maintenu, confirmé & gardé leſdits Procureurs dans tous leurs droits & privileges, ſans que cy aprés ils puiſſent y eſtre troublez ny recherchez à cet égard pour quelque cauſe & pretexte que ce ſoit. SI DONNONS EN MANDEMENT à nos amez & feaux Conſeillers les Gens tenans noſtre Cour de Parlement à Paris, que ces preſentes nos Lettres de Declaration ils faſſent lire, publier & enregiſtrer, & le contenu en icelles garder & obſerver de point en point ſelon leur forme & teneur, nonobſtant tous Edits, Declarations, Arreſts, & autres choſes à ce contraires, auſquelles & aux dérogatoires des dérogatoires y contenuës, Nous avons dérogé & dérogeons par ces preſentes: CAR tel eſt noſtre plaiſir. En témoin dequoy nous avons fait mettre noſtre Scel à ceſd. preſentes. DONNE' à Verſailles le 6. jour de Decembre, l'an de grace 1689. Et de noſtre Regne le quarante-ſeptiéme. Signé, LOUIS; & plus bas, Par le Roy, COLBERT. Et ſcellées du grand Sceau de cire jaune.

Regiſtrée, ouy ce requerant le Procureur General du Roy, pour eſtre executée ſelon ſa forme & teneur, ſuivant l'Arreſt de ce jour. A Paris en Parlement le 13. Decembre 1689. Signé, DU TILLET.

EDIT DU ROY,

Portant creation de Greffiers Gardes-minuttes & Expeditionnaires des Lettres de Chancellerie prés les Parlemens & Preſidiaux du Royaume.

LOUIS par la grace de Dieu Roy de France & de Navarre: A tous preſens & à venir, Salut. Les abus qui ſe commettoient dans l'expedition des Lettres de noſtre grande Chancellerie de France, Nous ayant obligé d'établir par noſtre Edit du mois de May 1674. un Greffe & Depoſt des Minuttes de toutes les Lettres qui devoient y eſtre ſcellées, & de créer pour l'exercice d'iceluy en titre d'Offices, quatre nos Conſeillers

Greffiers Gardes & Depositaires desdites Minuttes, & douze
Commis dudit Greffe; il nous a esté representé plusieurs fois que
les mêmes abus, & de plus grands encore, s'estoient glissez dans
les Expeditions des Lettres qui se scellent dans nos Chancelleries establies prés les Parlemens, Cours Superieures & Presidiaux de nostre Royaume; où les Procureurs s'en estant arrogé
les Expeditions, les laissent dresser & écrire en parchemin à
leurs Clercs, & autres personnes sans caractere, qui pour fru-
strer les droits du Sceau, & par le gain qu'ils y trouvent, font
servir les mêmes Lettres dans plusieurs instances & affaires differentes, en raturant les noms des Impetrans, ausquels ils ajoû-
tent dans cette vûë, & pour se preparer de la place, plusieurs titres & qualitez supposées, afin d'y en substituer d'autres, lorsque
les premieres Expeditions sont devenuës inutiles, en changeant
les dattes lors qu'elles sont prescrites, & quelquefois même les
faits sur lesquels elles ont esté scellées pour y en mettre d'autres
tout contraires, qui en auroient fait refuser l'obtention; que
d'ailleurs lesd. Lettres venant à estre perduës ou soustraites des
Instances, dont elles sont le fondement, leur défaut produisoit
en des causes tres-justes, la nullité des procedures les mieux
establies; ce qui causoit souvent la ruine & la desolation de quantité de familles. Et comme l'establissement dudit Greffe & Depost des Minuttes de nostre grande Chancellerie, Nous en a
fait connoistre l'utilité par une experience sensible, & qu'il n'y
a point de meilleur moyen pour arrester le cours de ces desordres, que d'establir de pareils Greffes & Deposts des Minuttes
de toutes les Lettres qui doivent estre scellées dans les Chancelleries prés nos Parlemens, Cours Superieures, & Presidiaux de
nostre Royaume, de créer pour l'exercice d'iceux des Greffiers Conservateurs desd. Minuttes, qui écriront ou feront écrire en parchemin les Expeditions desd. Lettres, & d'en fixer les
droits, qui jusqu'à present se sont levez sans aucune regle.
A CES CAUSES, & autres à ce nous mouvans, de nostre
certaine science, pleine puissance & autorité Royale, Nous
avons par le present Edit perpetuel & irrevocable, ordonné &
ordonnons, voulons & nous plaist, qu'il soit establi dans chacune de nos Chancelleries prés les Parlemens, Cours Superieures,
& Presidiaux du Royaume, un Greffe & Depost des Minuttes de
toutes les Lettres & Expeditions qui y seront scellées, de quelque nature, titre & qualité qu'elles soient; & pour l'exercice

E ij

d'iceux , avons creé & érigé, créons & érigeons en titre d'Offices formez, fçavoir , dans chacune des Chancelleries établies
prés nos Parlemens de Paris & Roüen , huit nos Confeillers
Greffiers Confervateurs des Minuttes , & Expeditionnaires des
Lettres qui s'y expedient ; dans les Chancelleries prés nos Parlemens de Rennes, Bordeaux , Toulouze , Aix , Grenoble , Dijon & Metz , quatre nos Confeillers Greffiers Confervateurs des
Minuttes , & Expeditionnaires defd. Lettres ; dans noftre Chancellerie établie prés noftre Parlement de Tournay , deux nos
Confeillers Greffiers Confervateurs des Minuttes , & Expeditionnaires defd. Lettres ; dans chacune de celles prés les Cours
des Aydes de Provence & de Montpellier , deux nos Confeillers Greffiers Confervateurs des Minuttes , & Expeditionnaires
defd. Lettres ; dans chacune de celles établies prés les autres
Cours Superieures de noftre Royaume , un noftre Confeiller
Greffier Confervateur des Minuttes , & Expeditionnaire defd.
Lettres ; dans chacune des Chancelleries prés les Prefidiaux
d'Angers , Orleans , le Mans , Lyon , Moulins , Poitiers , Troyes,
Reims , Riom , Angoulême, Rennes , Nantes & Toulouze , deux
nos Confeillers Greffiers Confervateurs des Minuttes , & Expeditionnaires defd. Lettres ; & dans chacune de celles prés les
autres Prefidiaux du Royaume , un noftre Confeiller Greffier
Confervateur des Minuttes , & Expeditionnaire defd. Lettres
de Chancelleries , pour garder & conferver les Minuttes de
toutes les Lettres , & autres Actes , de quelque nature , titre &
qualité qu'elles puiffent eftre , qui feront prefentées au Sceau
dans lefd. Chancelleries , & pour écrire en parchemin ou faire
écrire par leurs Commis les Expeditions de toutes lefd. Lettres
& Actes qu'ils feront tenus de collationner fur lefd. Minuttes,
& de mettre le mot de *Collationné*, avec leur paraphe , fur lefd.
Expeditions. Pourront neanmoins nos Confeillers-Secretaires &
autres Officiers defd. Chancelleries qui ont droit ou qui font en
poffeffion de dreffer les Minuttes defd. Lettres , & de les faire
mettre en parchemin par leurs Clercs , continuer lefd. fonctions , fi bon leur femble ; à la charge toutefois qu'il ne pourra
eftre prefenté au Sceau defd. Chancelleries , ny fcellé aucunes
Lettres , fous quelque pretexte que ce puiffe eftre , que la Minutte n'en ait efté remife aux Officiers prefentement créez , &
qu'ils n'ayent mis le Collationné avec leur paraphe au bas de
l'Expedition d'icelles. Garderont nofd. Confeillers Greffiers

prefentement créez, les Minuttes des Lettres qui auront efté
prefentées au Sceau, qu'ils mettront en même-temps en liaffes
bien & dûëment cottées; & regiftreront fommairement la qualité
de la Lettre, la datte d'icelle, le nom de l'impetrant, & de celuy qui en aura figné la Minutte, fur un Regiftre qui fera tenu
à cet effet, fur lequel nul autre perfonne que nofd. Confeillers
Greffiers, ou leurs Commis, ne pourra écrire, à peine de faux,
le tout pour avoir recours aufd. Minuttes, & regiftre quand befoin fera. Auront nofd. Confeillers Creffiers entrée au Sceau toutefois & quantes que bon leur femblera, pour voir fi les Lettres
qui y auront efté prefentées, feront fcellées ou refufées; & en
cas de refus, ils en feront mention fur leurs Regiftres à cofté de
l'enregiftrement defd. Lettres refufées. Seront nofd. Confeillers Greffiers tenus de delivrer des copies de toutes lefd. Lettres, & des extraits dudit Regiftre, lors qu'ils en feront requis,
bien & dûëment collationnez & fignez d'eux, & mettront dans
le collationné d'icelles, le jour qu'ils les delivreront, & à qui;
aufquelles copies & extraits ainfi collationnez, foy fera ajoûtée
en toutes Cours & Jurifdictions. Deffendons tres-expreffement
à tous nos Secretaires & autres Officiers defd. Chancelleries, de
prefenter au Sceau ny de fceller aucunes Lettres, de quelque
qualité qu'elles foient, à moins qu'elles n'ayent le collationné &
le paraphe de nofd. Confeillers Greffiers, à peine d'interdiction
contre les contrevenans, & de cinq cent livres d'amende pour
chaque contravention, qui ne pourra eftre reputée comminatoire, remife ny moderée, fous quelque pretexte que ce puiffe
eftre, applicable moitié à Nous, & l'autre moitié aufd. Greffiers.
Pour la garde & confervation defquelles Minuttes, & pour l'expedition defd. Lettres & Actes, même pour les copies d'icelles,
& extraits dudit Regiftre, joüiront nofd. Confeillers Greffiers
des droits qui leur font attribuez par le Tarif qui en a efté ce
jourd'huy arrefté en noftre Confeil, attaché fous le contrefcel
de noftre prefent Edit, fans que fous pretexte de ce qu'ils n'auroient pas mis lefd. Lettres en parchemin, les droits portez par
le fufdit Tarif, puiffent eftre diminuez ny retranchez en quelque
forte & maniere que ce puiffe eftre; de tous lefquels droits fera
fait bourfe commune entre nofd. Confeillers Greffiers de chacune Chancellerie où il y en aura plufieurs d'établis. Et pour
d'autant plus leur donner moyen de fupporter les depenfes qu'ils
feront obligez de faire pour l'exploitation defd. Greffes, & de

s'en acquiter avec honneur & avec application , Nous avons attribué & attribuons à chacun de nofdits Confeillers Greffiers des
Chancelleries établies prés nos Parlemens & autres Cours Superieures de noftre Royaume, Païs , Terres & Seigneuries de nôtre obeïffance , la fomme de deux cent livres de gages par chacun an ; & à chacun de nofd. Confeillers Greffiers des Chancelleries Prefidiales , quarante livres auffi par chacun an ; defquels
gages fera fait fonds de deux quartiers dans les Eftats des Recet-
tes Generales de nos Finances , pour leur eftre payez fans aucun
retranchement , à commencer du premier Avril 1692. Et en
outre nous avons attribué & attribuons à chacun de nofd. Confeillers Greffiers defd. Chancelleries établies prés les Parlemens
& Cours Superieures , un minot de Sel de franc-falé , qui leur
fera delivré fur leurs fimples certifications , en payant l'ancien
prix du Marchand feulement , droit de Committimus au petit
Sceau , exemption de fubfides , Uftancils , Contributions , Logemens de Gens de Guerre , Guet , Garde , Tutelle , Curatelle ,
& de nomination à icelles , & autres charges de Ville & de Police ; & aufd. Greffiers des Prefidiaux , exemption de Logement
de Gens de Guerre , d'Uftancils , Subfides & Contributions ,
Collecte des Tailles & du Sel , Tutelle Curatelle , & de nomination à icelles , Guet , Garde , & autres charges de Ville & Police , avec la faculté à tous lefd. Greffiers de commettre aux fonctions & exercices defd. Greffes , telles perfonnes qu'ils aviferont bon eftre , dont ils demeureront civilement garands & refponfables. Voulons que ceux qui y feront commis , joüiffent des
mêmes droits , privileges & exemptions attribuez aufd. Offices ,
pourvû neanmoins qu'il n'y ait qu'un feul & même privilege pour
le Titulaire ou fon Commis ; aufquels Offices de nos Confeillers
Greffiers Confervateurs des Minuttes , & Expeditionnaires des
Lettres defd. Chancelleries établies prés lefd. Parlemens , Cours
Superieures , & Prefidiaux , fera dés-à-prefent pourvû par Nous ,
& à l'avenir fur les nominations & prefentations de nos Chanceliers & Gardes des Sceaux , aufquels Nous concedons & ac-
cordons ledit droit de nomination & prefentation , avec la finance qui en proviendra , vaccation arrivant par mort , forfaitu-
re , ou autrement , tout ainfi que des autres Offices de nos Chancelleries , dont les nominations ont efté concedées à la dignité de
leurs Charges , ne nous refervant que la premiere finance , &
pour toûjours le Marc d'or , qui fera payé aux mutations.   Et

afin que les pourvûs defd. Offices puiſſent diſpoſer d'iceux , &
les conſerver à leurs veuves , heritiers , ou ayans cauſe , Nous
voulons que noſd. Chanceliers & Gardes des Sceaux les reçoivent dés-à-preſent au Droit Annuel, ſuivant la taxe qui en a eſté
moderement faite en noſtre Conſeil par l'Eſtat arreſté en iceluy , & attaché ſous le contreſcel de noſtre preſent Edit , dont
nous les avons toutefois dechargez & dechargeons pour la preſente année , & pour toûjours du Preſt. Et pour donner à nos
Sujets, auſquels ces Offices peuvent convenir, la facilité d'emprunter les ſommes auſquelles ils auront eſté taxez par les Rôlles
qui en ſeront arreſtez en noſtre Conſeil, Voulons que ceux qui
preſteront leurs deniers pour cet effet , ayent privilege ſpecial
ſur leſdits Offices , ſans qu'il ſoit beſoin d'en faire mention dans
les Quittances qui en ſeront delivrées par le Treſorier de nos
Revenus Caſuels , & que ceux qui s'en voudront faire pourvoir ,
puiſſent acquerir pluſieurs deſdits Offices dans une même Chancellerie , ſans eſtre tenus pour ce de les faire reünir , ny d'en
prendre pluſieurs proviſions , dont nous les avons , en tant que
beſoin eſt ou ſeroit , diſpenſé & diſpenſons. Voulons pareillement
que toutes ſortes de perſonne les puiſſent acquerir & poſſeder
ſans incompatibilité , & joüir des droits, privileges & exemptions
y attribuez , quelque commerce qu'ils puiſſent faire. Faiſons
tres-expreſſes inhibitions & deffenſes à toutes ſortes de perſonnes d'entreprendre ſur les fonctions attribuées aux Offices créez
par le preſent Edit , & aux Procureurs de nos Cours & Juriſdictions, & à tous autres de pourſuivre ny relever aucunes appellations, ſans avoir prealablement pris des Lettres auſdites Chancelleries, à peine de nullité, & de trois mil livres d'amende , applicable un tiers à l'Hôpital , un tiers à Nous., & l'autre tiers
auſdits Greffiers : laquelle peine ne pourra eſtre reputée comminatoire, remiſe ny moderée, ſous quelque cauſe , & pour quelque pretexte que ce ſoit. SI DONNONS EN MANDEMENT
à nos amez & feaux Conſeillers , les Gens tenans noſtre Cour
de Parlement , Chambre des Comptes , & Cour des Aydes à Paris , que noſtre preſent Edit ils ayent à faire regiſtrer , & le contenu en iceluy garder & obſerver ſelon ſa forme & teneur , ceſſant
& faiſant ceſſer tous troubles & empêchemens qui pourroient
eſtre mis ou donnez , nonobſtant tous Edits , Declarations, Ordonnances , Reglemens , & autres choſes à ce contraires , auſquels nous avons dérogé & dérogeons par noſtre preſent Edit;

aux copies duquel collationnées par l'un de nos amez & feaux Conseillers & Secretaires , voulons que foy soit ajoûtée comme à l'original : Car tel est nostre plaisir. Et afin que ce soit chose ferme & stable à toûjours, nous y avons fait mettre nostre Scel. Donné à Versailles au mois de Mars, l'an de grace 1692. Et de nostre Regne le quarante-neuviéme. Signé, LOUIS. Visa, BOUCHERAT. Et plus bas , Par le Roy, PHELIPEAUX. Et scellées du grand Sceau de cire verte.

Registrées , ouy & ce requerant le Procureur General du Roy , pour estre executées selon leur forme & teneur ; & coppies collationnées envoyées dans les Sieges , Bailliages & Senechaußées du Ressort , pour y estre pareillement lûës , publiées & registrées : Enjoint aux Substituts du Procureur General d'y tenir la main , & d'en certifier la Cour dans un mois , suivant l'Arrest de ce jour, A Paris en Parlement le vingt-huitiéme Mars 1692. Signé , DU TILLET.

Collationné à l'Original par Nous Conseiller
Secretaire du Roy , Maison , Couronne de
France & de ses Finances.

TARIF DES DROITS QUE LE ROY EN son Conseil veut & ordonne estre payez à ses Conseillers Greffiers Conservateurs des Minuttes , Expeditionnaires des Lettres qui s'expedient dans les Chancelleries établies prés les Parlemens & autres Cours Superieures , & les Presidiaux du Royaume , tant pour en garder les Minuttes , que pour les mettre en parchemin.

S C A V O I R ,

POUR chacune Lettre de relief d'appel, anticipations, desertions , conversions d'appel en opposition , saisies, commissions simples pour appeller parties afin de constitution de nouveau Procureur pour reprendre instance sur Arrest , ou sur Sentences executoires de depens , ajournement , demandes en évocation , commandemens , jugemens , complaintes pour ventes , committimus, compulsoires, main-mises , restitution en entier, benefices d'âge, ou emancipation , benefices d'inventaires , & au-

tres.

tres Lettres reputées simples , civiles, criminelles, & étrangeres,
de quelque qualité qu'elles puissent estre ; ensemble pour les Lettres de Maîtrises , & pour celles de Pareatis : sur Sentence de Juges inferieurs , qui seront expediées pour l'étenduë du ressort du
Parlement , ou autre Cour Superieure , prés lequel seront établies les Chancelleries d'où elles seront émanées.

En la Chancellerie du Parlement de Paris , quinze sols , en ce
non compris le papier & parchemin timbré, cy   .   .   15. ſ.

Dans chacune des autres Chancelleries des Parlemens & Cours
Superieures du Royaume , dix sols, cy   .   .   10 ſ.

Dans chacune des Chancelleries Presidiales d'Angers ,   Orleans le Mans , Lyon, Moulins, Poitiers, Angoulême , Nantes , Rennes , Toulouze , Troyes , Rheims , & Riom , dix sols,
cy   .   .   .   .   10. ſ.

Dans chacune des autres Chancelleries Presidiales du Royaume, cinq sols, cy   .   .   .   .   .   ,   5. ſ.

Pour chacune Lettre de rescision d'attribution de Jurisdiction ,

Dans toutes les Chancelleries des Parlemens & Cours Superieures du Royaume , vingt sols, cy   .   .   .   20. ſ.

Pour chacune Lettre de confection, ou renouvellement de Ter-
rier , Lettre sur requeste civile , Lettre de remission, de pardon ,
ester à droit , ou reliefs de coutumace , Lettres de foy & hommage , & autres, de quelque qualité qu'elles puissent estre ,

Dans la Chancellerie prés le Parlement de Paris , trente sols
pour le premier impetrant, cy   .   .   .   30 ſ.

Et pour chacun des autres impetrans, dix sols, cy   .   10. ſ.

Dans chacune des Chancelleries établies prés les autres Parlemens , vingt sols pour le premier impetrant,   .   .   20. ſ.

Et pour chacun des autres impetrans, dix sols, cy   .   10. ſ.

Et si les parties ont besoin de copies desdites Lettres, en cas de
perte d'icelles, ou autrement , il leur en sera delivré des Grosses par
lesd. Greffiers, d'eux signées ; pour lesquelles il leur sera payé tels
& semblables droits que ceux mentionnez cy-dessus ; & pour chacun des extraits qu'ils delivreront de leurs Regiſtres, il leur sera
payé moitié dudit droit , en ce non compris le papier & parchemin timbré.

Fait Sa Majesté défenses ausdits Greffiers Conservateurs des
Minuttes, & Expeditionnaires des Lettres de Chancelleries & à leur
Commis d'exiger & recevoir plus grands droits que ceux conte-

I. Part.   F

nus au preſent Tarif, encore qu'il leur en eût eſté offert, à peine de concuſſion.

Fait & arreſté au Conſeil Royal des Finances, tenu à Verſailles le 15. Mars 1692.

> *Collationné à l'Original par nous Conseiller-Secretaire du Roy, Maiſon & Couronne de France & de ſes Finances.*

DECLARATION

Pour la reünion à la Communauté des Procureurs des Charges de Greffiers de la Chancellerie.

LOUIS par la grace de Dieu Roy de France & de Navarre : A tous ceux qui ces preſentes Lettres verront, Salut. Les Procureurs de noſtre Cour de Parlement de Paris Nous ont repreſenté, que par noſtre Edit du mois de Mars dernier nous avons creé en noſtre Chancellerie dudit Parlement huit Greffiers-Conſervateurs des minuttes, & Expeditionnaires des Lettres qui s'y expedient, qui ne pourront eſtre ſcellées que ſur les expeditions qu'ils en dreſſeront & feront écrire par leurs Commis & par eux collationnées ſur les minuttes ; Et quoy qu'ils ſoient en poſſeſſion de dreſſer leſdites Lettres & les faire écrire, neanmoins cette faculté leur eſt ôtée, encore qu'il y ait grand nombre deſdites Lettres qui ne peuvent eſtre dreſſées que par des perſonnes qui ayent beaucoup d'experience & de capacité ſur ces matieres, & il ſe paſſeroit du moins un long temps avant que les Officiers qui ſeront pourvûs deſdites charges nouvelles fuſſent en eſtat de faire en la maniere que nous le pourrions deſirer pour le ſoulagement de nos Sujets, l'expedition deſdites Lettres qu'ils ſe ſoumettoient de faire, ſuivant les regles qu'il nous plairoit de leur preſcrire, & nous décharger des gages que nous avons attribuez auſdits Offices, ſi nous avions agreable de leur permettre d'en faire la fonction, & de recevoir d'eux la ſomme de deux cent trente mil livres, qu'ils nous ont ſupplié d'agréer, pour nous aider à ſoûtenir une partie des dépenſes exceſſives dans leſquelles nous ſommes engagez, ſans gages ny franc-ſalé. A CES CAUSES, de noſtre certaine ſcience, pleine puiſſance & autorité Royale,

Nous avons par ces presentes signées de nostre main , accepté &
acceptons lesdites offres , & en consequence reüny & reünissons à
la Communauté desdits Procureurs de nostre Parlement de Paris
lesdites huit Charges de Greffiers Gardes minuttes , & Expeditionnaires des Lettres de nostre Chancellerie prés nostre Parlement de
Paris , qu'ils pourront faire exercer par ceux qui seront par eux
nommez , de leur corps , pour garder & conserver les minuttes de
toutes les Lettres & autres actes de quelque nature , titre & qualité qu'ils puissent estre, qui seront presentées au Sceau dans nostredite Chancellerie , & pour écrire en parchemin ou faire écrire les
expeditions de toutes lesdites Lettres & actes qu'ils seront tenus
de collationner sur lesdites minuttes , & de mettre le mot de
Collationné avec leur paraphe sur lesdites expeditions. Pourront
neanmoins nos Conseillers Secretaires & autres Officiers de ladite
Chancellerie qui ont droit , ou qui sont en possession de dresser les
minuttes desdites Lettres , & de les faire mettre en parchemin par
leurs Clercs , continuer lesdites fonctions , si bon leur semble , à la
charge toutefois qu'il ne pourra estre presenté au Sceau de ladite
Chancellerie ny scellé aucunes Lettres sous quelque pretexte que
ce puisse estre , que la minute n'en ait esté remise aux prepofez par
ladite Communauté , & qu'ils n'ayent mis le *Collationne* avec leur
paraphe au bas de l'expedition d'icelles ; Garderont les minutes
des Lettres qui auront esté presentées au Sceau , qu'ils mettront
en même-temps en liasses bien & düément cottées, & regiftreront
sommairement la qualité des Lettres , la datte d'icelles , le nom
de l'impetrant & de celuy qui en aura signé la minute sur un regiftre qui sera tenu à cet effet, sur lequel nul autre personne que
lesdits prepofez ne pourra écrire , à peine de faux ; le tout pour
avoir recours ausdites minutes & regiftres quand besoin sera. Auront lesdits prepofez qui feront nommez par la Communauté entrée au Sceau , pour voir si les Lettres qui y auront esté presentées
seront scellées ou refufées , & en cas de refus ils en feront mention sur leur regiftre à cofté de l'enregiftrement desdites Lettres
refufées ; Seront lesdits prepofez tenus de délivrer des copies de
toutes lesdites Lettres & des Extraits dudit regiftre , lors qu'ils en
feront requis , bien & düément collationnées & signées d'eux ,
& mettront dans le collationné d'icelles le jour qu'ils les délivre-
ront , & à qui ; ausquelles copies & extraits ainsi collationnez
foy fera ajoûtée en toutes Cours & Jurifdictions. Défendons tres-
expreffément à tous nos Secretaires & autres Officiers desdites

Chancelleries de prefenter au Sceau ny de fceller aucunes Lettres
de quelque qualité qu'elles foient , à moins qu'elles n'ayent le
Collattouné & le paraphe defdits prepofez de la Communauté , à
peine d'interdiction contre les contrevenans , & de cinq cent livres d'amende pour chaque contravention , qui ne pourra eftre reputée comminatoire , remife , ny moderée fous quelque pretexte
que ce puiffe eftre , applicable moitié à Nous , & l'autre moitié
à la Communauté defdits Procureurs. Pour la garde & confervation defquelles minutes , & pour l'expedition defdites Lettres &
actes , même pour les copies d'icelles & extrait dudit regiftre ,
joüira ladite Communauté des Procureurs feulement des droits
attribuez par le Tarif arrefté en noftre Confeil , & attaché fous le
contre-fcel de noftredit Edit du mois de Mars, fans gages ny franc
falé attribué aufdites charges par noftredit Edit , fans que fous pretexte que leurs prepofez n'auroient pas mis lefdites Lettres en parchemin , les droits portez par ledit Tarif puiffent eftre diminuez ny
retranchez en quelque forte & maniere que ce puiffe eftre. Et
pour donner à ladite Communauté defdits Procureurs la facilité
de trouver les deniers neceffaires pour payer ladite fomme de deux
cent trente mil livres , Nous avons ordonné & ordonnons par ces
prefentes , que ceux qui leur prefteront les deniers pour cet effet ,
auront privilege fpecial fur lefdits huit Offices reünis à leurs Charges , fans qu'il foit befoin de faire là declaration dudit emprunt par
les quittances qui en feront délivrées. Voulons que la fimple
declaration des Procureurs de Communauté qui emprunteront,
& reïterée par autre acte paffé pardevant Notaires au bas des quittances , ait la même force & vertu que fi elle y avoit efté faite , &
en tant que befoin feroit autorifons tous les contrats qui feront
paffez à cette fin par lefdits Procureurs de Communauté pour toute leur Compagnie. Ne pourront aucun defdits Procureurs difpofer de leurs Charges qu'en chargeant leurs fucceffeurs defdites
dettes de la Communauté , & ne fera auffi ledit fucceffeur reçû
qu'à ladite condition ; & la Charge y demeurera affectée en telles
mains qu'elle puiffe paffer , fans qu'à quelque titre que ce foit ladite Charge puiffe eftre exempte des dettes de la Communauté.
Au furplus faifons tres-expreffes inhibitions & défenfes à toutes fortes de perfonnes d'entreprendre fur les fonctions attribuées aufdits
Offices de Greffiers Gardes-Minutes , fur les peines portées par
ledit Edit du mois de Mars. Si donnons en mandement à nos
amez & feaux Confeillers les Gens tenans noftre Cour de Parle-

ment de Paris , que ces presentes nos Lettres de Declaration ils
faffent lire, publier & enregistrer , & le contenu en icelles garder
& obferver de point en point felon leur forme & teneur , nonobftant tous Edits, Declarations , Arrefts , & autres chofes à ce
contraires, aufquelles & aux derogatoires des derogatoires y contenuës nous avons dérogé & dérogeons par ces prefentes : Car
tel eft noftre plaifir. En témoin dequoy nous avons fait mettre
noftre Scel à cefdites prefentes. Donné à Verfailles le 29. jour
d'Avril , l'an de grace 1692.   Et de noftre Regne le quarante-
neuviéme. Signé, LOUIS ; Et plus bas, Par le Roy , PHELIPEAUX,
& fcellé du grand Sceau de cire jaune.

*Regiftrées , oüi & ce requerant le Procureur General du Roy , pour eftre
executées felon leur forme & teneur. Fait en Parlement le 30. Avril 1692.*

E D I T   D U   R O Y ,

*Portant union de la Jurifdiction de la Chambre du Trefor au
Corps des Treforiers de France de la Generalité de Paris , &
creation d'Officiers au Bureau defdits Treforiers.*

Donné à Verfailles au mois de Mars 1693.

L OU I S par la grace de Dieu Roy de France & de Navarre :
A tous prefens & à venir ; Salut. Les Rois nos predeceffeurs
ayant toûjours pris un foin particulier de la confervation du Domaine de nôtre Couronne, en avoient anciennement commis l'adminiftration & le gouvernement aux Treforiers de France, lefquels
eftant pour lors en tres-petit nombre, & le plus fouvent occupez dans
les Provinces au devoir de leurs Charges, le Roy Charles VIII.
en l'année 1496. jugea à propos d'établir la Chambre du Trefor
à Paris, laquelle fut d'abord compofée de cinq Confeillers, & depuis accruë de trois autres , avec pouvoir de juger conjointement
avec lefdits Treforiers de France, tous les procés & differens concernant nôtre Domaine , circonftances & dépendances , & ce dans
l'étenduë de noftre Prevofté & Vicomté de Paris, & des Bailliages
de Senlis , Melun , Brie , Comte-Robert , Eftampes , Dourdan,
Mante , Meulan , Beaumont fur Oife , & Crefpi en Valois; & à
l'égard de tous les autres Bailliages du Royaume, la Jurifdiction
contentieufe de noftre Domaine fut attribuée par Edit du Roy

F iij

François I. donné à Cremieu au mois de Juin 1536. aux Baillifs
& Senéchaux, chacun dans l'étenduë de leur ressort : Mais depuis
le Corps des Tresoriers de France s'estant accru considerablement
par les differentes creations faites de temps à autre, & ayant mesme
esté distribuez par Generalitez pour composer les Bureaux des
Finances, le Roy Loüis XIII. nostre tres-honoré Seigneur & Pere,
ayant reconnu le prejudice qu'avoit souffert le Domaine de nostre
Couronne depuis que la connoissance des affaires qui le concernent
avoit esté attribuée ausdits Baillifs & Senéchaux, jugea à propos
de la rendre ausdits Tresoriers de France par son Edit du mois
d'Avril 1627. lequel a toûjours depuis eu son execution, à l'exception de nostre Generalité de Paris, dans laquelle par la negligence de nos Tresoriers de France, les Juges ordinaires se sont
maintenus contre nostre intention dans la possession de connoistre
des affaires contentieuses de nostre Domaine, dans les Bailliages
qui n'estoient pas du ressort de nostredite Chambre du Tresor :
Mais comme en executant ledit Edit du mois d'Avril 1627. la
connoissance des affaires de nostre Domaine dans nostredite Generalité se trouveroit partagée entre nosdits Tresoriers de France
& les affaires de nostredite Chambre du Tresor, ce qui donneroit
lieu à des contestations frequentes entr'eux, qui ne pourroient
estre que prejudiciables à nos interests, & à charge aux parties,
Nous avons resolu d'unir toute la Jurisdiction qui a cy devant
appartenu à nostredite Chambre du Tresor, au Corps des Tresoriers de France de nostredite Generalité, & leur attribuer la
connoissance de tout ce qui concerne nostre Domaine dans toute
l'étenduë de ladite Generalité, & en mesme-temps donner à cette
Jurisdiction une meilleure forme qu'elle n'a eu jusques à present,
& un nouvel ordre pour l'administration de la Justice & l'exercice de la voirie dans nostre bonne Ville & Fauxbourgs de Paris.
A CES CAUSES, & autres à ce Nous mouvant, & de nostre
certaine science, pleine puissance & autorité Royale, Nous avons
par le present Edit perpetuel & irrevocable, supprimé & supprimons les Offices de Lieutenant General & Particulier, & ceux de
Conseillers de nostre Chambre du Tresor : Voulons que toute
la Jurisdiction de nostredite Chambre soit & demeure unie & in-
corporée au Corps des Tresoriers de France de nostre Generalité
de Paris, ausquels nous avons en outre attribué & attribuons toute
Cour, Jurisdiction & connoissance, pour juger en premiere instance toutes les affaires concernant nostre Domaine & droits en

dépendans , mesme ceux joints à la Ferme generale de nos Domaines dans l'étenduë de noſtredite Generalité , ſauf l'appel de
leurs jugemens en noſtre Cour de Parlement de Paris. Faiſons défenſes à tous Officiers de nos Bailliages, Sieges Preſidiaux & tous
autres Juges d'en connoiſtre à l'avenir , à peine de nullité de leurs
jugemens , dépens, dommages & intereſts des parties , & de trois
cent livres d'amende contre les Procureurs qui y auront occupé.
Et attendu que le nombre des Treſoriers de France qui compoſent
aujourd'huy le Bureau de nos Finances de Paris ne ſeroit pas ſuffiſant pour remplir toutes leurs fonctions , Nous avons outre
l'Office de premier Preſident creé audit Bureau par noſtre Edit du
mois de Mars 1691. creé & érigé , creons & érigeons en titre d'Office , un noſtre Conſeiller ſecond Preſident en noſtredit Bureau ,
& ſept nos Conſeillers Treſoriers de France , pour avec les vingt-
trois qui compoſent à preſent ledit Bureau , faire en tout le nombre de trente , auſquels Offices nouvellement créez nous avons
attribué & attribuons ; ſçavoir , audit ſecond Preſident , ſix mille
livres de gages , & auſdits Treſoriers de France , quatre mille ſix
cent livres chacun , dont ſera fait fond de trois quartiers , de même que de ceux des autres Treſoriers de France de noſtredit Bureau ; & joüiront en outre des mêmes droits , privileges , honneurs , profits & émolumens dont ont joüi cy-devant , & joüiſſent
actuellement leſdits Treſoriers de France. Et afin d'établir entr'eux un bon ordre , & qui puiſſe procurer une prompte expedition des affaires qui ſeront à l'avenir portées audit Bureau, Nous
voulons qu'il y ſoit établi deux Chambres , dans l'une deſquelles
ſe jugeront les affaires concernant nos finances , voirie & autres
qui ont eſté juſqu'à preſent de la competence de noſd. Treſoriers de
France ; & dans l'autre , toutes les affaires concernant nos Domaines de l'étenduë de noſtre Generalité de Paris , l'enregiſtrement
& execution des Brevets & Lettres de dons par nous accordez , enſemble des Lettres de naturalité & legitimation , & autres affaires
qui ont eſté juſqu'à preſent de la competence de noſtredite Chambre du Treſor. Et ſeront leſdites deux Chambres remplies de nombre égal deſdits Treſoriers de France , leſquels y ſerviront alterna-
tivement & par ſemeſtre , & ſeront preſidées l'une par le premier ,
& l'autre par le ſecond Preſident , leſquels tourneront pareillement par ſemeſtre , en ſorte neanmoins que leurs ſemeſtres com-
mencent au premier Janvier & Juillet de chacune année , & ceux
deſdits Treſoriers de France aux premiers jours d'Avril & Octo-

bre : & pourra ledit premier Prefident faire les ouvertures de tous
les femeftres, & prefidera aux deux Chambres lors qu'elles feront
affemblées. Voulons que tous les procés pendans en noftredite
Chambre du Trefor, qui n'auront efté jugez au jour de l'enregiftrement & publication du prefent Edit, foient jugez par nofdits Treforiers de France, & que l'inftruction en foit continuée
fur les derniers erremens, & que les pieces en foient remifes à cet
effet au Greffe de noftre Bureau des finances par les Confeillers
de ladite Chambre du Trefor qui en feront chargez, pour eftre
lefdits procés diftribuez par le premier Prefident de noftredit Bureau, & jugez par tous les Officiers qui compofent à prefent ledit Bureau, en attendant que les Charges nouvelles ayent efté
levées, & lefdites deux Chambres formées en la maniere cy-
deffus, aprés quoy la diftribution appartiendra aufdits deux Prefidens chacun dans fon femeftre. Entendons que tous les Brevets de don qui feront par Nous accordez de nos droits d'aubaine,
bâtardife, desherence, confifcation, droits feigneuriaux & autres cafuels dépendans de nôtre Domaine, & Lettres Patentes expediées fur
iceux, enfemble toutes Lettres de naturalité & legitimation, foient
à l'avenir enregiftrées en ladite Chambre deftinée pour les affaires de noftre Domaine, & luy attribuons la connoiffance de tout
ce qui concernera l'execution defdits Brevets de don, telle & ainfi
que l'ont euë jufques à prefent les Officiers de noftredite Chambre du Trefor ; & à l'égard des Lettres de nobleffe, érection &
autres femblables, l'enregiftrement en fera fait en la Chambre
deftinée pour les Officiers de la competence ordinaire de noftredit
Bureau, à laquelle appartiendra pareillement la reception de toutes les offres des Elections, Greniers à fel, Receveurs Generaux
des finances, Receveurs des Tailles, & autres Officiers de l'é-
tenduë de noftredite Generalité, qui ont coûtume de fe faire recevoir en noftredit Bureau. Feront tous lefdits Treforiers de France bourfe commune des épices qui proviendront defdites deux
Chambres, à la referve de celles des procés qui fe jugeront par
écrit, dont il appartiendra un quart par preciput au Rapporteur.
Avons fupprimé & fupprimons les Offices de nos Procureurs &
Avocats, tant de noftredit Bureau que de noftredite Chambre du
Trefor, & au lieu d'iceux avons creé & érigé, creons & érigeons en titre d'Offices quatre nos Confeillers ; fçavoir, deux nos
Procureurs & deux nos Avocats pour Nous, lefquels ferviront
& feront fixez ; fçavoir, un Procureur & un Avocat pour Nous
en

en la Chambre qui fera établie pour les affaires des finances, voirie, & autres de la competence ordinaire dudit Bureau, & les deux autres dans celle où se jugeront les affaires contentieuses de nostre Domaine, & autres de la competence ordinaire de nostredite Chambre du Tresor, & joüiront; sçavoir, nosdits Procureurs de quatre mille quatre cent livres de gages chacun, & nosdits Avocats de deux mille quatre cent livres chacun, dont sera fait fond comme cy-dessus pour trois quartiers, & joüiront en outre des épices ordinaires du Parquet, que nous avons fixées au quart de ce à quoy monteront celles de nosdits Tresoriers de France, à la reserve des épices des enregistremens, dont ils ne pourront prendre que le sixiéme, lesquelles épices seront partagées entre-eux; sçavoir, deux tiers à nos Procureurs, & un tiers à nos Avocats. Enjoignons à nostre Procureur en nostredite Chambre du Domaine, de proceder à sa requeste par voye de saisie sur les biens & effets qui nous écherront par droit d'aubaine, bâtardise, desherence, confiscation, & autres cas semblables, dans l'étenduë de nostre Generalité de Paris, ainsi que nostre Procureur en nôtredite Chambre du Tresor l'a fait ou dû faire cy-devant; comme aussi de faire faire à sa requeste les saisies feodales des fiefs mouvans de nous dans l'étenduë de ladite Generalité, faute par les vassaux d'avoir rendu les foy & hommages, & fourny leurs aveus & dénombremens en nostre Chambre des Comptes dans le temps prescrit par les Coûtumes, sauf à nostre Procureur General en la Chambre des Comptes, de faire faire lesdites saisies à sa requeste en cas de negligence de nostredit Procureur, & lors qu'il le jugera à propos pour le bien de nostre service, auquel Procureur General sera tenu nostredit Procureur de remettre de trois en trois mois autant de saisies feodales & liquidations de fruits qui seront faites à sa requeste, & sans qu'il puisse estre accordé aucune main-levée desdites saisies feodales qu'aprés l'hommage rendu, & les droits à Nous dûs, liquidez & payez, ou aprés l'aveu fourni. Avons pareillement supprimé & supprimons les Offices de Greffiers, tant de nostredit Bureau que de nostredite Chambre du Tresor, & celuy de Garde-scel de nostredite Chambre: & au lieu desdits Greffiers avons creé & érigé, creons & érigeons en titre d'Office formé hereditaire, un Greffier en chef ancien, alternatif & triennal aux gages de trois mille livres, dont sera fait fond pour trois quartiers, auquel appartiendra la signature des ju-

I. Part.   G

gemens & ordonnances qui feront renduës par nofdits Treforiers
de France efdites deux Chambres , avec les droits qui feront fixez par le Tarif qui en fera cy-aprés arrefté en noftre Confeil : &
à l'égard du Scel de noftredite Chambre du Trefor, Nous l'avons
reüni & reüniffons avec les droits y attribuez , à l'Office de Treforier de France , Garde-Scel de noftredit Bureau , à la charge par
le pourvû dudit Office , de nous payer l'augmentation de finance,
qui fera pour cet effet reglée en noftre Confeil.   Comme aufli
avons creé & érigé , creons & érigeons fous ledit Greffier en chef
deux Offices de Commis pour tenir le plumitif aux audiences
defdites deux Chambres , & deux autres Commis pour fervir au
jugement des procés de rapport , & en dreffer & écrire les minutes
de leur main:& quatre autres Commis pour écrire de leur main toutes les expeditions tant en papier qu'en parchemin , des jugemens
qui feront rendus tant à l'audience que par rapport dans lefdites
deux Chambres.   Plus un Greffier des prefentations , un Greffier
garde facs , & un Greffier des affirmations , auquel Nous avons
attribué le droit de dix fols par chaque acte d'affirmation , que
Nous avons pour cet effet diftrait de la ferme de nos Domaines
pour en joüir par luy conformément à noftre Edit du mois
d'Aouft 1669. & joüiront tous lefdits Commis & Greffiers des
gages qui feront fixez par les rolles qui feront arreftez en noftre
Confeil , & en outre des droits qui feront reglez par le Tarif qui
fera cy-aprés arrefté.   Et attendu qu'il n'y a point eu jufqu'à
prefent de Procureurs poftulans audit Bureau, ny en ladite Chambre du Trefor , ceux créez par ledit Edit du mois d'Avril 1627.
n'ayant jamais efté levez , Nous avons creé & érigé , creons &
érigeons en titre d'Offices vingt Procureurs , lefquels pourront
feuls prefenter & affirmer les états au vrai de tous les comptables qui feront tenus de compter par état audit Bureau , & auront feuls à l'exclufion de tous autres , le pouvoir de poftuler
tant aux deux Chambres dudit Bureau que dans les autres Juftices fubalternes de l'enclos du Palais, dans lefquelles il n'y a point
eu de Procureurs créez jufqu'à prefent.   Faifons défenfes aux
Procureurs de noftredite Cour de Parlement & tous autres de s'y
immifcer ny de troubler les pourvûs defdits vingt Offices de Procureurs , lefquels feront en outre la taxe & liquidation de tous
les dépens, dommages & interefts qui feront adjugez par nofdits
Treforiers de France efdites deux Chambres , & joüiront pour

cet effet du droit de dix-huit deniers par article , par Nous attribué aux Tiers Referendaires créez par noſtre Edit du mois de
Novembre 1689. dont ils feront bourſe commune. Avons maintenu & confirmé , maintenons & confirmons les deux premiers
Huiſſiers tant dudit Bureau que de noſtredite Chambre du Trefor , pour faire & exercer leurs fonctions ainſi qu'ils ont accoûtumé ; ſçavoir, celuy de noſtredit Bureau dans la Chambre deſtinée
pour les affaires de finances , voirie, & autres de la competence ordinaire de noſtredit Bureau , & celuy de noſtredite Chambre du
Treſor , dans celle deſtinée pour les affaires de noſtre Domaine ; &
à l'égard des neuf autres Huiſſiers, tant dudit Bureau que de nôtredite Chambre du Treſor , Nous les avons pareillement maintenus & confirmez pour ſervir dans leſdites deux Chambres , ſuivant le reglement qui ſera pour ce fait par noſdits Treſoriers de
France , le tout à la charge par tous leſd. Huiſſiers, de nous payer
pour cet effet les ſommes auſquelles ils feront moderément taxez
par le rolle qui ſera cy-aprés arreſté en noſtre Conſeil. Voulons
que les deux Controlleurs Generaux de nos Domaines de la Generalité de Paris, ayent leur entrée, ſeance & parole en lad. Chambre du Domaine dans les affaires qui nous concerneront, telle &
ainſi qu'ils l'avoient en noſtredite Chambre du Treſor , & conformément à l'Edit de creation de leurs Offices du mois de Decembre 1689. Et attendu que nous avons eſté informez qu'il échappe
journellement à noſtre connoiſſance & à celle de nos Fermiers pluſieurs droits d'aubaine, bâtardiſe, desherence, & autres caſuels
à nous appartenans, faute d'avoir juſques à preſent établi des Officiers qui fuſſent tenus d'y veiller, Nous avons créé & érigé,
créons & érigeons en titre d'Offices hereditaires , deux nos Conſeillers Commiſſaires, pour faire à l'excluſion de tous autres, de l'ordonnance de nos Treſoriers de France, l'appoſition & levée des
ſcellez des biens à nous échûs par droit d'aubaine, bâtardiſe, desherence, confiſcation , ou autres cas ſemblables , & aſſiſter aux inventaires qui en feront faits par noſdits Treſoriers de France : Leur
enjoignons de veiller à la découverte deſdits droits , & d'en donner avis à noſtre Procureur en ladite Chambre du Domaine ; &
pour cet effet leur avons attribué mil livres de gages chacun,
dont ſera fait fond de trois quartiers avec les droits de groſſes & vacations, tels & ſemblables dont joüiſſent les Commiſſaires de nôtre Chaſtelet de Paris , auſquels nous faiſons tres-expreſſes dé-

fenſes de s'immiſcer à l'appoſition & levée deſdits ſcellez , & de troubler leſdits Commiſſaires dans les fonctions à eux attribuées, à peine de trois cent livres d'amende , & de tous dépens , dommages & intereſts. Avons maintenu & confirmé noſdits Treſoriers de France dans la connoiſſance de tout ce qui regarde la grande & petite voirie de noſtre Ville , Fauxbourgs & Generalité de Paris, même dans l'étenduë des Juſtices réünies au Chaſtelet par noſtre Edit du mois de Fevrier 1674. Et quant aux droits utils de ladite voirie , Nous les avons réünis & réüniſſons à noſtre Domaine , & iceux attribuez & attribuons à quatre nos Conſeillers Commiſſaires Generaux de la voirie , que nous avons par le preſent Edit créé & érigé , créons & érigeons en titres d'Offices formez hereditaires , pour chacun dans les quartiers de noſtredite Ville & Fauxbourgs qui leur ſeront deſignez , avoir l'inſpection & faire leur rapport en noſtredit Bureau de tout ce qui concernera la grande voirie ; eſtre preſens aux alignemens qui ſeront donnez par noſdits Treſoriers de France , & donner toutes les permiſſions neceſſaires pour l'appoſition ou refection des auvens, enſeignes & autres dépendances de la petite voirie , & joüiront pour cet effet des droits dont noſdits Treſoriers de France ont joüy juſqu'à preſent , ſuivant le Tarif qui en ſera cy-aprés arreſté en noſtre Conſeil ; au moyen de quoy le Commis à la voirie deſdits Treſoriers de France demeurera déchargé de la redevance de trois mille cinq cent livres , dont il eſtoit tenu envers le Fermier de nos Domaines , en conſequence de l'Arreſt de noſtre Conſeil du 28. Juin 1687. pour la joüiſſance deſdits droits de voirie dans l'étenduë deſdites Juſtices réünies au Chaſtelet : & ſera par nous pourvû à tous leſdits Offices nouvellement créez ſur les quittances du Treſorier de nos revenus Caſuels , & celle du marc d'or , dûement contrôllées ; & joüiront les pourvûs deſdits nouveaux Offices des gages à eux attribuez , à commencer du jour & datte de leurs Proviſions , dont ils ſeront payez par le Payeur ordinaire dudit Bureau ſur leur ſimple quittance en la maniere accoûtumée : Avons diſpenſé ceux deſdits nouveaux pourvûs dont les Offices ſont créez caſuels , de payer aucun annuel pour la preſente année , & voulons qu'ils y ſoient admis pour l'année prochaine , ſans eſtre obligez pour ce de nous payer aucun preſt ni de prendre des augmentations de gages , dont nous les avons expreſſément diſpenſez. Seront noſdits Treſoriers de France , tant anciens que nouveaux , tenus des dettes dont noftre Chambre du Trefor eft chargée en Corps, & d'en acquiter les interefts, à commencer du jour de l'enregiftrement du prefent Edit , jufqu'à l'entier remboursement des principaux. Voulons que tous nofdits Treforiers de France foient à l'avenir reçûs en noftre Chambre des Comptes , ainfi qu'ils ont accoûtumé ; & à l'égard des deux Prefidens , & de nos Avocats & Procureurs , ils feront tenus en outre de fe faire recevoir en la grand' Chambre de noftre Parlement de Paris , où ils prefteront le ferment en la maniere accoûtumée : Et à l'égard de tous les Offices fupprimez par le prefent Edit , Voulons que les pourvûs d'iceux foient tenus de reprefenter inceffamment en noftre Confeil leurs provifions , quittances de finances, & autres titres concernans la proprieté defd. Offices, pour eftre par nous pourvû à leur remboursement. SI DONNONS EN MANDEMENT à nos amez & feaux Confeillers les Gens tenant noftre Cour de Parlement & Chambre des nos Comptes à Paris, que le prefent Edit ils ayent à faire lire, publier & enregiftrer, & le contenu en iceluy garder & obferver fans y contrevenir , ny fouffrir qu'il y foit contrevenu en aucune forte & maniere que ce foit, nonobftant tous Edits , Declarations , Ordonnances & autres chofes à ce contraires , aufquelles nous avons dérogé & dérogeons par ces prefentes ; CAR tel eft noftre plaifir : Et afin que ce foit chofe ferme & ftable à toûjours, Nous y avons fait mettre noftre Scel. DONNE' à Verfailles au mois de Mars , l'an de grace 1693. Et de noftre Regne le cinquantiéme. Signé, L O U I S : Et plus bas, Par le Roy , PHELIPEAUX. Vifa , BOUCHERAT. Et fcellé de cire verte.

Regiftré , oüi , & ce requerant le Procureur General du Roy , pour eftre executé felon fa forme & teneur , & copie collationnée envoyée au Bureau des Treforiers de France de la Generalité de Paris, pour y eftre lûë , publiée & enregiftrée. Enjoint à mon Subftitut audit Bureau d'y tenir la main , & d'en certifier la Cour dans huitaine , fuivant l'Arreft de ce jour. A Paris en Parlement le 1. Avril 1693. Signé , DU TILLET.

DECLARATION DU ROY,

Portant rétabliſſement aux Procureurs du Parlement, du droit de Reviſion & de Conſeil.

Avec l'Arreſt de la Cour de Parlement, portant Reglement pour les fonctions des Avocats & Procureurs de la Cour.

Regiſtrée en Parlement le 29. May 1693.

LOUIS par la grace de Dieu, Roy de France & de Navarre: A tous ceux qui ces preſentes Lettres verront, Salut. Les Procureurs de nôtre Cour de Parlement de Paris, Nous ont repreſenté qu'ils ont eſté créez au nombre de quatre cent, pour occuper non ſeulement en nôtredite Cour de Parlement ; nos Cours des Aydes des monnoyes ; Requeſte de nôtre Hôtel de nôtre Palais, Eaux & Foreſts ; Chambre de nôtre Treſor ; mais encore dans toutes les Juriſdictions de l'enclos de nôtre Palais où ils ont toûjours, exercé leurs fonctions : Cependant par nôtre Edit d'union de ladite Chambre du Treſor au Corps de nos Treſoriers de France à Paris, du mois de Mars dernier ; Nous avons de nouveau creé vingt Procureurs pour poſtuler tant dans les deux Chambres dudit Bureau, que dans les Juſtices ſubalternes de l'enclos du Palais, & y faire la taxe & liquidation des dépens, avec défenſes aux Expoſans de s'y immiſcer ; Ce qui eſt un démembrement de leurs Charges, pour lequel éviter & eſtre maintenus dans l'exercice de leurs fonctions dans les Juriſdictions par nous unies. Ils nous ont ſupplié d'agréer de recevoir la ſomme de cent mil livres, pour nous aider à ſoûtenir une partie des dépenſes exceſſives dans leſquelles nous ſommes engagez ; En ce faiſant, de leur vouloir rétablir les droits de Reviſion & de Conſeil, qui leur ont eſté retranchez par nôtre Ordonnance de 1667. pour en joüir comme ils faiſoient auparavant ; A ces causes, & autres à ce nous mouvans, de nôtre certaine ſcience, pleine puiſſance & autorité Royale ; Nous avons par ces preſentes ſignées de nôtre main, accepté & acceptons leſdits offres, & en conſequence éteint & ſupprimé leſdits vingt Offices de Procureurs créez par nôtred. Edit du mois de Mars

dernier , audit Bureau de nos Finances à Paris : Comme aussi
maintenu & gardé lesdits Procureurs de nôtredit Parlement en
la possession en laquelle ils sont , d'occuper audit Bureau & autres
Jurisdictions de l'enclos dudit Palais , ensemble dans toutes les
fonctions attribuées ausdits vingt Offices de Procureurs par nô-
dit Edit , à l'exception seulement de la Presentation & Affirmation des estats au vrai de nos Officiers comptables , qui sont tenus
de compter par estat audit Bureau ; Comme aussi , Nous avons rétabli & rétablissons par ces presentes aux Procureurs de nôtredite
Cour de Parlement les droits de Revision & de Conseil , qui leur
ont esté retranchez par nôtre Ordonnance de 1667. dont ils pourront joüir à l'avenir comme ils faisoient auparavant , à la charge
de se conformer aux Reglemens que nous voulons estre faits par
nôtredite Cour de Parlement , tant pour les écritures qui devront
estre faites par les Avocats , & sur celles qui pourront estre faites
par lesdits Procureurs , que sur les cas dans lesquels lesdits droits
de Conseil devront avoir lieu ; Et pour donner à ladite Communauté de Procureurs la facilité de trouver les deniers necessaires
pour payer ladite somme de cent mil livres : Nous avons ordonné
& ordonnons par cesdites presentes , que ceux qui leurs presteront
les deniers pour ce necessaires , auront privilege special sur leursdites Charges , sans qu'il soit besoin de faire la declaration dudit emprunt par les quittances qui en seront délivrées : Voulons que la
simple declaration des Procureurs de Communauté qui emprunteront reiterée par autre Acte passé pardevant Notaires au bas des
quittances , ait la mesme force & vertu que si elle y avoit esté faite;
& entant que besoin seroit , autorisons tous les Contrats qui seront
passez à cette fin par lesdits Procureurs de Communauté pour toute leur Compagnie. Ne pourront aucuns desdits Procureurs dif-
poser de leurs Charges qu'en chargeant leurs Successeurs des dettes de la Communauté ; Et ne sera aussi ledit Successeur reçû qu'à
ladite condition , & la Charge y demeurera affectée en telles mains
qu'elle puisse passer , sans qu'à quelque titre que ce soit lad. Charge puisse estre exempte des dettes de la Communauté ; Au surplus,
faisons tres expresses inhibitions & défenses à toutes sortes de personnes d'entreprendre les fonctions attribuées ausdits Offices de
Procureurs. S i donnons en mandement à nos amez & feaux , Conseillers les gens tenans nôtre Cour de Parlement à Paris , que ces
presentes ils fassent lire & publier , & enregistrer de point en point

ſelon leur forme & teneur ; nonobſtant tous Edits , Declarations ,
Arreſts , & autres choſes à ce contraires , auſquelles nous avons
dérogé & dérogeons par ces preſentes : Car tel eſt nôtre plaiſir.
En témoin dequoy nous avons fait mettre nôtre ſcel à ceſdites
preſentes. Donné à Verſailles le ſeiziéme jour de May , l'an de
grace 1693. Et de nôtre Regne le cinquante - uniême. Signé,
LOUIS ; *Et ſur le reply* , Par le Roy , PHELIPEAUX. Et
ſcellées du grand Sceau de cire jaune.

Regiſtrées , oüy & ce requerant le Procureur General du Roy , pour eſtre
exesutées ſelon leur forme & teneur , & copies collationnées envoyées au Bu-
reau des Treſoriers de France de cette Ville de Paris , pour y eſtre lües , publiées
& enregiſtrées ; Enjoint aux Subſtituts du Procureur General du Roy d'y tenir
la main , & d'en certifier la Cour dans huitaine , ſuivant l'Arreſt de ce jour.
A Paris , en Parlement , le 29. May 1693. Signé , DONGOIS.

EXTRAIT DES REGISTRES
de Parlement.

CE jour les Gens du Roy ſont entrez, & Maiſtre Chreſtien
François de Lamoignon Avocat dudit Seigneur Roy, portant la parole, ont dit, que le Roy ayant rétabli par ſa Declaration
du mois de May dernier, les droits de Reviſion & de Conſeil des
Procureurs de la Cour, qui avoient eſté abrogez par l'Ordonnance de 1667. les Avocats & les Procureurs ſuivant les ordres de
ladite Cour, avoient conferé enſemble pour regler leurs fonctions
conformément aux anciens Reglemens, & avoient dreſſé des articles qui marquent les écritures que les uns & les autres doivent
faire, & celles qu'ils peuvent faire par concurrence : Que ces articles leur ayant eſté mis entre les mains par le Baſtonnier des
Avocats, & par les Procureurs de Communauté pour les preſen-
ter à la Cour, ils avoient crû eſtre obligez, pour maintenir la
diſcipline du Palais & regler la maniere, & ſur quoy les Procureurs percevroient les droits de Reviſion & de Conſeil, d'y ajoûter quelques articles qu'ils ont laiſſez ſur le Bureau, ſignez du
Procureur General du Roy : & aprés avoir ſuplié la Cour d'ordonner ſur ces articles ce qu'elle jugeroit à propos pour le bien de la
juſtice, ils ſe ſont retirez. Vû leſdits articles, oüy le rapport de
Maiſtre

Maiſtre Jean le Boindre Conſeiller, la matiere miſe en delibe‑
tion.

LA COUR a ordonné & ordonne, que ſuivant ce qui a eſté
convenu entre les Avocats & les Procureurs de ladite Cour, les
Avocats feront les griefs, cauſes d’apel, moyens de requeſte civile,
réponſes, contredits, ſalvations, avertiſſemens dans les matieres
où il ſera neceſſaire d’en donner, & les autres écritures qui ſont
de leur miniſtere : Les Procureurs, les inventaires, cauſes d’oppo‑
ſition, productions nouvelles, comptes, brefs états, declarations
de dommages & intereſts, & autres écritures de leur fonction : &
les Avocats & Procureurs par concurrence entr’eux, les debats,
ſoûtenemens, moyens de faux, de nullité, reproches & conclu‑
ſions civiles. Fait défenſes aux Procureurs de plus faire aucunes
écritures du miniſtere des Avocats, meſme par Requeſte. Or‑
donne que les écritures du miniſtere des Avocats n’entreront point
en taxe, ſi elles ne ſont faites & ſignées par un Avocat de ceux
qui feront inſcrits dans le Tableau qui ſera preſenté à la Cour par
le Baſtonnier des Avocats : Qu’il n’y aura que ceux qui font actuel‑
lement la profeſſion d’Avocat qui pourront eſtre inſcrits dans le
Tableau, & qu’ils ne pourront faire d’écritures qu’ils n’ayent au
moins deux années de fonction. Fait défenſes aux Avocats de ſi‑
gner des écritures qu’ils n’auront point faites : ny de traiter de
leur honoraire avec les Procureurs, à peine contre les Avocats
qui en feront convaincus d’eſtre rayez du Tableau, & contre les
Procureurs d’interdiction pendant ſix mois pour la premiere fois,
& pour la ſeconde fois d’interdiction pour toûjours : Enjoint aux
Avocats de conſerver les minuttes des écritures qu’ils auront com‑
poſées, & d’apporter dans leur compoſition toute la brieveté & la
netteté qu’il leur ſera poſſible. Ordonne que le procés ſera fait à
ceux qui auront ſuppoſé ou contrefait la ſignature des Avocats, &
qu’ils feront punis ſuivant la rigueur des Ordonnances. Fait tres
expreſſes inhibitions & défenſes aux Procureurs de compter à leurs
parties aucunes écritures du miniſtere des Avocats, ſi elles n’ont
eſté faites par eux, & aux Procureurs Tiers qui feront en exercice
de les taxer, à peine d’en répondre en leurs noms. Et à l’égard du
droit de Reviſion, ordonne que les Procureurs ne le pourront pren‑
dre que ſur les écritures qui auront eſté faites & ſignées par les
Avocats conformément au preſent Reglement, & qu’ils feront te‑
nus de marquer dans les copies qu’ils en feront ſignifier, les noms

I. Part.   H des Avocats qui les auront faites : Qu'ils ne prendront le droit de Conseil que sur les renvois, fins declinatoires, titres & pieces à communiquer, défenses, repliques, moyens d'oppositions, requestes en jugeant ou communiquées à parties sur les requestes incidentes portées aux Audiences, sur le decés de la partie & sur la reprise, & que conformément au Reglement du 28. Aoust 1665. le droit de Conseil sera seulement de quinze sols pour chaque Conseil. Leur fait défense de passer en taxe, ny de souffrir qu'il soit compté aux parties des dires inutiles dans les requestes, & principalement dans celles de Viennent ; ny que sur un dire il soit pris un droit de Conseil. Enjoint au Bastonnier des Avocats, & aux Procureurs de Communauté d'informer soigneusement la Cour des contraventions qui seront faites au present Reglement, pour estre par Elle fait droit sur leurs plaintes, aprés qu'elles auront esté communiquées au Procureur General du Roy. Ordonne que le present Arrest sera lû & publié en la Communauté des Avocats & Procureurs de ladite Cour. Fait en Parlement le dix-septiéme Juillet mil six cent quatre-vingt-treize. Signé, DONGOIS.

Lû & publié à la Communauté des Avocats & Procureurs de la Cour le 23. Juillet 1693. Signé, FEVRIER.

EDIT DU ROY,

Portant creation de Contrôlleurs de declarations de dépens dans les Cours & Jurisdictions.

Donné à Versailles au mois de Mars 1694.

Registré en Parlement le 24. Mars 1694.

LOUIS par la grace de Dieu, Roy de France & de Navarre : A tous presens & à venir, Salut. Par Edit du mois de Decembre 1635. le feu Roy Loüis XIII. nostre tres-honoré Seigneur & Pere, crea & érigea en Titre d'Office formé & hereditaire des Contrôlleurs des Tiers Referendaires au Parlement, Cour des Aydes, & autres Jurisdictions de l'enclos du Palais à Paris ; & par le même Edit, il en fut créé dans tous les Presidiaux, Bailliages & Senéchauffées, & autres Jurisdictions Royales du Ressort du Parlement de Paris, avec attribution du demi parisis du montant de toutes les declarations de dépens, dommages & interefts & frais, foit qu'ils fuffent adjugez & liquidez par Arrefts, Jugemens, Apointemens ou autrement ; mais ce droit de demy parifis ayant efté trouvé trop fort , il auroit efté reduit à fix deniers pour livre feulement par la Declaration du 26. May 1637. depuis laquelle par Lettres Patentes du 17. Decembre 1643. portant reduction de vingt-un Offices de Commiffaires au Chaftelet nouvellement créez au nombre de neuf feulement ; Les Offices & droits tant des Tiers Referendaires que des Contrôlleurs créez pour ledit Chaftelet , auroient efté unis aux Offices defdits Commiffaires tant d'ancienne que de nouvelle creation. Par noftre Edit du mois de Mars 1639. il fut créé femblables Offices de Contrôlleurs des declarations de dépens pour tous les Parlemens , Cours & Jurifdictions du Royaume, dont les pourvûs empêcherent l'établiffement pour profiter des fix deniers pour livre y attribuez ; enfuite dequoy nous les aurions fuprimez par noftre Declaration du mois d'Avril 1667. Et par Arreft de noftre Confeil du quinziéme Decembre fuivant, Nous aurions reüni à noftre Domaine les droits attribuez aufdits Offices ; & comme ils n'ont pas efté originairement créez domaniaux, mais hereditaires ; & qu'ils ne font point partie du domaine de noftre Couronne ; Nous n'avions ordonné la levée des droits y attribuez à noftre profit , qu'en attendant d'y pourvoir dans la fuite, fuivant le befoin & la neceffité de nos affaires ; Nous avons jugé à propos de les rétablir tant dans noftre Confeil que dans toutes les Cours & Jurifdictions de nôtre Royaume par une nouvelle creation , comme nous avons fait à l'égard des Tiers Referendaires par noftre Edit du mois de Novembre 1689. A ces causes , & autres à ce nous mouvans, de noftre certaine fcience , pleine puiffance & autorité Royale, Nous avons par le prefent Edit perpetuel & irrevocable , en tant que de befoin , de nouveau éteint & fuprimé , éteignons & fuprimons tous les Offices de Controlleurs des Tiers Referendaires créez par les Edits des mois de Decembre 1635. Mars 1639. & autres Edits, foit qu'ils ayent efté unis aux Corps des Procureurs, Commiffaires & autres Officiers de Judicature ou à noftre Domaine, & foit auffi qu'aucuns proprietaires d'iceux en ayent continué la joüiffance, nonobftant la fupreffion & reünion à noftre Domaine, en vertu d'Arrefts ou autrement ; caffant & revoquant tous les Arrefts qui peuvent avoir permis d'en continuer la joüiffance en attendant le rembourfement. Voulons que les droits de dix-huit

deniers pour livre attribuez aufdits Offices pour nos Confeils , &
les fix deniers pour livre attribuez aufdits Offices dans les Cours
& Jurifdictions de noftre Royaume reünis à noftre Domaine par
Arreft de noftre Confeil du 15. Decembre 1667. en demeurent
defunis fans aucune formalité, Nous refervant de pourvoir au
rembourfement des Proprietaires, & à l'indemnité des Fermiers
de noftre Domaine , s'il y échet ; Et par le même prefent Edit,
Nous avons d'abondant, & en tant que befoin feroit, de nouveau
créé & érigé, créons & érigeons en titre d'Offices hereditaires non
domaniaux des Controlleurs des declarations de dépens , pour affi-
fter au calcul defdites taxes, qui fera fait en leur prefence , tant
dans nos Confeils que dans toutes les Cours & Jurifdictions de
noftre Royaume , pour en joüir par ceux qui feront pourvûs par
nous hereditairement , fans eftre fujets à aucune revente ; fçavoir,
huit pour nos Confeils, vingt pour noftre Cour de Parlement de
Paris, Cour des Aydes , Cour des Monnoyes, Requeftes de l'Hôtel à l'ordinaire & du Palais, Bailliage du Palais, Admirauté, Eaux
& Forefts, Conneftablie , Chambre du Domaine , & Treforiers
de France , & autres Jurifdictions de l'enclos du Palais à Paris ;
deux pour noftre Chambre des Comptes à Paris ; fix pour noftre
Grand Confeil ; & un pour la Prevofté de l'Hoftel ; dix en noftre
Chaftelet ; & deux en l'Election de Paris ; huit en noftre Parlement,
Chambre des Comptes , Cour des Aydes , Requeftes du Palais,
Eaux & Forefts, & Table de Marbre à Roüen ; dix en noftre Parlement , Requeftes du Palais & Table de Marbre de Bretagne ;
deux en noftre Chambre des Comptes de Nantes ; huit en noftre
Parlement & Requeftes du Palais de Guyenne ; dix en noftre Par-
lement & Requeftes du Palais de Touloufe ; quatre en noftre Cour
des Comptes , Aydes & Finances de Montpellier ; deux en noftre
Cour des Aydes de Guyenne ; fix en noftre Parlement , Chambre
des Comptes , Requeftes du Palais , Eaux & Forefts de Dijon ;
fix en noftre Parlement & Cour des Comptes, Aydes & Finances
de Provence ; fix en noftre Parlement de Dauphiné ; un en noftre
Chambre des Comptes de Grenoble ; fix en noftre Parlement &
Chambre des Comptes de Metz ; trois en noftre Parlement &
Chambre des Comptes de Pau ; deux en chacune de nos Cours des
Aydes de Montauban & Clermont-Ferrant ; quatre en chacun des
Bailliages , Sieges Prefidiaux , & autres Jurifdictions des Villes
d'Orleans, Chartres, Tours, le Mans, Rennes, Nantes, Vennes,
Poitiers, Bourdeaux, Montauban , Limoges , Touloufe, Mont-

pellier, Nifmes, Lyon, Mâcon, Riom, Reims, Amiens & Roüen;
deux en chacun des Sieges Prefidiaux, Bailliages & Senéchauffées,
Grands Bailliages, & autres Jurifdictions des Villes & lieux où
lefdits Sieges font établis; & un en chacun des autres Bailliages,
Prevoftez, Vicomtez, Chaftellenies, Elections, Vigueries, & autres Juftices Royales du Royaume; & encore trois dans chacune
des Cours Superieures; & un dans les autres Jurifdictions Royales
établies dans les Païs conquis. A tous lefquels Offices nous avons
attribué & attribuons; fçavoir, à ceux de nos Confeils dix-huit
deniers, & à ceux de nos autres Cours & Jurifdictions fix deniers
pour livre du montant de tous les dépens & falaires, frais & mifes,
frais ordinaires & extraordinaires de criées d'ordre de directions de
creanciers, dommages, interefts, & generalement de tous les autres frais, foit qu'ils foient adjugez par Arreft, Jugement, Appointement ou autrement, tant en matiere civile que criminelle;
lefquels dix-huit deniers & fix deniers pour livre, feront dûs aufd.
Controlleurs, & exigibles lors que les declarations auront efté fignifiées, foit que les executoires foient levez ou non, & foit que la
taxe s'en faffe à l'amiable ou autrement, ou qu'elle foit empêchée
par des offres, & foit auffi que lefdits dépens, dommages & interefts
foient liquidez par les Sentences, Jugemens & Arrefts qui les auront adjugez ou autrement. Seront ceux de nos Cours, Prefidiaux,
Bailliages & Senéchauffées exempts de tous droits de guet & garde,
de tutelle, curatelle, nomination d'icelles, logemens de gens de
guerre, & autres charges de Ville & Police, & auront droit de
Committimus au petit Sceau. Et en outre nous avons attribué &
attribuons à tous lefdits Officiers le droit & faculté de poftuler ainfi que les Procureurs, à l'exception des huit créez pour nos Confeils d'Eftat & Privé, & des vingt pour noftre Cour de Parlement de Paris, Cour des Aydes, Requeftes de l'Hoftel à l'ordinaire, & du Palais, Admirautez, Eaux & Forefts, Conneftablies,
Treforiers de France, & Chambre du Domaine de l'enclos du Palais, aufquels nous avons attribué pareil droit de Committimus au
petit Sceau, avec la qualité de nos Confeillers, & un minot de
fel de franc-falé. Faifons défenfes à toutes perfonnes, aux Avocats de nos Confeils, & aux Procureurs de toutes nos Cours &
Jurifdictions de faire fignifier aucunes declarations, ny taxer aucuns dépens fans payer ledit droit de dix-huit & fix deniers pour
livre du contenu en icelles aufdits Controlleurs, ou à ceux qui feront par eux commis pour en faire la recette; à l'effet dequoy lefdits

Avocats au Conseil, & les Procureurs seront tenus de faire le calcul au bas desdites declarations de dépens du contenu és articles d'icelles, & le signer, & de payer par provision la moitié du droit de la somme à laquelle ledit calcul se trouvera monter, sauf à payer le surplus dudit droit lors que lesdits dépens auront esté taxez par défaut ou contradictoirement en la maniere accoûtumée, à peine de mil livres d'amande, qui ne pourra estre moderée sous quelque pretexte que ce soit. Faisons aussi défenses sous pareilles peines aux Huissiers de signifier lesdites declarations, qu'elles n'ayent esté regîstrées & visées par lesdits Controlleurs, ny les Sentences, Jugemens & Arrests portant liquidation que lesdits droits n'ayent esté payez, & aux Commissaires du Chastelet & tous autres Officiers, même aux Fermiers de nostre Domaine, leurs Procureurs & Commis, de s'immiscer à l'avenir audit Controlle, ny prendre aucuns droits pour raison de ce, à peine du quatruple, sauf à pourvoir à leur indemnité, s'il y échet; & pour assurer des émolumens certains & égaux à chacun de ceux qui seront cy-aprés pourvûs desd. Offices. Voulons que dans nos Conseils, & dans nos Cours & Jurisdictions où il y aura plusieurs pourvûs desdits Offices, ils fassent bourse commune des droits de Controlle pour les partager entr'eux également. Permettons à toutes personnes de quelque qualité & condition qu'elles puissent estre, de se faire pourvoir desdits Offices avant l'âge requis par nos Ordonnances, pourvû qu'ils ayent vingt ans au moins, sans qu'il soit besoin d'obtenir nos Lettres de dispense d'âge, ny de compatibilité dont nous les avons relevez & dispensez, relevons & dispensons. Voulons que les Lettres de Provisions desd. Offices soient expediées en nostre grande Chancellerie sur les quittances du Tresorier de nos Revenus Casuels des sommes contenuës és Rolles qui seront arrestez en nostre Conseil pour la finance desdits Offices, avec les deux sols pour livre, & sur les quittances des droits de marc d'or, suivant & ainsi qu'ils seront par nous reglez, sur lesquelles Lettres les pourvûs desdits Offices seront reçûs & installez par les Officiers de nos Cours & autres Jurisdictions où ils feront leur exercice. Permettons aussi aux acquereurs desdits Offices de commettre sur leurs simples procurations à l'exercice telles personnes que bon leur semblera, ou les bailler à ferme en ce qui concerne le Controlle des dépens seulement; & en attendant la vente desdits Offices, ils seront exercez, & les droits reçûs par ceux qui seront par nous commis à cet effet, lesquels seront reçûs & installez sans frais. Et pour donner à ceux qui leveront les-

dits Offices la facilité d'emprunter les sommes dont ils auront besoin pour en payer la finance, ou partie d'icelle, Nous voulons que
ceux qui presteront leurs deniers à cet effet, ayent, comme nous leur
donnons par ces Presentes, privilege special sur lesdits Offices &
droits en dépendans, sans qu'il soit besoin d'en faire mention dans
les quittances de finance ; mais seulement dans les contrats qui seront passez. S i donnons en mandement à nos amez & feaux Conseillers les Gens tenans nostre Cour de Parlement, Chambre des
Comptes & Cour des Aydes à Paris, que nostre present Edit ils
ayent à faire lire, publier & registrer, & le contenu en iceluy garder
& executer selon sa forme & teneur, nonobstant tous Edits, Declarations & autres choses à ce contraires, ausquels nous avons dérogé & dérogeons par ledit present Edit : Car tel est nostre plaisir.
Et afin que ce soit chose ferme & stable à toûjours, Nous y avons
fait mettre nostre scel. Donné à Versailles au mois de Mars, l'an
de grace 1694. Et de nostre Regne le cinquante-unième Signé,
LOUIS ; Et plus bas, Par le Roy, PHELIPEAUX. Visa,
BOUCHERAT Et scellé du grand Sceau de cire verte, en lacs
de soye rouge & verte.

Registré, oüy, & ce requerant le Procureur General du Roy, pour estre
executé selon sa forme & teneur, & copies collationnées envoyées dans les
Sieges, Bailliages & Senechaußées du ressort, pour y estre lûës, publiées &
enregistrées ; Enjoint aux Substituts du Procureur General du Roy d'y tenir la
main, & d'en certifier la Cour dans un mois, suivant l'Arrest de ce jour.
A Paris en Parlement le 24. Mars 1694. Signé, DU TILLET.

DECLARATION DU ROY,

Portant reünion à la Communauté des Procureurs du Parlement
des Charges de Controlleurs de dépens.

Donnée à Versailles le onziéme May 1694.

Registrée en Parlement le 14. dudit mois.

LOUIS par la grace de Dieu Roy de France & de Navarre:
A tous ceux qui ces presentes Lettres verront, Salut. Les
Procureurs de nostre Cour de Parlement nous ont representé, que
par nostre Edit du mois de Mars dernier, Nous avons créé en nô-

tred. Parlement, Cours des Aydes, Monnoyes, Requeftes de l'Hôtel, du Palais, Bailliages du Palais, Admirauté, Eaux & Forefts,
Conneftablie, Chambre du Domaine, Treforiers de France, &
autres Jurifdictions de l'enclos du Palais, vingt Charges de Controlleurs des declarations de dépens, aufquels nous avons attribué
fix deniers pour livres du montant de tous les dépens, falaires, frais
& mifes, frais ordinaires & extraordinaires de criées d'ordre & directions de creanciers, dommages & interefts, & generalement de
tous autres frais, foit qu'ils foient adjugez par Arreft, jugement,
appointement ou autrement, tant en matiere civile que criminelle
qui feront exigibles, foit que les executoires foient levées ou non,
& foit que la taxe s'en faffe à l'amiable ou autrement, ou qu'elle
foit empêchée par des offres, & foit auffi que lefdits dépens, dommages & interefts, foient liquidez par les Sentences, Jugemens &
Arrefts qu'ils auront adjugez ou autrement, avec injonction aufd.
Procureurs de payer le droit de fix deniers avant la taxe, & défenfes
de faire fignifier les declarations avant le payement. Que pour pre-
venir les difficultez qu'ils peuvent trouver dans l'execution de cet
Edit, ils fe foûmettent de la faire fuivant les regles qu'il nous plairoit leur prefcrire, & nous décharger du franc-falé que nous avons
attribué aufdits Offices, fi nous avons agreable de leur permettre
d'en faire la fonction, & de recevoir d'eux la fomme de quatre cent
mil livres, qu'ils nous ont fupplié d'agréer pour nous aider à foûtenir une partie des dépenfes exceffives dans lefquelles nous fommes
engagez. A CES CAUSES, de noftre certaine fcience, pleine
puiffance & autorité Royale, Nous avons par ces Prefentes fignées
de noftre main, accepté & acceptons lefd. offres, & en confequence éteint & fupprimé les vingt Charges de Controlleurs de dépens
creées par noftre Edit du mois de Mars dernier, & reüni & reüniffons
à la Communauté des Procureurs de noftre Cour de Parlement de
Paris, les fonctions & droits attribuez par noftredit Edit aufdites
Charges, dont elle commencera à joüir du jour que la prefente Declaration fera enregiftrée, fans le franc-falé par nous attibué à icelle;
Et pourront les faire exercer par ceux qui feront nommez par leur
Communauté, & en tel nombre qu'ils jugeront eftre neceffaire
pour la perception. Et pour donner à ladite Communauté des Procureurs la facilité de trouver les deniers neceffaires pour payer ladite
fomme de quatre cent mil livres, Nous avons ordonné & ordonnons
par ces prefentes, que ceux qui leur prefteront les deniers pour cet
effet auront privilege fpecial fur lefdits droits de Controlle de fix

deniers

deniers reünis à leurs Charges , sans qu'il soit besoin de faire la
declaration dudit emprunt par les quittances qui en seront délivrées. Voulons que la simple declaration des Procureurs de Communauté , & réïterée par autre acte passé pardevant Notaires au
bas des quittances, ait la même force & vertu que si elle y avoit esté
faite, & en tant que besoin seroit , autorisons tous les contrats qui
seront passez à cette fin par lesdits Procureurs de Communauté pour
toute leur Compagnie. Ne pourront aucuns desdits Procureurs
disposer de leurs Charges, qu'en chargeant leurs Successeurs desd.
dettes de la Communauté , & ne sera aussi ledit Successeur reçû
qu'à ladite condition, & la Charge y demeurera affectée en telles
mains qu'elle puisse passer , sans qu'à quelque titre que ce soit ladite Charge puisse estre exempte des dettes de la Communauté :
au surplus faisons tres-expresses inhibitions & défenses à toutes
sortes de personnes d'entreprendre sur les droits attribuez ausdites
Charges reünies , ny aux Greffiers & Commis des Greffes d'expedier aucun executoire, ny Arrest & liquidation de frais, sans que
led. droit de Controlle ne soit payé, sur les peines portées par ledit
Edit du mois de Mars. Si donnons en mandement à nos amez
& feaux Conseillers les Gens tenans nostre Cour de Parlement de
Paris, que ces Presentes nos Lettres de Declaration , ils fassent lire,
publier & enregistrer, & le contenu en icelles garder & observer
de point en point, selon leur forme & teneur, nonobstant tous Edits,
Declarations , Arrests , & autres choses à ce contraires , ausquelles
& aux derogatoires des derogatoires y contenuës, Nous avons dérogé & dérogeons par ces Presentes : Car tel est nostre plaisir.   En
témoin de quoy nous avons fait mettre nostre Scel à ces Presentes.
Donné à Versailles le 11. jour de May , l'an de grace 1694. Et de
nostre Regne le cinquante-unième. Signé, L O U I S ; Et plus
bas, Par le Roy , P H E L Y P E A U X. Et scellé du grand Sceau de
cire jaune.

*Registrées , oüy , & ce requerant le Procureur General du Roy , pour
estre executées selon leur forme & teneur, suivant l'Arrest de ce jour. A Paris
en Parlement , le 14. May 1694. Signé , DU TILLET.*

ARREST DU CONSEIL D'ESTAT DU ROY,

Concernant les Offices de Controlleurs des declarations de dépens.
Du vingt-troiſiéme Mars 1694.
Extrait des Regiſtres du Conſeil d'Eſtat.

LE ROY ayant par Reſultat de ſon Conſeil de ce jourd'huy chargé Maiſtre Charles de la Cour de Beauval Bourgeois de Paris, du recouvrement de la finance qui doit provenir de la vente des Offices de Contrôlleurs des taxes de dépens, créez par Edit du preſent mois, tant dans les Conſeils de Sa Majeſté, que dans toutes les Cours & Juriſdictions du Royaume, & Païs conquis. Et Sa Majeſté voulant accelerer le recouvrement de ladite finance, & faciliter audit de Beauval la vente deſdits Offices. Oüy le rapport du Sieur Phelypeaux de Pontchartrain Conſeiller ordinaire au Conſeil Royal, Contrôlleur General des Finances. Le Roy en ſon Conſeil, a ordonné & ordonne, que l'Edit du preſent mois de Mars, portant creation des Offices de Contrôlleurs des declarations de dépens, tant dans les Conſeils de Sa Majeſté que dans toutes les Cours & Juriſdictions du Royaume, & Païs conquis, ſera executé ſelon ſa forme & teneur, à la diligence de Charles de la Cour de Beauval, & ce faiſant, que ſoit que leſdits Offices ayent eſté unis aux Corps des Procureurs & Commiſſaires, & autres Officiers de Judicature, ou au Domaine du Roy, ſoit auſſi qu'aucuns Proprietaires d'iceux en ayent continué la joüiſſance, nonobſtant la ſuppreſſion & reünion au Domaine de Sa Majeſté, en vertu d'Arreſts ou autrement, demeureront ſupprimez aux termes dudit Edit, Sa Majeſté caſſant & revoquant tous les Arreſts qui peuvent avoir permis d'en continuer la joüiſſance en attendant le rembourſement: & que les droits de dix-huit deniers pour livre attribuez auſdits Offices dans les Conſeils de Sa Majeſté, & les ſix deniers pour livre attribuez à iceux dans les Cours & Juriſdictions du Royaume, reünis, au Domaine du Roy par Arreſt de ſon Conſeil du 15. Decembre 1667. en demeureront deſunis ſans aucune formalité, Sa Majeſté ſe reſervant de pourvoir au rembourſement des Proprietaires, & à l'indemnité des Fermiers de ſon Domaine, s'il y échet. Et en conſequence Sa Majeſté fait tres-expreſſes défenſes aux Commiſſaires du Chaſtelet, & à tous autres Officiers, même aux Fermiers de ſon Domaine, leurs Procureurs & Commis, de s'immiſcer audit contrôlle, ny de prendre aucuns droits pour raiſon de ce, à peine du quatruple. Ordonne en outre Sa Majeſté, qu'en attendant la vente defdits Offices ledit de Beauval joüira des droits de dix-huit & fix deniers y attribuez, comme à luy appartenans, & fans qu'il foit tenu d'en compter au Confeil ny ailleurs, fous quelque pretexte que ce puiffe eftre, dont Sa Majefté l'a déchargé & décharge par le prefent Arreft. Que la finance defdits Offices fera payée fur les recepiffez dudit de Beauval, fes Procureurs, Commis & prepofez, portant promeffe de fournir quittance du Treforier des Revenus Cafuels de Sa Majefté, des fommes contenuës és Rôlles qui feront arreftez au Confeil à cet effet; & que les deux fols pour livre de ladite finance feront payez fur les fimples quittances dudit de Beauval, fes Procureurs, Commis & prepofez. Qu'en confequence les provifions feront expediées en la Grande Chancellerie, en payant par les acquereurs defdits Offices pour tous les droits du Sceau; fçavoir dans les Cours Superieures dix livres, dans les Bureaux des Finances & dans les Prefidiaux huit livres, & dans les autres Jurifdictions quatre livres. Pour le marc d'or trois livres, à chacun des Contrôlleurs & Commis, dix fols, & au Garde des Rôlles, trente fols pour la premiere fois feulement, & fans tirer à confequence. Veut & entend Sa Majefté, que ceux qui feront pourvûs defdits Offices foient inceffamment reçûs & inftallez, en payant aux Juges & Officiers pour tous frais d'information, enregiftrement, reception, & inftallation, fçavoir dans les Cours Superieures quinze livres, dans les Bureaux des Finances & Prefidiaux dix livres, & dans les autres Jurifdictions cent fols, faifant Sa Majefté tres-expreffes défenfes aufdits Juges & Officiers de recevoir plus grandes fommes pour raifon de ce, à peine de concuffion. En attendant la vente defdits Offices, Sa Majefté a permis & permet audit de Beauval de commettre fur fes fimples Commiffions telles perfonnes qu'il avifera pour en faire la fonction & la recette defdits droits; en vertu defquelles Commiffions veut Sa Majefté que les Commis foient reçûs & inftallez fans frais, & à leur premiere requifition, par les Juges & Officiers qu'il appartiendra, à peine de répondre en leur privé nom des droits attribuez aufd. Offices, & des dommages & interefts dudit de Beauval & defd. Commis, à commencer du jour qu'ils fe feront prefentez : Et ne feront lefdits Commis tenus de faire aucune information de vie & mœurs, & joüiront des émolumens, privileges, & exemptions attribuez aufdits Offices, tant & fi long-temps que durera leur Commiffion. Et pour faciliter ledit recouvrement, Sa Majefté a reduit & moderé le contrôlle de tous les Actes qui feront faits en execution dud. Edit, à deux fols fix deniers pour les Fermiers des Domaines, & à

I ij

un fol pour les Titulaires des Offices de Contrôlleurs ou Commis à l'exercice d'iceux. Enjoint Sa Majefté aux Sieurs Intendans & Commiffaires départis dans les Provinces & Generalitez du Royaume, de tenir exactement la main à l'execution du prefent Arreft, qui fera executé nonobftant oppofitions ou autres empêchemens quelconques, pour lefquels ne fera differé, & dont fi aucuns interviennent, Sa Majefté s'eft refervé la connoiffance, & icelle interdit à toutes fes Cours & autres Juges. Fait au Confeil d'Eftat du Roy, tenu à Paris le vingt-troifiéme jour de Mars 1694. Collationné. Signé, GOUJON.

LOUIS, par la grace de Dieu, Roy de France & de Navarre, Dauphin de Viennois, Comte de Valentinois, Diois, Provence, Forcalquier, & Terres adjacentes; A nos amez & feaux Confellers en nos Confeils, les Sieurs Intendans & Commiffaires départis pour l'execution de nos Ordres dans les Provinces & Generalitez de noftre Royaume, Salut. Nous vous mandons & enjoignons de tenir chacun endroit foy exactement la main à l'execution de l'Arreft dont l'extrait eft cy-attaché fous le contre-fcel de noftre Chancellerie, ce jourd'huy donné en noftre Confeil d'Eftat, concernant le recouvrement de la finance qui doit provenir de la vente des Offices de Contrôlleurs des taxes de dépens créez par nôtre Edit du prefent mois, tant dans nos Confeils que dans toutes les Cours & Jurifdictions de noftre Royaume, & Païs conquis. Commandons au premier noftre Huiffier ou Sergent fur ce requis, de fignifier ledit Arreft à tous qu'il appartiendra, à ce qu'aucun n'en ignore, & de faire en outre pour l'entiere execution d'iceluy à la Requefte de Charles de la Cour de Beauval, par Nous chargé dudit recouvrement, tous commandemens, fommations, défenfes y contenuës, fur les peines y portées, & autres Actes & Exploits neceffaires, fans autre permiffion, nonobftant clameur de Haro, charte Normande, & Lettres à ce contraires, oppofitions ou autres empêchemens quelconques, pour lefquels ne fera differé, & dont, fi aucuns interviennent, Nous nous refervons la connoiffance, icelle interdifons à toutes nos Cours & autres Juges. Voulons qu'aux copies dudit Arreft, & des Prefentes collationnées par l'un de nos amez & feaux Confeillers-Secretaires, foy foit ajoûtée comme aux originaux; Car tel eft noftre plaifir. Donné à Paris le 23. jour de Mars, l'an de grace 1694. Et de noftre Regne le cinquante-uniéme. Par le Roy, Dauphin, Comte de Provence, en fon Confeil, Collationné. Signé, GOUJON; Et fcellé.

Fin de la premiere Partie.

ARRESTS ET REGLEMENS,

CONCERNANT

Les Fonctions des Procureurs, Tiers Referendaires, Taxateurs des Dépens : Avec les Deliberations de la Communauté des Avocats & Procureurs du Parlement de Paris.

SECONDE PARTIE.

Du devoir & des qualitez necessaires au Procureur pour bien exercer sa Profession.

 UOYQUE dans tous les siecles il y ait mutation de loix & de formes, selon les occurences, le devoir du Procureur ne change point : sa fonction consistant en l'obéïssance & en l'execution de ce qui luy est prescrit, se trouve toûjours la même.

L'Ordonnance qui repute la partie non valablement défenduë, si elle n'est assistée de Procureur, en marque la necessité & l'utilité. On trouve dans l'ancien Stile de la Chancellerie, qu'aux precedens siecles, on y expedioit des Lettres de grace à plaider par Procureur, qui n'ont esté abrogées qu'aprés avoir reconnu que la passion du Plaideur le rendoit tres-souvent incapable d'agir par luy-même ; Et la Loy qui vient toûjours au secours du Public, a établi, qu'en Cour Souveraine on ne peut plaider que par Procureur.

Son ministere estant de défendre & soûtenir l'interest des Cliens qui se mettent sous sa conduite, il doit avoir les qualitez necessaires pour exercer sa profession.

La procedure qu'il doit faire en conformité des Reglemens est

II. Part.   K

bien de son partage : mais son secours sera foible & sterile, s'il ne sçait les Ordonnances, s'il n'entend les Coûtumes, & s'il n'a pas l'intelligence pour penetrer dans l'esprit de leurs dispositions, pour en faire le discernement & l'aplication juste.

Ces qualitez necessaires pour bien remplir son devoir, ne se trouvent point infuzes en l'homme, elles se doivent aprendre aussi bien que la vertu, & ne s'acquierent qu'avec grande aplication, c'est à force de pratiquer qu'on devient bon Praticien. L'Ordonnance & les Reglemens ont bien prescrit dix ans, pendant lesquels avant d'estre reçû, on est dans l'obligation d'exercer en qualité de Clerc, & faire la principale charge chez les Procureurs.

Ce temps doit estre utilement employé pour acquerir une partie des qualitez necessaires pour exercer l'emploi. Le Palais s'est vû autrefois rempli de grand nombre de Clercs qui s'appliquoient avec émulation, dans l'esperance qu'aprés leurs services ils seroient reçûs par la Cour, qui donnoit cette recompense à leur travail, dont le public recevoit beaucoup d'utilité par la capacité de ceux qui estoient reçûs.

Depuis la création des Procureurs en titre d'Office, qui a esté long-temps suspenduë, les Clercs ont negligé leur devoir : plusieurs n'ont cherché que le titre, sans s'apliquer à se rendre capables de l'exercer. Ce défaut en a attiré beaucoup d'autres, qui ont rendu la profession, quoique necessaire, odieuse dans le public, qui n'a point d'estime pour ceux qui manquent à leur devoir. Il faut oublier tous les manquemens qui se sont faits en cette profession, pendant le relâchement de la discipline, qui ne s'est corrompuë dans les derniers temps, que pour estre reparée par le Chef que le Prince a donné à son Parlement, qui fait cesser heureusement tous ces desordres, par sa sagesse, sa vertu, & sa prudence, qu'il possede en toute l'étenduë que Dieu laisse à l'homme : & sa penetrante lumiere fait que les Officiers ne peuvent plus s'écarter de la voye qui leur est prescrite, sans s'exposer eux-mêmes au peril évident de leur perte.

Le Procureur pour bien remplir sa profession, doit avoir une aplication continuelle à s'instruire de son devoir ; Quoique la science ne se distribuë pas également, qu'il y ait des esprits beaucoup plus sublimes & capables d'une plus grande penetration, neanmoins quand la mediocre intelligence se trouve accompagnée de modestie, elle ne laisse pas en se rendant capable de conseil,

de se mettre en estat de soûtenir la profession avec même plus d'a-
vantage que la dexterité de ces esprits que la vanité conduit.

C'est une verité certaine, que tout homme qui croit sçavoir,
ne sçait rien : plus il sçait, moins il croit sçavoir ; l'homme sage
trouve toûjours à s'instruire. Bien que la profession du Procureur
semble le dispenser des sciences étenduës, & de l'ornement du
discours, neanmoins avec la simplicité qui y est attachée, il doit
pourtant sçavoir ce qui est necessaire à son estat ; & il ne le sçau-
ra point quand il croira le sçavoir.

Le Procureur évitera cette fausse créance, dont la vaine ambition persuade l'homme pour le tromper & le retenir dans l'ignorance ; quelque intelligence qu'il ait, il ne doit pas étendre sa
fonction sur ce qui appartient à l'ordre des Avocats : son partage
est assez ample pour s'en contenter, & la vie de l'homme trop
courte pour y acquerir les qualitez necessaires pour s'y perfe-
ctionner.

Le Procureur n'estant établi que pour conduire au Tribunal
ceux qui ont besoin de son ministere, doit toûjours marcher sur
les pas de la verité, comme il jure & promet de faire par le serment
qu'il prête à sa reception, & qu'il reïtere tous les ans : Encore que
par la necessité de sa fonction il soit le depositaire des titres & des
secrets des familles, qu'il soit dans l'obligation indispensable de
leur en conserver le depost avec fidelité, il ne doit point entrer
en la passion de ses Cliens, ny rien entreprendre pour eux qui ne
soit juste : Il doit rouler sur ce principe, qu'il ne leur doit son secours qu'en tant que la raison s'y trouve, & doit reputer impos-
sible tout ce qui y resiste : n'estant creé que pour substituer la partie en sa legitime défense, il doit tenir pour regle qu'il doit l'expedition à toutes les Parties.

C'est avec un esprit libre que le Procureur connoist le veritable interest de ses Cliens, qu'il en separe ce qui est necessaire à sa
défense avec ce qui en doit estre rejetté, & qu'il leur conserve ce
qu'ils ne peuvent faire par eux-mêmes, n'y ayant point de passion plus
aiguë que celle du plaideur : c'est un mélange de l'amour propre, de
l'ambition & de l'avarice, qui les fait souvent tromper en leur propre cause ; & c'est aussi pour les soûtenir dans leur foiblesse, que
la Justice a appellé le Procureur à son secours : Ce qu'il ne peut
faire s'il entre dans sa passion, qui l'entraîne dans le même défaut
pour lequel la Loy l'exclud d'agir.

Pour ne pas tomber dans ce zele indiscret, prejudiciable à l'intereſt des Cliens, ny manquer à la fidelité qui engage le Procureur à les conſerver, il ſe doit appliquer à conſerver avec pureté la liberté de ſon eſprit, pour ſoûtenir & défendre l'intereſt de ſes Cliens, par la raiſon, qu'il ne trouvera point, tant qu'il aura de la paſſion, de la precipitation, & de la colere, qui ſont appellées les peſtes des bonnes reſolutions.

Le Procureur doit imiter & ſuivre l'exemple du bon Medecin, qui ne s'applique qu'à guerir le malade, & non à luy plaire : Il doit bannir toutes les fauſſes complaiſances qui l'écartent du chemin droit & ouvert, qui l'empêchent de rendre ſa profeſſion utile à ceux qui s'en repoſent ſur ſa conduite.

Il doit recevoir également la cauſe du riche & du pauvre: Quand on ſoûtient la défenſe des foibles par la raiſon, on la rend forte, la veritable aſſurance de l'homme ne conſiſtant que dans les actions qui luy font faire ſon devoir ſans crainte. Celuy qui ſe comporte dans ſon emploi avec ſincerité, ſans artifice, y trouve la gloire, qui s'acquiert auſſi bien dans l'obéïſſance que dans le commandement : ce qu'on appelle honneur n'eſtant que les ſentimens d'une ſolide & parfaite vertu, d'une innocence de mœurs, & d'une probité irreprochable, à quoi tous les hommes peuvent aſpirer.

Le Procureur eſtant prepoſé pour la conſervation de l'intereſt de ſes Cliens, il ne doit pas eſtre aſſez malheureux que de s'appliquer la choſe pour la défenſe de laquelle il eſt appellé.

Il eſt juſte que le Procureur trouve en ſa profeſſion une honneſte ſubſiſtance : il eſt des premiers à qui les droits ont eſté attribuez ; mais il ne doit conſiderer ſa retribution que comme acceſſoire de ſon devoir, & comme eſtant attribuée à cauſe du bon office qu'il eſt obligé de rendre : & en le rendant utile à ſes Cliens, la Juſtice ſe trouvera déchargée de ſes actions, qui ſont venuës en foule, dans les derniers temps pour en obtenir la retribution, que les Cliens previendront, quand le Procureur preferera, comme il doit, leur intereſt au ſien.

Les Procureurs ne compoſans qu'un corps, eſtant appellez pour exercer une même fonction, leur partage eſtant l'obéïſſance, ils ſe doivent conduire avec l'eſprit de ſoumiſſion : examiner les affaires qu'ils entreprennent : avoir entr'eux l'union qui leur donne la facilité d'exercer leur Profeſſion, qui eſt d'une grande étenduë. En ſe conformant aux Reglemens, ils s'inſtruiront de leur devoir : en les obſervant, le mal qu'on a imputé à la conduite que quel-

ques-uns ont tenuë , ceſſera : leur Profeſſion devenant utile au
public , ſe remettra dans ſon jour , qui les fera connoiſtre pour
des legitimes défenſeurs ; & rendans leurs actions les témoins de
leur vie , ils feront preceder la vertu à la gloire , qui ne demeure
jamais cachée.

De l'obligation & de l'utilité des Procureurs de ſe trouver à la Communauté.

IL y a grand nombre d'Arreſts & de Reglemens qui enjoignent
aux Procureurs de ſe trouver à la Communauté pour y répondre de leurs procedures , & qui prononcent contre les refractaires
des peines pecuniaires , même d'interdiction , qu'on ne tranſcrira
point , , l'obligation en eſtant connuë à tous les Procureurs , & trop
neceſſaire pour s'en diſpenſer.

La Communauté eſt compoſée de quatre Procureurs de Communauté , qui exercent leur fonction pendant trois années , aprés
leſquelles on procede à nouvelle élection à la pluralité des ſuffra-
ges. Les Anciens ſortis de charge , avec les Procureurs qui ſont
appellez au nombre de ſix tous les ans , ſuivant l'ordre de leur reception , aprés une année d'exercice en la charge de Receveurs ,
compoſent la Communauté , où le plus ancien nommé des Procureurs de Communauté , préſide ; Monſieur le Baſtonnier , que
l'Ordre des Avocats élit tous les ans , y vient prendre ſa place
quand il luy plaît , & y preſide , les deux Compagnies ne compoſans qu'une même Communauté.

Elle eſt établie pour avoir l'inſpection ſur la procedure & exercice entr'eux , une eſpece de diſcipline , que la Cour leur attribuë
ſur eux-mêmes , pour ſe maintenir dans les regles qui leur ſont
preſcrites , & y remettre ceux qui s'en écartent.

L'Ordonnance en remarque l'utilité , en ne recevant point
d'autre ouverture contre les Arreſts que le manquement de l. procedure , qui doit avoir la même pureté que les ceremonies de la
Religion.

Elle ne ſe tenoit anciennement que les Lundys & Jeudys ; main-
tenant elle ſe tient encore les Mercredys & Samedys , qui ſont
quatre jours par ſemaine , depuis midy juſqu'à deux heures. On y
traite de la procedure , & de la diſcipline qui doit eſtre obſervée ;

Il ne s'y rend que des avis fous le bon plaifir de la Cour ; Et quand les Procureurs font refufans d'y obéir, les Procureurs de Communauté en charges, en vont porter la plainte au Parquet de Mef. fieurs les Gens du Roy, qui eftans informez des raifons de l'avis, vont à la Grand' Chambre prendre des conclufions contre le Procureur refractaire, qui y eft puni feverement fe trouvant en faute.

Non feulement les Procureurs mandez à la Communauté font obligez de s'y trouver, pour rendre compte de leur procedure, mais ils s'y rendent fouvent fans y eftre mandez, pour s'inftruire, & apprendre, par le bon exemple qu'on y trouve, leur devoir. En effet, on y apprend les regles : on y profite de la correction de la mauvaife procedure, que la Communauté doit faire avec exactitude, fans diftinction ny complaifance, les avis devans toûjours eftre foûtenus de la raifon pour eftre en eftat d'en rendre compte à la Cour, quand ils font mandez ; ce qui met les anciens Procureurs qui compofent la Communauté, dans l'obligation de fe bien inftruire eux-mêmes des regles, pour les reprendre, & en inftruire leurs Confreres, pour s'acquiter du depoft que la Cour leur donne de la procédure, qu'on peut appeller les colonnes de la Juftice, puis qu'elle fait le fondement des Arrefts, qui ne fubfiftent qu'en tant qu'elle a efté obfervée ; En s'acquittant bien de leur miffion, ils rendront leur fonction utile au public, & honoreront la Juftice.

ARRESTS ET REGLEMENS,

QUI SE DOIVENT OBSERVER

POUR LA FONCTION

DES PROCVREVRS.

PAR Arreſt du 18. Decembre 1537. en forme de Reglement, il eſt défendu aux Procureurs de faire aucun traité & paction pour leurs droits.

Par Arreſt du 20. Juillet 1538. les Procureurs ſont tenus de tenir Regiſtre pour enregiſtrer les Cauſes, & faire mention par qui ils ſont chargez.

Par Arreſt du 23. May 1576. il eſt enjoint aux Procureurs de s'aſſembler deux fois la ſemaine, pour connoiſtre ceux qui contreviendront aux Reglemens de la Cour.

Par Arreſt du 15. Avril 1602. il eſt enjoint de faire lire à la Communauté les Reglemens, & les faire obſerver à peine de punition.

Par Arreſt du 23. Avril 1607. il eſt défendu aux Procureurs d'intenter aucunes actions, ny faire demandes ſans avis du Conſeil ; *L'Arreſt eſt cy-aprés tranſcrit ſur le chapitre concernant le deſaveu.*

Par Arreſt du 5. Fevrier 1630. il eſt défendu de donner les Requeſtes à autres qu'aux Rapporteurs.

Ce qui a eſté renouvellé par pluſieurs Arreſts, & doit eſtre ponctuellement executé.

Par Arreſt du 16. Fevrier 1634. il eſt enjoint aux Procureurs de comparoir à la Communauté, à peine de dix livres pour la premiere fois, & de ſuſpenſion pour la ſeconde : Ce qui a eſté ſuivi de pluſieurs Arreſts qui ont mulcté les Procureurs, & enjoint d'obéir aux avis de la Communauté.

Par Arreſt du 26. Fevrier 1634. il eſt enjoint aux Clercs de faire arreſter leurs parties de mois en mois par leurs Maiſtres;

finon qu'ils feront non-recevables à en demander le payement.

Les anciens Reglemens ont toûjours deffendu aux Procureurs de recevoir aucun Clerc fortant d'une autre Eftude, qu'avec vn certificat de fon Maître ; ce qui eſt tres-neceffaire pour tenir les Clercs en leur devoir, & empêcher qu'ils ne s'écartent de la difcipline.

REGLEMENS
Concernant les Criées.

Extrait des Regiftres de Parlement.

SUR ce que le Procureur General du Roy à remontré à la Cour, que plufieurs font proceder aux criées & adjudications par decret d'Immeubles, fouvent pardevant autres Juges que ceux aufquels la connoiffance appartient, & fi fecrettement, que, non feulement les creanciers n'ont connoiffance des lieux aufquels fe font lefdites adjudications pour s'y oppofer, mais auffi ceux qui voudroient encherir ne le peuvent faire, dont advient que lefdites adjudications fe font à vil prix, & les creanciers fruftrez de leur dette : Suppliant la Cour pourvoir à ce que l'ordre gardé, lefdits criées & decrets foient notoires à toutes perfonnes, & de ce fait Regiftre au Greffe de la Cour, où l'on aye recours : La matiere mife en deliberation.

LADITE COUR a ordonné & ordonne, que les adjudications par decret des immeubles mis en criées en execution d'Arreſts & Executoires de ladite Cour, feront faites en icelle ; & les autres faites en vertu de Sentences aux Sieges efquels elles auront eſté données, & ce qui fera mis en criées par vertu d'obligations & contrats pardevant les Juges aufquels l'execution d'iceux appartient : tous pourfuivans criées en execution d'Arreſts & Executoires de ladite Cour, feront tenus incontinant aprés la certification d'icelle, faite pardevant les Juges ordinaires, faire apporter au Greffe de ladite Cour lefdites faifies & criées, pour y eſtre ladite faifie regiftrée : enfemble le nom des Parties & Procureurs. Et jufqu'à ce, afin qu'il y ait ordre certain, ne feront aucunes oppofitions reçûës, lefquelles aprés ladite faifie regiftrée, feront reçûs ; & en cas de negligence ou contravention dudit pourfuivant, auront les oppofans recours contre luy.

Les

Les oppositions afin de diftraire feront reçûës jufqu'à l'Arreft, par lequel la vente des heritages fera ordonnée au quarantiéme jour ; & fera ledit Arreft à la diligence du pourfuivant criées, regiftré audit Regiftre : aprés lequel Arreft lefdites oppositions de diftraire ne feront recevables ny regiftrées, fauf aux oppofans à fe pourvoir fur les deniers provenans de l'adjudication, le tout fans déroger, pour ce qui fe decrete pardevant les Juges ordinaires, à ce qu'ils ont accoûtumé garder, fuivant les Coûtumes des lieux.

Quant aux oppofitions afin d'hipoteque au payement des dettes, elles feront reçûës jufqu'à ce que led. decret foit delivré, & non aprés, fauf à fe pourvoir fur le furplus des deniers, fi aucuns y a ; les premiers oppofans fatisfaits, felon l'ordre : & feront toutes oppofitions afin de diftraire, ou autres, nulles, & de nul effet & valeur, fi elles ne font faites par acte au Greffe, regiftrées audit Regiftre, ou reçûës par le Sergent procedant aufdites criées.

La même forme fera gardée aux criées pendantes en lad. Cour, par évocation des autres Parlemens ou des Sieges inferieurs.

Ne feront les encheres reçûës en lad. Cour, qu'au prealable les oppofitions afin de diftraire, fi aucunes y a, ne foient jugées : & feront les parties enregiftrer audit Regiftre l'Arreft intervenu fur l'oppofition afin de diftraire, à ce qu'en procedant à l'adjudication les heritages diftraits ne foient compris.

La premiere enchere faite en ladite Cour, contiendra au long les heritages faifis, le nom des faififfans & proprietaires, enfemble les Charges ; & ladite enchere publiée en Jugement, copies baillées aux Procureurs defdits faififfants & proprietaires, fi aucun y a, affichée à la Barre, portes du Palais, & autres lieux, publiée & affichée fur les lieux aux endroits accoûtumez : avec declaration qu'au quarantiéme jour fera procedé à l'adjudication & toutes encheres reçûës au Greffe, fans aucune autre publication fur les lieux, pour eftre procedé à ladite adjudication fuivant l'Ordonnance : fe refervant la Cour, pour faciliter les encheres, de commettre aux Juges des lieux éloignez la reception defd. encheres pour heritages de peu de valeur, felon qu'elle verra eftre à faire, fur les Requeftes, fi aucunes à cette fin font prefentées, pour ce fait, & le tout rapporté eftre par ladite Cour procedé à l'adjudication, demeurant les formes obfervées par les Juges ordinaires, pour reïterer les publications de ce qui fe vend pardevant eux, & autres folemnitez accoûtumées & requifes par les Ordonnances.

II. Part.   L

Le Procureur du pourſuivant criées ſera tenu , lorſque l'adjudication ſera pourſuivie & requiſe , mettre au Greffe toutes les pieces neceſſaires pour la ſeureté du decret ; à ce contraints par priſons.

Les Procureurs ne ſeront reçûs à encherir ſans procuration ſpeciale , ny les parties ſans conſtituer Procureur : Auſquels Procureurs ladite Cour enjoint de garder l'Ordonnance, pour empêcher la ſuppoſition de perſonnes inſolvables , ou autres fraudes : à quoy enjoint au Greffier ou ſon Commis, par lequel ledit Regiſtre ſera fait , & toutes encheres reçûës , non par autres , tenir la main.

Toutes encheres , aprés la premiere, ſeront, à la diligence de l'encheriſſeur, ſignifiées au Procureur du precedant & dernier encheriſſeur , fors & excepté les encheres faites le dernier jour de quinzaine, qu'il ne leur ſera beſoin ſignifier : & icelle quinzaine paſſée, aucun ne ſera reçû à encherir.

L'adjudicataire ſera tenu conſigner dans huitaine , & icelle paſſée, y ſera contraint par corps ; à cette fin contre luy delivré contrainte au pourſuivant criées, ou oppoſant, ſans que le Receveur des Conſignations puiſſe faire les contraintes.

Le pourſuivant criées , ou autre qui fera pourſuite de l'ordre & diſtribution des deniers , ſera tenu comprendre tous les oppoſans en l'appointement à produire ou appointement d'ordre, ſi aucun eſt fait entr'eux , à peine de répondre en leur nom de la dette du creancier qui auroit eſté obmis.

Le Greffier Receveur des Conſignations ne fera payement des deniers ſur appointement , ny autrement , que par Ordonnance de la Cour , avec tous les oppoſans, à peine d'en répondre en ſon privé nom. Et pour rendre le preſent Arreſt notoire , ſera publié en Jugement , & envoyé aux Bailliages , Senéchauſſées , & autres Sieges du Reſſort, pour y eſtre lû & publié à jour de plaids, iceux tenant ; & regiſtré. Fait en Parlement , & publié en Jugement , le vingt-troiſiéme Novembre mil cinq cent quatre-vingt dix-huit.

Ce Reglemens s'execute ponctuellement , & la diſpoſition n'en eſt point abrogée.

ARREST DU PARLEMENT,

Portant que copie de decret de biens d'heritages sera baillée au poursuivant l'ordre, lequel Arrest a esté lû en la Communauté des Procureurs, & baillé copie.

Du septiéme Septembre 1639.

Extrait des Registres de Parlement.

SUR les differens qui se presentent journellement au Jugement des procés d'ordre des deniers provenans des adjudications par decret des biens & heritages qui s'adjugent en lad. Cour, pour n'avoir connoissance des vrais opposans qui se sont opposez avant la délivrance du decret, ny pour quelles sommes de deniers : LA COUR a ordonné & ordonne, qu'és adjudications par decret qui se feront en ladite Cour, le Commis au Greffe qui en fera la délivrance, sera tenu de mettre : A la charge que le Procureur de l'adjudicataire mettra és mains du Procureur du poursuivant criées, ou du poursuivant l'ordre, copie signée dudit decret, pour icelle joindre au procés & servir au Jugement d'iceluy. Et sera le present Arrest mis & affiché au Greffe de ladite Cour, & à la Barre d'icelle : & enjoint au Procureur de la Communauté de tenir la main à l'execution d'iceluy. Fait en Parlement le 7. Septembre 1639. Signé, MILLET, Procureur de la Communauté des Procureurs ; Et plus bas, BUGET.

Ce jour cinquiéme Decembre audit an, le present Arrest a esté lû en la Communauté des Avocats & Procureurs de la Cour ; & afin qu'il soit gardé & entretenu, a avisé qu'il sera imprimé & baillé à chacun des Procureurs de la Cour.

On neglige souvent l'execution de cet Arrest ; quoique sa disposition soit necessaire, au moins pour obliger l'adjudicataire à donner l'extrait de l'adjudication signé de son Procureur.

REGLEMENT GENERAL
DE LA COUR DE PARLEMENT,

Pour la charge & fonction des Procureurs d'icelle, portant retranchement des procedures inutiles.

Du septiéme Septembre 1654.

Extrait des Regiſtres de Parlement.

SUR la remontrance faite à la Cour par le Procureur General du Roy , qu'encore que pluſieurs Arreſts & Reglemens
ayent eſté cy-devant donnez pour empêcher les deſordres & inconveniens qui ſurvenoient journellement dans l'ordre des procedures , par l'introduction & ſouffrance des Clercs , Poſtulans &
Solliciteurs , qui abuſoient du nom des Procureurs : Et pour retrancher la multiplicité deſd. procedures inutiles , qui conſom-
ment les parties en frais , & tirent les affaires en des longueurs
extraordinaires ; Neanmoins faute de tenir la main à l'execution
deſdits Arreſts , & de punir les contrevenans , l'on reconnoiſſoit
que le mal continuoit : A quoi il eſtoit neceſſaire de pourvoir, la
matiere miſe en déliberation , & vû les Arreſts & Reglemens:
LA COUR a ordonné & ordonne.

I.

Que les Procureurs qui dorénavant prêteront leurs noms
aux Poſtulans Clercs & Solliciteurs , & feront expeditions pour
& avec eux , ſeront declarez avoir encouru les peines portées par
les Ordonnances & Arreſts des 11. Fevrier 1649. quinze Decembre 1595. vingt-cinq Novembre 1605. quinze Avril 1602. vingt-
deux Novembre 1610. & vingtiéme Novembre 1624. ſçavoir , de
quarante livres pariſis pour la premiere fois , quatre-vingt livres
pariſis pour la deuxiéme , dont executoire ſera délivré aux Procureurs de Communauté , pour eſtre employez au ſecours des
pauvres d'icelle ; & pour la troiſiéme fois , rayez de la matricule &
privez de leurs charges , ſans eſperance d'y eſtre rétablis , & conformément à l'Arreſt du 10. Juillet 1627. qui ſera de nouveau lû,
publié & affiché aux lieux accoûtumez.

II.

Ne pourront les Procureurs ſigner que pour leurs Subſtituts , à peine de vingt-quatre livres parisis pour la premiere fois, & de quarante-huit livres parisis pour la deuxiéme, applicables aux pauvres de la Communauté, au payement defquelles feront les contrevenans contraints en vertu du prefent Arreft, fur l'extrait figné du Greffier de ladite Communauté ; & pour la troifiéme fois, feront rayez de la matricule, fans efperance de rétabliffement ; & neanmoins en cas d'abfence, maladie ou empêchement du Procureur & de fes Subftituts, pourront les expeditions eftre fignées par l'un des quatre Procureurs ou Greffiers de la Communauté.

III.

E t pour retrancher les procedures inutiles qui vont à la foule & furcharge des parties, il ne fera fait aucune Requefte de permiffion de bailler defaut ou congé à juger, ains fuffira par repliques ou acte de declarer, qu'à faute de fatisfaire, le defaut ou congé fera produit ; ce qui ne pourra eftre fait qu'aprés deux jours de Palais.

IV.

N e feront pareillement faites aucunes Requeftes de commandement ny Acte de paffer les apointemens, de faire aporter les procés par écrit, de conclufions, ou autres apointemens preparatoires ou de condamnation, ny comparant au Greffe pour la reception d'iceux, & fuffira de faire fignifier lefdits apointemens.

V.

L e s apointemens au Confeil feront reçûs fur les rôlles ordinaires, en la maniere accoûtumée. Et à l'égard des Requeftes civiles, apellations comme d'abus, & apellations incidentes, la reception des Reglemens au Confeil empêché, fera pourfuivie à l'Audience à jour precis.

V I.

L e s caufes dont les affignations feront échûës, & qui n'auront point efté mifes au Rôlle, aprés un an de l'écheance des affignations, feront apointées au Confeil, & les Procureurs tenus d'en figner les Reglemens à eux manuellement baillez, finon feront offerts & reçûs au Greffe fur la fimple fignification, à l'exception toutefois de ceux fur Requefte civile ou apellations comme d'abus.

VII.

L e s Procureurs feront expedition, & rendront les procés & inftances, comptes, briefs eftats, & pieces juftificatives, fix jours aprés la datte du recepiffé, finon leur fera fait une fommation ; &

L iij

s'ils n'y fatisfont, le Procureur pourfuivant fera plainte à l'un des
Procureurs commis par chacun mois, qui tiendront Regiftre, &
les Procureurs mandez en la Communauté trouvez fans excufe,
foit qu'ils comparent ou non, mulctez de cent fols parifis pour la
premiere fois, la deuxiéme du double, le tout appliquable aux
pauvres d'icelle, & au payement contraints, comme il eft dit cy-
devant ; & en cas de refcidive, feront pour la troifiéme fois no-
tez fur le Regiftre de ladite Communauté ; & pour la quatriéme
fois rayez de la matricule, fans efperance de rétabliffement.

VIII.

L e s productions nouvelles feront renduës deux jours aprés
la communication, par les mêmes voyes & fous pareilles peines.

IX.

L e s Procureurs feront tenus trois jours aprés communication
manuelle de rendre les pieces des defauts, defertions, incompetances, folles affignations, dépens prejudiciaux, frais & mifes d'e-
xecution, & autres femblables, par les mêmes voyes & peines
que deffus.

X.

E t pour éviter multiplicité de procedures & longueurs fur les
demandes des dépens des defauts, prejudiciaux, frais & mifes
d'execution, condamnations d'interefts, & autres matieres legeres, aprés la fimple demande & communication, ne feront faites
aucunes pourfuites, ains les pieces mifes és mains d'un ancien
Procureur qui fera convenu, finon nommé par la Communauté;
fuivant l'avis duquel les Procureurs des parties pafferont l'appointement, & au refus fera figné de l'ancien, offert & reçû par le
Commis de l'Audience à jour precis.

X I.

L e s Procureurs trois jours aprés la communication rendront
les dépens & pieces juftificatives, & feront tenus les figner, &
rendre deux jours aprés la feconde communication, finon pourfuivis par fommations en la forme & fous les peines fufdites, fans
qu'il puiffe eftre procedé par Ordonnance.

XII.

R e t i r e r o n t des Greffes les procés & inftances jugées
deux jours aprés les fignifications des Arrefts, fous les mêmes
peines.

XIII.

N e pourront pareillement les Procureurs ufer d'autres voyes

ny pourfuites pour la reftitution des procés, inftances, productions nouvelles, comptes, briefs eftats, dépens & pieces communiquées, que celles cy-devant prefcrites, fous les mêmes peines, & dont les procedures n'entreront en taxe.

XIV.

En executant les Arrefts portant défenfes aux Huiffiers de
faire faire les fignifications par leurs Clercs, à peine de faux,
ne pourront les Procureurs en recevoir aucunes que par les
mains des Huiffiers, aux peines que deffus.

XV.

Enjoint aux Procureurs d'indiquer inceffamment les contrevenans aux Procureurs de Communauté, fur les mêmes
peines.

XVI.

Les copies des plaintes, actes & avis de la Communauté, feront manuellement baillées au Palais aux Procureurs contre
lefquels elles auront efté faites, ou envoyées en leurs domiciles,
& le jour du baillé mis au bas, & paraphé de la main du Procureur plaintif, lequel en fera crû.

XVII.

Les Arrefts des 22. Novembre 1610. & 4. Mars 1641. pour
l'expedition des caufes legeres, feront executez ; & fuivant
iceux enjoint aux Procureurs vuider hors jugement dans trois
jours aprés le delai à eux donné felon la diftance des lieux, les
caufes d'appel des defauts, contumaces, dény de renvoi, fin de
non proceder, taxes de dépens faites en prefence des Procureurs des parties, defertions, incompetances, folles intimations,
& autres caufes legeres, paffer dans ledit temps les appointemens pris, fur peine pour le fejour des parties en leurs privez
noms de la fomme de trois livres par chacun jour, & outre de
vingt fols chacun jour pour les neceffitez des prifonniers ; au
payement defquelles fommes les refufans feront contraints en
vertu de l'Ordonnance mife au bas de la Requefte, fans qu'il
foit befoin de lever executoire ; & pour chacun des Exploits
d'execution qui feront faits, les Huiffiers de la Cour ne pourront prendre que douze fols parifis.

XVIII.

Enjoint pareillement aufdits Procureurs de fe prefenter
au Parquet des Gens du Roy, inceffamment aprés deux fommations faites de jour à autre, fur les Requeftes qui leur auront

esté signifiées , sous les mêmes peines de soixante sols par jour au profit de la partie , & de vingt sols aussi par jour pour les necessitez des prisonniers , qui seront executez en vertu de l'Ordonnance apposée au bas de la Requeste, sans qu'il soit besoin de lever executoire.

XIX.

Enjoint aussi aux Procureurs de Communauté de faire observer le present Reglement , iceluy faire lire par chacun mois en la Communauté , & dénoncer ceux qui y contreviendront , pour estre contr'eux procedé ainsi qu'il appartiendra , à peine d'en répondre en leurs propres & privez noms. Fait en Parlement le 7. jour de Septembre 1654.

Signé , DU TILLET.

REGLEMENT
POUR L'ODRE DE LA PROCEDURE.

Du Mardy vingt-neuvième Janvier 1658.

CE jour la Cour toutes les Chambres assemblées , ayant deliberé sur les articles presentez par le Procureur General du Roy , arrestez en la Mercurialle tenuë en la Chambre de la Tournelle , les 12. & 17. Decembre 1657. & 9. 12. & 16. Janvier 1658. A ordonné & ordonne , que lesdits articles seront gardez & observez , à cette fin lûs & publiez en la Communauté des Avocats & Procureurs d'icelle Cour , & la Mercurialle continuée.

Articles.
I.

Pour éviter les surprises qui se font par la mutiplicité des Arrests sur Requestes , & regler les cas esquels les Sentences des premiers Juges doivent estre executées nonobstant l'appel. Arresté

Que és cas qui regardent l'instruction en matiere Civille & Criminelle.

Execution d'appointement à informer és cas de l'Ordonnance.

Dations de tutelles & curatelles.

Confections

Confections d'inventaires.

Appositions & levées de fcellez.

Interdictions de prodigues & infenfez.

Redditions des comptes des Communautez.

Matiere de Polices.

Criées commencées.

Baux judiciaires, tant fur faifie réelle que feodalle.

Executions des adjudications par decret, fait aprés Arreft confirmatif des criées ou du congé d'adjuger ; Sentences portant deffenfes en cas de denonciation de nouvel œuvre ; Ordonnance de vuider contre ceux qui n'ont point de bail, ou dont les baux font expirez, ou aprés le congé donné en confequence des trois ou fix mois ou droit des Proprietaires.

Comme auffi en cas de recreances, reintegrande, ou fequeftre Juges en matiere beneficialle.

Provifions fur obligations autentiques, ou cedules reconnuës, provifions de dot & doüaire, & fors contre les tiers poffeffeurs.

Executions des teftamens, frais funeraux, legs pieux, loyers de ferviteurs, reftitution des depofts contre ceux qui en font chargez.

Reftitution de beftiaux pris en Juftice, qui font en pâture, & autres biens qui fe peuvent confommer.

Main-levée des faifies faites fur perfonnes non obligées, ou à faute par les faififfans de rapporter titres & pieces valables pour autorifer les faifies.

Et que és cas fufd. les Sentences defd. premiers Juges feront executées nonobftant l'appel, & ne feront données aucunes deffenfes.

Comme auffi feront les Sentences diffinitives données prefidiallement és cas de l'Edit, executoires nonobftant l'appel, jufqu'à cinq cent livres, enfemble les Sentences d'ordre.

Et celles des Confuls de Marchand à Marchand & pour le fait de marchandife, à quelques fommes qu'elles fe puiffent monter.

Celles des Juges reffortiffans à la Cour, jufqu'à quarante liv.

Celles des Juges inferieurs, jufqu'à vingt liv.

Celles des Juges d'Eglife en matiere civille, jufqu'à vingt-cinq livres ; & en cas de difcipline & correction de mœurs, fuivant l'Ordonnance.

II. Part.   M

ET tous lesquels cas & autres portez par les Ordonnances, pourront lesd. premiers Juges ordonner qu'il sera par eux passé outre à l'execution de leurs Jugemens, nonobstant & sans prejudice de l'appel.

Et pour ôter tout pretexte aux fraudes que l'on pourroit faire au contraire, seront les premiers Juges rendant leurs Jugemens de nonobstant l'appel, tenus inserer en iceux la raison pour laquelle ils jugeront nonobstant l'appel, ainsi qu'il est pratiqué par eux és cas de l'appel, decret & Jugemens des competances.

Et en tous lesdits cas susdits desdites Sentences & Jugemens de nonobstant l'appel, lors que les premiers Juges seront demeurez dans les termes de leur pouvoir, ne seront données aucunes deffenses particulieres, & ne pourront les Procureurs presenter aucunes Requestes au contraire, à peine de seize liv. parisis d'amande pour la premiere fois, quarante-huit liv. parisis pour la seconde, aplicable moitié aux necessitez de la Cour, moitié à l'Hôpital general, & d'interdiction pour trois mois pour la troisiéme, sans que lesd. peines puissent eitre remises.

Et quant aux autres cas esquels les premiers Juges ne peuvent prononcer nonobstant l'appel, sera permis aux parties, en cas qu'ils le fassent, de se pourvoir à l'ordinaire par Requeste de défenses particulieres, même faire intimer les Juges qui seront audit cas tenus & responsables en leurs noms, des dommages & interests des parties, & poursuivre Arrest de défenses particulieres sur lesd. Requestes : mais pour eviter aux surprises qui s'y pourroient faire, ne sera donné aucun Arrest sur les Requestes qu'ils presenteront à cette fin, qu'il n'en ait esté deliberé ; Et sera dans l'Arrest qui interviendra fait mention dans le Vû d'iceluy, du nom du Procureur qui aura signé la Requeste, & du nom du Rapporteur.

II.

Et pour remedier aux abus qui se sont commis és derniers temps dans l'usage de la pratique des instances sommaires, a esté arresté, que lesdits Parlent sommairement n'auront lieu à l'avenir que pour les Requestes, afin de jonction, disjonction, défenses particulieres, main-levées de celles obtenuës par des Arrests sur Requestes, pour main-levées de saisies mobiliaires, oppositions à l'execution & vente des meubles, élargissemens pour causes civiles, provisions alimentaires, demandes en reddition de comptes contre le Commissaire aux Saisies Réelles, afin de declarer les Arrests intervenus fur inftances fommaires, communs avec les autres parties, autres que heritiers feulement, fans qu'il y puiffe eftre joints aucuns incidens de Lettres, Requeftes civiles, appels, ou autres quelconques, ny donné aucuns Arrests interlocutoires fur pretexte d'ordonner une plus ample conteftation ou autrement, ny aucuns Arrests à contredire, & que dans ceux qui interviendront fur lefd. inftances fommaires, le nom du Rapporteur y fera inferé ; & ne fera plus donné aucuns Arrests de défenfes en attendant le Jugement des Inftances fommaires ; & en cas que pendant le cours defd. Inftances il foit befoin donner des défenfes pour arrefter le cours de quelque execution qui ne puiffe eftre reparée, en ce cas la Requefte qui fera pour cet effet prefentée, fera rapportée par le Rapporteur de l'inftance fommaire, pour ordonner, s'il y échet, que les parties viendront plaider fur icelles à jour precis, & cependant furcis.

Et à l'egard des Requeftes afin d'évocation du principal, & celles afin de reintegrande & Sequeftre, ou Provifions fur promeffes & obligations, & celles où le Procureur General fera partie en fon nom, ou comme prenant le fait & caufe pour fes Subftituts, ne pourront lefd. Requeftes eftre traitées ny pourfuivies qu'à la Barre, ou à l'Audience.

Et pour empêcher la contravention qui pourroit eftre faite au prefent Reglement, l'un de Meffieurs de la Grand' Chambre fe trouvera tous les jours de chacune femaine tour à tour, & fuivant l'ordre du Tableau à la Barre de la Cour, à la levée d'icelle, pour recevoir toutes les Requeftes qui luy feront prefentées, pour mettre de fa main fur celles qui font de la qualité des Inftances fommaires qui ne feront point incidentes aux procés diftribuez, parlent fommairement, laiffant en blanc le nom du Rapporteur, pour eftre rempli de Monfieur le Prefident.

Et à l'egard de celles qui feront incidentes aux procés déja diftribuez, feront icelles rapportées par le Rapporteur, avec les pieces juftificatives de l'Inftance pendante à fon rapport, pour eftre étenduë par le Greffier ; Et feront faites défenfes aux Procureurs de contrevenir au prefent Reglement, fous les mêmes peines que deffus ; lequel Reglement pour la continuation defd. Inftances fommaires, n'aura lieu que pour un an feulement, aprés lequel il fera autrement pourvû s'il y échet.

III.

Et en cas de plainte de contravention à iceluy, ou d'autres mauvaifes procedures, feront les Procureurs contrevenans fommez de comparoir à la Communauté fur les plaintes contr'eux faites, & tenus d'y comparoir à la premiere & feconde fommation, pour eftre reglez, & faute de s'y trouver aprés lefd. fommations, fera decerné Executoire contr'eux de quatre livres parifis pour la contumace, applicable comme deffus ; & fait un Rôlle à la Communauté tous les mois de ceux qui auront manqué & encouru lefd. amandes, pour eftre iceluy mis és mains du Receveur d'icelles, pour en faire le recouvrement contre les y dénommez ; le tout outre les peines cy-deffus.

IV.

Et pour empêcher que lefd. Arrefts ou autres donnez fur Requefte qui fe delivrent de jour à autre, fans attendre la prononciation ordinaire, ne foient divertis, ou qu'il n'y en puiffe eftre ajoûté d'autres aprés coup, contre la verite de leurs dattes, feront lefd. Arrefts ainfi donnez fur Requeftes, ou fur Inftances fommaires, mis en liaffe & cottez au dos, par nombre arrefté le jour de Samedy de chacune femaine, & iceux mis és mains du Commis du Greffier pour en faire Table, les garder & communiquer, & en faire des fecondes expeditions s'il en eft requis, fans que les minuttes puiffent eftre tirées hors du Greffe.

V.

Et feront au furplus les prononciations des Jugez & autres Arrefts qui doivent par les Reglemens eftre prononcez à la fenêtre, rétablis & faits à chacun jour de Samedy, & défenfes faites aux Greffiers & à leurs Commis de delivrer aucuns Arrefts defd. Jugez, ny les communiquer aux parties avant la prononciation d'iceux.

V I.

Seront Meffieurs invitez de dreffer & écrire eux-mêmes les difpofitifs des Arrefts donnez à leur rapport, & iceux faire figner à celuy de Meffieurs les Prefidens qui y aura prefidé.

VII.

Et pour regler au furplus les falaires des Greffiers, leurs Commis & Clercs ; fera l'Arreft du 29. Avril 1657. & autres, donnez pour raifon de ce, fuivant les anciennes Mercuriales mis és mains de Monfieur Potier Prefident, & de Maiftres Michel Ferrand, & Jean de Champrout, Confeillers en ladite Cour, pour

en eftre par eux fait rapport , & eftre par la Cour pourvû , en
forte qu'il n'y en ait plus fujet de plainte.

VIII.

Pour éviter aux plaintes qui ont efté faites des frequentes
évocations des criées: A efté arrefté, qu'il n'en fera évoqué aucunes à l'avenir , finon pour la vente des Duchez, Marquifats,
Comtez, & autres grandes terres de prix qui ne fe vendroient
pas fi utilement fur les lieux.

Et à l'égard des fcellez & inventaires, qu'il n'en fera évoqué
aucuns, ains feront laiffez aux Juges qui en doivent connoiftre,
à l'exception de ceux des Princes du Sang,& ceux des Officiers
publics de la Cour,& où il conviendroit, à caufe des conflits de
Jurifdiction, évoquer & lever aucuns defdits fcellez par main
Souveraine. Ordonné , que la levée en fera faite , s'il fe peut,
par les Huiffiers de la Cour feulement , pour éviter à frais.

IX.

Seront auffi les ventes à la Barre de la Cour feulement continuées pour les ventes d'Offices ou autres biens fujets à contribution , où l'ordre de priorité ou pofteriorité d'hipoteque n'eft
point obfervé , qui n'eft point purgé par les ventes de cette nature , & encore pour les biens immeubles de peu de valeur , dont
l'eftimation qui fera faite prealablement , n'excedera la fomme
de deux mil livres , & ne feront lefdits Offices & autres biens
immeubles vendus qu'aprés trois publications faites fur les lieux,
dont on fera tenu rapporter prealablement un certificat , que
lefdites publications en ont efté faites.

X.

Pour éviter les vexations que les parties fouffrent par le con-
flit de jurifdiction des Chambres , & terminer les differens qui
naiffent entr'elles à cette occafion par voyes convenables à la
decence & difcipline de la Compagnie , fans caufer perte aux
parties par des condamnations d'amandes , & leur donner occafion de fe pourvoir au Confeil pour y faire des inftances en reglement de Juges , qui ne doivent avoir lieu qu'entre Compagnies differentes , y fera pourvû par la Cour aux occafions particulieres par conference de ceux qui prefident aux Chambres
où lefdits conflits fe trouvent formez.

XI.

Seront les Confeillers de ladite Cour chargez des procés des
prifonniers, appellans de mort , queftion , galeres , banniffe-

ment , & autres peines afflictives , tenus de les voir & rapporter incessamment, toutes autres affaires cessantes, & prendront soin que les Arrests donnez à leur rapport sur lesdits procés , soient aussi incessamment prononcez ausdits prisonniers , & au plus tard dans le jour suivant de la resolution de l'Arrest , si ce n'est qu'il y ait execution à faire sur les lieux hors de cette Ville , ou instructions ordonnées , auquel cas lesdits procés seront dans le même-temps portez au Parquet au Procureur General , & ne pourra la prononciation des susdits Arrests estre retardée sur le pretexte de defaut de payement d'épices ; Et défenses faites aux Greffiers & Commis du Greffe qui auront reçû les Arrests, d'y contrevenir , à peine de répondre en leurs noms du retardement, & de l'interdiction de leurs Charges.

<h3 style="text-align:center">X I I.</h3>

Que Messieurs seront excitez de garder les deliberations des Mercuriales precedentes pour la decence des habits & cheveux, & ne porter des vêtemens courts aux Palais ny aux Eglises, & autres lieux publics , ny des habits & rubans de couleur qui ne conviennent à leur dignité.

<h3 style="text-align:center">X I I I.</h3>

Seront les Reglemens cy-devant faits pour l'expedition hors Jugement des appellations verballes des défauts & contumaces, déni de renvoi , fins de non proceder , taxes de dépens , desertions folles intimations, & autres causes legeres portées par les Arrests des 18. Avril 1605. & 22. Novembre 1610. executez : Et enjoint aux Procureurs , aprés le delai à eux donné, de les vuider hors Jugement dans trois jours , & en passer les appointemens resolus , à peine du sejour des parties , & de huit livres parisis d'amande , applicable aux necessitez des prisonniers, dont sera fait comme dessus. F a i t en Parlement le 29. Janvier 1658.

    Signé , D U T I L L E T.

Lû & publié en la Communauté des Avocats & Procureurs de ladite Cour , le Lundy quatriéme jour de Fevrier 1658. Par moy Greffier , soussigné , L O G E R.

L'Ordonnance de 1667. qui a abrogé la procedure , a changé une partie de la disposition de ces Reglemens , qui servent d'instruction.

ARREST

POUR LA NOMINATION DES SUBSTITUTS

Du vingt-troisiéme Juillet 1664.

Extrait des Regiſtres de Parlement.

CE jour les Procureurs de Communauté mandez , ſur l'inexecution des Arreſts qui enjoignent aux Procureurs d'avoir des Subſtituts ; Iceux oüis , LA COUR ordonne , que les Arreſts & Reglemens feront executez , & ſuivant iceux , que tous Procureurs reçûs en icelle , qui n'ont nommé des Subſtituts, feront tenus dans trois jours mettre au Greffe des Preſentations les Actes contenant nomination de chacun deux Subſtituts, pour les repreſenter & recevoir les ſignifications au Palais , en cas d'abſence ou maladie , à peine contre les contrevenans de vingt-quatre livres pariſis d'amende , & d'eſtre rayé de la Matricule ; Leur fait deffenſes de ſigner pour autres Procureurs que leurs Subſtituts , à peine de faux , & pareille amende. Et ſera le preſent Arreſt lû & publié en lad. Communauté , & affiché audit Greffe des Preſentations. FAIT en Parlement le 23. Juillet 1664. Collationné. Signé , ROBERT.

Lû & publié en la Communauté des Avocats & Procureurs de la Cour, par moy Greffier d'icelle Communauté , le 24. Juillet 1664. FLEAU.

Cet Arreſt doit eſtre ponctuellement executé.

Par l'Edit du mois de Janvier 1669. la Chambre de l'Edit du Parlement de Paris a eſté ſupprimée , & les procés non conclus & reglez renvoyez à la grand' Chambre , & les autres aux Enqueſtes.

DECLARATION DU ROY,

Qui défend d'ordonner les contestations plus amples pardevant les Rapporteurs , & les appointemens à mettre.

Du douziéme Aoust 1669.

Verifiée en Parlement , Chambres des Comptes & Cour des Aydes, le trieziéme desdits mois & an.

LOUIS par la grace de Dieu , Roy de France & de Navarre : A tous ceux qui ces presentes Lettres verront , Salut. Le desir que nous avons de pourvoir à l'abreviation des procés, & au retranchement d'une infinité de procedures inutiles , qui consomment les parties en frais , nous auroit obligez de faire publier nôtre Ordonnance du mois d'Avril 1667. pour regler l'ordre de la procedure civile , & donner un stile uniforme & certain à toutes les Cours & Sieges de nostre Royaume. Mais quoy que nous ayons fait expressément entendre , que nostre intention estoit qu'elle fût étroitement gardée , neanmoins nous avons esté informez qu'il s'y commet de frequentes contraventions : Et particulierement à l'article XI. du titre *des Delais & Procedures* , par lequel encore que toutes les instructions à la Barre , & pardevant les Conseillers commis ayent esté abrogées ; neanmoins les Juges n'ont pas laissé , contre la prohibition expresse dudit article , d'ordonner de plus amples contestations pardevant les Rapporteurs , & de faire faire par des procés verbaux les instructions pardevant eux. Comme aussi , qu'encore que par l'article IX. du même Titre , il soit porté , qu'aucune cause ne pourra estre appointée au Conseil en droit, ou à mettre , si ce n'est en l'Audience , à la pluralité des voix , à peine de nullité ; neanmoins lesdits appointez à mettre sont reçûs indifferemment sur toutes Requestes , sans qu'elles ayent esté plaidées , & souvent même sans qu'elles ayent esté signifiées. A quoy estant necessaire de pourvoir , & d'empêcher l'effet de semblables contraventions , qui pourroient avoir de plus mauvaises suites , & remettre en usage les procedures prohibées par nostre Ordonnance , qu'il importe au bien de la Justice , & au soulagement de nos Sujets , estre étroitement gardée & observée dans toutes les Cours & Jurisdictions de nostre Royaume : A CES CAUSES , de l'avis

de

de noftre Confeil , & de noftre certaine fcience , pleine puiffance & autorité Royale, Nous avons fait,& par ces prefentes fignées de noftre main , faifons tres-expreffes inhibitions & défenfes à toutes nos Cours & Juges , d'ordonner que les parties contefteront par-devant les Rapporteurs : Et neanmoins où il arriveroit que les demandes ne feroient pas entierement éclaircies , & que la matiere requiert une plus ample inftruction , pourront les Juges ordonner que les parties contefteront plus amplement en la forme portée par noftre Ordonnance du mois d'Avril 1667. Avons pareillement fait défenfes d'appointer aucunes Caufes civiles au Confeil , en droit , ny à mettre par défaut , ou autrement , fi ce n'eft fur les plaidoyers des parties , & à la pluralité des voix. Faifons auffi défenfes de requerir , inftruire ny ordonner aucun parler fommaire, ny de faire aucunes autres inftructions , que celles qui font prefcrites par noftre Ordonnance , fous les peines portées par icelle. Si donnons en mandement à nos amez & feaux Confeillers , les Gens tenant noftre Cour de Parlement , Chambre de nos Comptes, Cour de nos Aydes à Paris , & à tous autres Officiers qu'il appartiendra, que ces Prefentes ils ayent à regiftrer , & le contenu en icelles garder & obferver felon fa forme & teneur , nonobftant tous Arrefts , Reglemens & ufages à ce contraires , aufquels nous avons dérogé & dérogeons par ces Prefentes. En témoin dequoy nous y avons fait mettre noftre Scel. Donné à Saint Germain en Laye ce 12. jour d'Aouft , l'an de grace 1669. Et de noftre Regne le vingt-feptiéme. Signé, LOUIS ; Et fur le reply , Par le Roy , COLBERT. Et fcellé du grand Sceau de cire jaune. Et à cofté eft écrit : Vifa , SEGUIER.

Lûë , publiée & regiftrée , oüi , & ce requerant le Procureur General du Roy pour eftre executé felon fa forme & teneur. Fait en Parlement, le Roy y feant en fon Lit de Juftice , le treiziéme jour Aouft 1669. Signé, DU TILLET.

Lûë , publiée, & regiftrée en la Chambres des Comptes, ouy & ce requerant le Procureur General du Roy , de l'ordre de Sa Majefté , porté par Monfieur, fon Frere Unique , Duc d'Orleans , venu exprés en la Chambre , affifté du Sieur Duc du Pleffis Praflin , Maréchal de France ; & des Sieurs d'Aligre , & de Seve , Confeillers d'Eftat , le treiziéme jour d'Aouft 1669. Signé , RICHER.

Lûë , publiée & regiftrée , du tres-exprés commandement du Roy , porté par Monfieur le Prince de Condé , premier Prince du Sang , affifté du Sieur de Grancé , Maréchal de France , & des Sieurs Puffort , Confeiller ordinaire

<table><tr><td>II. Part.</td><td>N</td></tr></table>

du Roy en ſes Conſeils, Maiſtre des Requeſtes ordinaire de ſon Hoſtel, & Intendant des Finances : ouy, & ce requerant le Procureur General du Roy, pour eſtre executée ſelon ſa forme & teneur. Et ordonné que copies collationnées à l'original ſeront envoyées és Sieges des Elections, Greniers à Sel, & autres du reſſort de la Cour, pour y eſtre pareillement lûës, publiées & regiſtrées. Enjoint aux Subſtituts dudit Procureur General du Roy eſdits Sieges, de faire toutes requiſitions & diligences pour ce neceſſaires, qui ſeront tenus d'en certifier au mois. A Paris, en la Cour des Aydes, les Chambres aſſemblées, le 13. jour d'Aouſt 1669. Signé, BOUCHER.

Collationné à l'original par moy Conſeiller
Secretaire du Roy, Maiſon, Couronne
de France & de ſes Finances.

DECLARATION DU ROY,

Portant Reglement des Appointemens des Appellations.

Verifiée en Parlement le 24. Mars 1673.

LOUIS par la grace de Dieu Roy de France & de Navarre. A tous ceux qui ces preſentes Lettres verront, Salut. L'experience ayant fait connoiſtre que le nombre des affaires qui ſont portées à l'Audience de noſtre Cour de Parlement de Paris, eſt ſi grand, qu'il eſt impoſſible de les expedier toutes par la plaidoirie ; & la prompte expedition eſtant une partie eſſentielle de la Juſtice, & qui contribuë le plus au ſoulagement de nos Sujets, Nous avons crû eſtre obligez d'y pourvoir. A CES CAUSES, & autres conſiderations à ce nous mouvans, de l'avis de noſtre Conſeil, & de noſtre certaine ſcience, pleine puiſſance & autorité Royale, Nous avons dit & declaré, & par ces Preſentes ſignées de noſtre main, diſons, declarons, voulons & nous plaiſt, Que ſuivant l'uſage de noſtre Cour de Parlement de Paris, il ſoit fait des Rôlles où ſeront miſes toutes les appellations verbales, tant ſimples que comme d'abus ; Requeſtes civiles, demandes en execution d'Arreſts, & autres demandes principales qui ne ſont point de la competance de la Tournelle civile, pour eſtre plaidées les Lundy, Mardy & Jeudy matin ; & les Mardy & Vendredy de relevée de chaque ſemaine ; dans leſquels Rôlles des Mardy & Vendredy de relevée, ne pourront neanmoins eſtre miſes les Requeſtes civiles, regales, appellations comme d'abus, matieres beneficialles, celles qui concernent l'eſtat des perſonnes, la Police, noſtre Domaine, & autres qui nont point accoûtumé d'y eſtre plaidées. Et aprés le temps de chaque Rôlle fini, les Cauſes qui reſteront à plaider, à l'exception toutefois des appellations comme d'abus, regales, Requeſtes civiles, appella-tions de ſimples appointemens en droit, ſoit qu'il y ait Requeſte afin d'évocation du principal ou non, & des cauſes qui doivent eſtre terminées par expedient, demeurcront appointées au Conſeil & en droit par un Reglement general, à moins que par Arreſt il ſoit ordonné qu'elles ſoient miſes dans un autre Rôlle, ſi ce n'eſt à l'é-gard des Requeſtes civiles, que les défendeurs requiſſent qu'elles fuſſent appointées, ce qu'ils feront tenus faire dans le mois, auquel cas elles feront compriſes dans l'appointement general; autrement elles feront miſes au Rôlle ſuivant, ſans qu'il ſoit fait pour raiſon de ce aucune interpellation ny ſommation. Et feront les appoin-temens expediez au Greffe ſur les qualitez du Rôlle, pour enſuite l'inſtruction en eſtre faite ſuivant la forme preſcrite par noſtre Or-donnance du mois d'Avril 1667. Et neanmoins parce qu'il y a pre-ſentement dans les Rôlles un tres-grand nombre de Requeſtes ci-viles. Voulons que toutes celles qui ſe trouveront dans les Rôlles juſqu'es au quatorziéme Aouſt de la preſente année ſeulement, de-meurent appointées comme le reſte des cauſes, à la charge que les Requeſtes civiles qui auront eſté ainſi appointées ſeront renvoyées aux Chambres où les Arreſts contre leſquels elles ſont obtenuës auront eſté rendus pour y eſtre jugées & terminées.

I

Les Audiences des Mardy & Vendredy de relevée feront te-nuës, nonobſtant qu'il ſoit veille de Fête, ſans qu'on puiſſe ces jours là travailler de grands Commiſſaires en noſtre grand' Chambre.

II.

Défendons d'intervertir l'ordre des Rôlles, ſoit par Placets, à venir ou autrement, en quelque ſorte que ce ſoit, ſinon que le Ven-dredy de relevée ſeulement, que le Preſident qui preſidera pourra donner des Audiences ſur Placets dans les affaires qu'il jugera re-querir celerité, & lors que les cauſes n'auront point eſté miſes aux Rôlles.

III.

Voulons que les Mercredy & Samedy matin de chaque ſemai-ne il ſoit donné des Audiences à huis clos en la grand' Chambre pour toutes les affaires proviſoires d'inſtruction, oppoſitions à l'e-

xecution des Arrests, défenses, & autres qui se trouveront requerir celerité, lesquelles seront plaidées par les Procureurs sans aucun
ministere d'Avocats, si ce n'est qu'il ait esté autrement ordonné.
Et pour en faciliter l'expedition, seront par chacune quinzaine faits
des Rôlles en papier par le premier President en nostre Cour de
Parlement, & de luy seulement signez; lesquels Rôlles seront publiez à la Barre de nostre Cour deux jours au moins avant que d'ê-
tre plaidez par le premier Huissier, & par luy communiquez en la
forme ordinaire, & ensuite mis entre les mains de l'un des Huissiers de service. Le tout sans autres frais ny droits que ceux que
l'on a accoûtumé de taxer aux Huissiers pour appeller les causes à
la Barre. Et en cas qu'il soit Fête le Samedy, l'Audience sera tenuë le Vendredy precedent, sans que les causes qui resteront à plaider de ces Rôlles puissent estre appointées par aucun appointement
general, mais seront remises dans les suivans. Et aprés que ces Rôlles auront esté ainsi publiez, les défauts & congez qui seront donnez
contre les défaillans ne pourront estre rabatus dans la huitaine, ny
les parties se pourvoir par opposition, ny autrement que par Requeste civile.

I V.

Seront nostre Ordonnance du mois d'Avril 1667 & nostre Declaration du 11. Aoust 1669. executées. Ce faisant, défendons de
prendre aucuns appointemens à mettre, s'ils n'ont esté prononcez
à l'Audience avec connoissance de cause, & aprés avoir esté contradictoirement plaidez, & non par défaut, & seulement sur les matieres dont on plaidera aux Audiences à huis clos, à peine de cent
livres d'amende contre le Procureur qui l'aura requis, & pareille
somme contre le Greffier qui l'aura expedié. Enjoignons à nos Avocats & Procureurs Generaux de nous donner avis des contraventions
qui y seront faites. Et en consequence faisons défenses de prononcer aucuns appointemens à mettre aux Audiences publiques, si ce
n'est incidemment lors qu'en appointement au Conseil ou en droit
sur le principal, il y aura demande pour quelque provision.

V.

La reception des appointemens avisez au Parquet ou à l'Expedient
sera poursuivie seulement aux Audiences des Mercredy & Samedy.
Et pour cet effet les Placets en seront mis dans les Memoires ou Rôlles en papier qui seront faits par le premier President. Pourront neanmoins les Avocats & Procureurs des parties proposer verbalement
aux Audiences publiques les appointemens dont ils seront tous de-

meurez d'accord, & qu'ils auront tous signez. Mais en cas de contestation sur la reception, les parties seront renvoyées aux Audiences des Mercredy & Samedy.

V I.

Défendons aux Procureurs de poursuivre aux Audiences des Mercredy & Samedy aucunes appellations, Requestes civiles, demandes principales, & autres causes qui doivent estre plaidées aux Audiences publiques, ny pareillement aux Audiences publiques aucunes Requestes, instructions, provisions, oppositions, & autres matieres qui doivent estre plaidées les Mercredy & Samedy, à la reserve des causes de Regale, dont l'instruction sera faite aux Audiences publiques, ainsi qu'il est accoûtumé.

V I I.

Pourront neanmoins estre données des Audiences à huis clos sur Placets le Vendredy matin, & même les autres matinées dans les affaires qui requerront celerité, pourvû que ce soit avant l'heure des Audiences ordinaires, & sans qu'elles en soient empêchées ny retardées.

V I I I.

A l'égard des causes qui seront remises par Arrest pour estre plaidées aprés le 15. Aoust jusqu'à la fin du Parlement, voulons qu'il en soit usé en la maniere accoûtumée, & que les causes dont la plaidoirie se trouvera commencée au jour de l'enregistrement de nôtre presente Declaration, soient achevées comme elles l'eussent esté auparavant.

I X.

Seront pareillement faits des Rôlles pour la Tournelle Criminelle, suivant l'usage ordinaire & accoûtumé, dans lesquels seront mises toutes sortes de causes; & aprés les Rôlles finis, elles demeureront appointées par un Reglement general, à l'exception des appellations comme d'abus & Requestes civiles, qui seront mises dans les Rôlles suivans. Voulons que dans les appellations de decret & de procedures ainsi appointées, lors que les affaires seront legeres & ne meriteront pas d'estre instruites, le principal puisse estre évoqué en jugeant, pour y faire droit définitivement comme à l'Audience, aprés que les informations auront esté communiquées à nostre Procureur General, & l'instruction faite suivant nôtre Ordonnance du mois d'Aoust 1670.

X.

Declarons que nous n'entendons rien innover à l'établissement

N iij

de la Tournelle Civile. Défendons d'appointer les caufes de fa
competence à la fin des Rôlles. Voulons que celles qui n'auront
point efté plaidées foient mifes dans les Rôlles fuivans, ainfi qu'il
eft porté par nos Declarations des 18. Avril 1667. & 11. Aouft 1669.
que nous ordonnons eftre executées felon leur forme & teneur.
Si donnnons en Mandement à nos amez & feaux Confeillers les
Gens tenans noftre Cour de Parlement de Paris, que ces prefentes
ils ayent à faire publier & regiftrer, & leur contenu garder & obferver felon fa forme & teneur, nonobftant tous Edits, Reglemens & Ufages à ce contraires, aufquels nous avons dérogé & dérogeons par cefdites prefentes : Car tel eft noftre plaifir. En témoin dequoy nous avons fait mettre noftre fcel à ces prefentes. Données à Verfailles le 15. jour de Mars 1673. Et de noftre Regne le
trentiéme. Signé, LOUIS ; Et plus bas, Par le Roy, Colbert.
Et fcellées du grand Sceau de cire jaune.

Lûës, publiées, regiftrées, oüi & ce requerant le Procureur General du
Roy, pour eftre executées felon leur forme & teneur. A Paris en Parlement,
le 24. Mars 1673. Signé, DU TILLET.

DECLARATION DU ROY,

En interpretation du Titre XIII. de l'Ordonnance du mois
d'Aouft 1670. Portant Reglement fur le fait des emprifonne-
mens, recommandations, nourriture par les parties ci-viles, &
élargiffement des prifonniers.

Du fixiéme Janvier 1680.

LOUIS par la grace de Dieu Roy de France & de Navarre :
A tous ceux qui ces prefentes Lettres verront, Salut. Par nôtre Ordonnance du mois d'Aouft 1670. titre 13. article 23. Nous
avons ordonné que les creanciers qui auront fait arrefter & con-
ftituer prifonniers, ou recommandé leurs debiteurs, feront tenus
leur fournir la nourriture fuivant la taxe qui en fera faite par le Juge, & contraints folidairement, fauf leur recours entr'eux, ce
qui auroit lieu à l'égard des prifonniers pour crimes detenus feulement pour interefts civils aprés le Jugement, & qu'il feroit delivré executoire aux creanciers & à la partie civile, pour eftre rembourfez fur les biens du prifonnier par preference à tous crean-

ciers ; & par l'article 24. Nous avons ordonné que sur deux sommations faites à differens jours aux creanciers qui seront en demeure de fournir la nourriture aux prisonniers, & trois jours aprés la derniere, il seroit fait droit sur l'élargissement, partie presente ou dûement appellée, mais l'experience nous a fait connoistre que les prisonniers ne tirent pas de nostre Ordonnance l'avantage que nous avons voulu leur procurer, parce qu'ils sont pour la pluspart dans l'impuissance de fournir aux frais necessaires pour faire les sommations, & obtenir en connoissance de cause leur élargissement : A quoy étant necessaire de pourvoir ; A CES CAUSES, de nostre certaine science, pleine puissance & autorité Royale, nous avons dit & declaré, disons & declarons, en ajoûtant à nostredite Ordonnance, par ces presentes signées de nostre main, voulons & nous plaist ce qui ensuit.

ARTICLE I.

Défendons à tous Huissiers & autres Officiers de Justice, d'emprisonner aucun de nos Sujets pour dettes de quelque qualité & nature qu'elles soient, sans consigner entre les mains du Greffier de la prison, ou du Geolier, la somme necessaire pour la nourriture du prisonnier pendant un mois, suivant les Reglemens qui en ont esté ou seront faits par les Juges des lieux, à peine d'interdiction.

II.

Leur défendons sur mêmes peines, de recommander aucun prisonnier sans consigner pareille somme, en cas toutefois qu'elle n'ait esté consignée par celuy qui aura fait emprisonner, ou par ceux qui auront precedemment fait recommander ledit prisonnier.

III.

Faisons pareilles défenses aux Greffiers des prisons & aux Geoliers, de recevoir aucun prisonnier pour dette, ny aucune recommandation, que les sommes mentionnées és articles precedens ne leur ayent esté delivrées, à peine d'estre contrains en leur nom, de les payer au prisonnier comme s'ils les avoient reçûës, sauf leur recours contre les creanciers : & se chargeront les Greffiers & Geoliers desdites sommes sur un Registre particulier qu'ils tiendront à cet effet, lesquelles sommes ils remettront tous les deux jours entre les mains des prisonniers pour estre employées à l'achapt des alimens necessaires pour leur nourriture, ainsi qu'ils aviseront.

IV.

Enjoignons sur pareille peine aux Huissiers, & autres Officiers qui feront les emprifonnemens & les recommandations , d'avertir ceux à la Requefte defquels ils feront faits , de continuer à payer par chacun mois pareille fomme par avance , duquel avertiffement & du payement de la fomme , ils feront mention dans le procés verbal d'emprifonnement ou dans l'acte de recommandation.

V.

Aprés l'expiration des premiers quinze jours du mois pour lequel la fomme neceffaire aux alimens du prifonnier n'aura point efté payée , les Confeillers de nos Cours commis pour la vifite des prifons , ou les Juges des lieux , ordonneront l'élargiffement du prifonnier fur la fimple requifition , fans autre procedure , en rapportant le certificat du Greffier ou Geolier , que la fomme pour la continuation des alimens n'a point efté payée , & qu'il ne luy refte aucun fond entre les mains pour lefdits alimens, pourvû , & non autrement , que les caufes de l'emprifonnement & des recommandations n'excedent point la fomme de deux mil livres ; & en cas que la fomme foit plus grande , le prifonnier fe pourvoira par Requefte , qui fera rapportée dans les Cours & Sieges , fur laquelle les Cours ou Juges prononceront fon élargiffement , & dans l'un & l'autre cas mention fera faite du certificat dans l'Ordonnance de décharge , fentence ou arreft d'élargiffement.

V I.

Le prifonnier qui aura une fois efté élargi à faute de payer les fommes neceffaires pour fes alimens , ne pourra eftre une feconde fois emprifonné ou recommandé à la requefte des mêmes creanciers pour les mêmes caufes, qu'en payant par eux les alimens par avance pour fix mois , finon qu'il en foit autrement ordonné par jugement contradictoire.

V I I.

Enjoignons aux Greffiers des prifons & aux Geoliers , de délivrer gratuitement les certificats de la ceffation de payement , à la premiere requifition qui leur en fera faite par le prifonnier , comme auffi de délivrer les quittances des payemens aux creanciers en payant par lefdits creanciers cinq fols feulement pour chaque quittance, de quelque fomme qu'elle puiffe eftre , fans que lefd. Greffiers & Geoliers puiffent exiger plus grands droits , ny retenir aucune fomme fur celles qui feront confignées pour les alimens des prifonniers.

V I I I.

Seront tenus le Greffiers ou Geoliers de rendre compte des
fommes

fommes confignées en leurs mains pour lefdits alimens, toutes les fois qu'ils en feront requis par ledit prifonnier ou fes creanciers, qui les auront payées ; & en cas de decés ou d'élargiffement du prifonnier, de rendre ce qui en reftera à ceux qui les auront avancées.

IX.

Les fommes confignées feront renduës aux creanciers un mois aprés la confignation, en cas que le prifonnier declare fur le Regiftre, qui fera tenu par lefdits Greffiers ou Geolliers, qu'il n'entend recevoir de fes creanciers aucuns deniers pour alimens ; pourra neanmoins le prifonnier revoquer dans la fuite la declaration par luy faite, & demander fes alimens, par une feule fommation qu'il fera tenu de faire à fes creanciers au domicile élû par l'écroüe, dont mention fera faite fur ledit Regiftre ; & en cas de refus ou de demeure de la part des creanciers, il fera pourvû à fon élargiffement, ainfi qu'il eft porté par les articles precedens.

X.

Ceux qui auront efté condamnez en matiere criminelle en des amandes envers nous, ou envers les Seigneurs Haut Jufticiers, ou en des dommages & interefts, & reparations civiles envers les parties civiles, feront mis hors des prifons en la maniere cy-devant prefcrite, à faute de fournir les alimens par les Receveurs des amandes, Seigneurs, Haut Jufticiers, & parties civiles, chacun à leur égard, huit jours aprés la fommation qui leur en fera faite à perfonne ou domicile, & à cet effet feront tenus lefdits Receveurs des amandes, Seigneurs Haut Jufticiers, & parties civiles, en cas d'appel des Sentences fur procés criminel, d'élire domicile en la maifon d'un Procureur de la Jurifdiction, où l'appel reffortit, dont fera fait mention par la prononciation ou fignification defdites fentences aux accufez ; & à faute d'élire domicile, il fera pourvû à leur élargiffement par les Juges des lieux où ils feront detenus. Si donnons en mandement à nos amez & feaux Confeillers, les Gens tenans noftre grand Confeil, que ces prefentes ils ayent à faire lire, publier, regiftrer, & le contenu en icelles garder felon fa forme & teneur, nonobftant tous Edits, Ordonnances & Reglemens à ce contraires : Car tel eft noftre plaifir. En témoin dequoy Nous avons fait mettre noftre fcel à ces prefentes. Donne' à S. Germain en Laye le 6. jour du mois de Janvier, l'an de grace 1680. Et de noftre Regne le trente-feptiéme. Signé, LOUIS ; Et plus bas, Par le Roy, COLBERT : & fcellé du grand fceau de cire

II. Part.   O

jaune. Et à cofté eft écrit : Lûë , publiée en l'Audience du grand
Confeil du Roy ; Oüy , & ce requerant le Procureur General du
Roy, le 25. Janvier 1680. Enregiftrées és Regiftres dudit Confeil , pour eftre gardées , obfervées & executées felon leur forme &
teneur , & copies d'icelles envoyées en tous les Sieges Prefidiaux &
Maréchauffées du Royaume,pour y eftre pareillement lûës,publiées
& enregiftrées , obfervées & executées felon leur forme & teneur :
Enjoint aux Subftituts du Procureur General d'y tenir la main,
& d'en certifier le Confeil dans le mois, fuivant l'Arreft dudit Confeil , dudit jour 25. Janvier 1680. Signé, B o u c o t.

Extrait des Regiftres du Grand Confeil du Roy.

V E U par le Confeil les Lettres patentes en forme de Declaration , concernant les alimens qui doivent eftre fournis
aux prifonniers , données à Saint Germain en Laye le 6. Janvier
1680. Signées, L O U I S ; & plus bas , Par le Roy , Colbert, &
fcellées du grand Sceau de cire jaune : Conclufions du Procureur
General du Roy. Le Confeil a ordonné & ordonne, que lefdites
Lettres feront lûës & publiées en l'Audience du Confeil, & enregiftrées és Regiftres d'iceluy , pour eftre gardées , obfervées & executées felon leur forme & teneur , & que copies d'icelles feront envoyées dans tous les Sieges Prefidiaux & Maréchauffées du Royaume , pour y eftre pareillement lûës , publiées, & enregiftrées , felon
leur forme & teneur. Enjoint aux Subftituts du Procureur General d'y tenir la main , & d'en certifier le Confeil dans un mois.

Fait audit Confeil , à Paris le vingt-cinq Janvier 1680. Signé , B O U C O T.

E D I T   D U   R O Y,

PORTANT PEINE DE MORT
contre les Fauffaires.

Regiftrée en Parlement le 24. May 1680.

L O U I S par la grace de Dieu Roy de France & de Navarre :
A tous prefens & à venir , Salut. Le Roy François I. l'un de
nos Predeceffeurs , auroit par fon Edit du mois de Mars 1531. ordonné la peine de mort contre tous ceux qui feroient atteins & convaincus par Juftice d'avoir fait & paffé de faux contrats, & porté faux

témoignage, croyant pouvoir par la severité de son Ordonnance,
& l'apprehension que les Officiers, qui sont les premiers depositaires de la Foy publique, auroient du châtiment, reprimer dans sa
source la frequence d'un crime qui attaque singulierement la societé
civile, & qui trouble le repos & la sureté des familles : Neanmoins
comme il est vrai que les Notaires ne sont pas les seuls qui soient les
depositaires de la Foy publique, puisqu'on ne contracte pas moins
en Justice que pardevant eux, & qu'il est aussi important d'empêcher que les autres Officiers & Ministres, ausquels nous avons confié nostre autorité, en conservent religieusement le depost, & soient
détournez d'en abuser ; & que cependant quelques-uns de nos Juges ont esté persuadez, que l'Ordonnance comprenant seulement les
Notaires & les témoins, ne leur laissoit pas la liberté de condamner
à mort les Officiers & Ministres qui sont convaincus d'avoir commis
fausseté, ce qui auroit causé beaucoup de diversité dans leurs Jugemens, & donné esperance d'impunité aux coupables ; A quoi estant
necessaire de pourvoir, & d'arrester le cours d'un mal qui seroit plus
à craindre, s'il n'estoit prevenu par la rigueur de la peine. A CES
CAUSES, & autres considerations à ce nous mouvans ; de l'avis
de nostre Conseil, qui a vû ladite Ordonnance du mois de Mars
1631. & de nostre certaine science, pleine puissance & autorité Royale, Nous avons dit, statué & ordonné, & par ces presentes signées
de nostre main, disons, statuons & ordonnons, voulons & nous
plaist, que ladite Ordonnance du mois de Mars 1531. soit observée
ponctuellement selon sa forme & teneur ; & y adjoûtant que tous
Juges, Greffiers, Ministres de Justice, de Police & de Finances de
toutes nos Cours & Jurisdictions : Comme aussi ceux des Officia-
litez & des Justices des Seigneurs, les Officiers & Ministres des
Chancelleries, les Gardes des Livres & Registres des Chambres des
Comptes, & des Bureaux des Finances, & ceux des Hostels de Ville,
les Archiviers, & generalement toutes personnes faisant fonction
publique, par Office, Commission ou Subdelegation, leurs Clercs
ou Commis, qui seront atteints & convaincus d'avoir commis fausseté dans la fonction de leurs Offices, Commissions & emplois, seront punis de mort, telle que les Juges l'arbitreront, selon l'exigence des cas. Et à l'égard de ceux qui n'estant Officiers, & qui
n'ayant aucune Fonction ou Ministere public, Commission ou Emploi de la qualité cy-dessus, auront commis quelque fausseté, ou
qui estant Officiers les auront commis hors la fonction de leurs Offices, Commissions ou Emplois, les Juges pourront les condam-

ner à telles peines qu'ils jugeront , même de mort, selon l'exigence des cas & la qualité des crimes : Voulons en outre que tous ceux
qui auront falcifié les Lettres de noftre grande Chancellerie , & de
celles qui font établies prés de nos Cours de Parlement , imité ,
contrefait , appliqué ou fuppofé nos grands & petits Sceaux , foit
qu'ils foient Officiers , Miniftres ou Commis de nofdites Chancelleries ou non , foient punis de mort. SI donnons en mandement à
nos amez & feaux Confeillers , les Gens tenans nos Cours de Parlement , Chambre des Comptes , & Cours des Aydes à Paris, que
ces prefentes ils ayent à enregiftrer , & le contenu en icelles entretenir & obferver felon leur forme & teneur , fans y contrevenir, ny
fouffrir qu'il y foit contrevenu en quelque forte & maniere que
ce foit : CAR tel eft noftre plaifir.　Et afin que ce foit chofe ferme
& ftable à toûjours, Nous avons fait mettre noftre Scel à cefdites
prefentes. DONNE' à Saint Germain en Laye , au mois de Mars,
l'an de grace 1680. Et de noftre Regne le trente-feptiéme. Signé,
LOUIS ; Et plus bas, Par le Roy, COLBERT. Et fcellé du grand
Sceau de cire verte fur lacs de foye verte.

Regiftrées , ouy , & ce requerant le Procureur General du Roy , pour eftre
executées felon leur forme & teneur , fuivant l'Arreft de ce jour. A Paris en
Parlement , le 24. May 1680. Signé , JACQUES.

DECLARATION DU ROY EN FORME D'EDIT,
Concernant les delais des procedures dans les defauts & contumaces.

Regiftrée en Parlement le 10. Janvier 1681.

LOUIS par la grace de Dieu Roy de France & de Navarre:
A tous prefens & à venir , Salut. Nous avons efté informez
qu'aucuns de nos Officiers procedans au jugement des defauts &
contumaces contre les accufez de crimes , ont trouvé quelque difficulté dans l'explication des articles II. III. VII. & IX. de nôtre Ordonnance du mois d'Aouft 1670. au titre XVII. des defauts & contumaces , en ce qui regarde les lieux où la perquifition
des accufez doit eftre faite , & les aflignations données . Nous avons
auffi vû en plufieurs occafions divers inconveniens qui font arri-
vez dans les procedures de contumaces faites par les Prevofts des

Maréchaux & Officiers de robe courte , faute d'avoir fait juger leur competence ; & eſtant important au bien de la Juſtice , que ces difficultez & inconveniens ne puiſſent differer la punition des crimes : Nous avons reſolu d'expliquer bien particulierement nos intentions ; en ſorte qu'il n'en puiſſe plus arriver à l'avenir. Sçavoir faiſons, que nous pour ces cauſes & autres à ce nous mouvans, de noſtre propre mouvement , certaine ſcience , pleine puiſſance & autorité Royale , en interpretant & ajoûtant auſdits articles II. III. VII. & IX. du titre XVII. de l'Ordonnance criminelle du mois d'Aouſt 1670. avons dit & ordonné , diſons & ordonnons par ces Preſentes ſignées de noſtre main , voulons & nous plaiſt, que lors que dans les trois mois du jour qu'un crime aura eſté commis , l'accuſateur en voudra pourſuivre & faire inſtruire la contumace , la perquiſition de l'accuſé pourra eſtre valablement faite dans la maiſon où reſidoit l'accuſé , dans l'étenduë de la juriſdiction où le crime aura été commis, & ſera laiſſé copie du procés verbal de perquiſition. Qu'il en ſera uſé de même pour l'aſſignation à comparoir à quinzaine , laquelle ſera auſſi valablement donnée à l'accuſé en la maiſon où il reſidoit, ainſi que dit eſt, & copie auſſi laiſſée de l'exploit d'aſſignation ; & ſi ledit accuſé n'a point reſidé dans l'étenduë de la juriſdiction où le crime a eſté commis , la perquiſition ſera faite & les aſſignations données ſuivant l'article III. de ladite Ordonnance , titre XVII. ſans qu'il ſoit neceſſaire de faire leſdites perquiſitions , & donner les aſſignations au lieu où demeuroit l'accuſé avant qu'il eût commis le crime ; à faute de comparoir dans ladite quinzaine , l'aſſignation à huitaine , laquelle doit eſtre donnée par un ſeul cry public , conformément à l'article VIII du même titre , ſera faite & donnée à ſon de trompe , ſuivant l'uſage à la place publique , & à la porte de la Juriſdiction où ſe fera l'inſtruction du procés. Si après les trois mois échûs depuis que le crime aura eſté commis , l'accuſateur veut pourſuivre & faire inſtruire la contumace , la perquiſition de l'accuſé ſera faite , & les aſſignations données au domicile ordinaire de l'accuſé , laquelle aſſignation ſera à quinzaine ; & outre ce , luy ſera donné le delay d'un jour pour chaque dix lieuës de diſtance de ſon domicile , juſques au lieu de la Juriſdiction où il ſera aſſigné ; à faute de comparoir dans les delais cy-deſſus , il ſera crié à ſon de trompe par un cry public à huitaine , dans le lieu de la Juriſdiction où ſe fera le procés, & ledit cry & proclamation affiché à la porte de l'Auditoire de ladite Juriſdiction. A l'égard de l'accuſé qui n'aura pas de domicile , ſoit qu'il ſoit pour-

fuivi avant ou depuis les trois mois échûs, à compter du jour que
le crime aura efté commis, la copie du decret, enfemble de l'exploit
d'affignation, feront feulement affichez à la porte de l'Auditoire de
la Jurifdiction. Les Prevofts des Maréchaux voulans inftruire la
contumace des accufez contre lefquels ils auront decreté, pour quelque crime que ce foit, feront tenus avant que de commencer aucune procedure pour cet effet, de faire juger leur competence au Siege Prefidial, dans le reffort duquel lefdits crimes auront efté commis; & en cas que lefdits accufez foient arreftez avant ou depuis le
jugement de contumace, ou qu'ils fe reprefentent volontairement
pour purger ladite contumace, lefdits Prevofts des Maréchaux feront tenus de faire juger de nouveau leur competence, aprés que
lefdits accufez auront efté oüis en la forme portée par l'article XIX.
du titre II. de l'Ordonnance de 1670. Et ne pourra à l'avenir l'a-
dreffe d'aucune remiffion eftre faite aux Sieges Prefidiaux où la
competence aura efté jugée fuivant ce qui eft porté par l'article
XIV. de ladite Ordonnance de 1670. au titre des Remiffions,
que l'accufé n'ait efté oüy lors du jugement de la competence, &
qu'il ne foit actuellement prifonnier; & à cet effet, feront le jugement de competence, & l'écroüe attachez fous le contre-fcel defd.
Lettres. Si donnons en mandement à nos amez & feaux, les Gens
tenans noftre Cour de Parlement à Paris, que ces Prefentes ils
ayent à faire lire, publier & enregiftrer, & le contenu en icelles
entretenir & faire entretenir, garder & obferver felon leur forme &
teneur, fans fouffrir qu'il y foit contrevenu en quelque forte & maniere que ce foit: Car tel eft noftre plaifir. Et afin que ce foit
chofe ferme & ftable à toûjours, nous avons fait mettre noftre fcel
à cefdites Prefentes. Donne' à Saint Germain en Laye au mois
de Decembre, l'an de grace 1680. Et de noftre Regne le trente-
huitiéme. Signé, LOÜIS; Et plus bas, Par le Roy, COLBERT.
Et fcellé du grand Sceau de cire verte fur lacs de foye rouge &
verte.

*Lûës, publiées, regiftrées, oüy, & ce requerant le Procureur General du
Roy, pour eftre executées felon leur forme & teneur. A Paris en Parlement le
10. Janvier 1681. Signé, JACQUES.*

DECLARATION DU ROY,

Concernant les défenses d'executer les decrets d'ajour-
nement personnel.

Regiſtrée en Parlement le 10. Janvier 1681.

LOUIS par la grace de Dieu Roy de France & de Navarre: A tous preſens & à venir , Salut. L'application continuelle que nous donnons à faire rendre la Juſtice à nos Sujets , Nous a fait reconnoiſtre les divers prejudices qu'elle reçoit dans les défenſes que nos Cours accordent de paſſer outre à l'execution des decrets d'ajournement perſonnel, ſuivant l'article 4. du titre 26. de noſtre Ordonnance criminelle de 1670. Ces inconveniens s'étendent, à l'égard des decrets decernez, tant par les Juges Eccleſiaſtiques que par les Juges ordinaires , en ce que leſdits Juges Eccleſiaſtiques ſe ſervant ſimplement de ces voyes pour faire venir les accuſez, ſans ordonner des decrets de priſe de corps, il arrive que ſans aucune connoiſſance de cauſe, & ſur toutes ſortes d'affaires , les procedures deſdits Juges Eccleſiaſtiques ſont ſurciſes , & que par cette ſurſéance les coupables demeurent ſans châtiment , l'inconvenient deſdites défenſes n'eſt pas moins grand à l'égard des decrets decernez par les Juges ordinaires pour crimes de faux , pour malverſations d'Officiers dans l'exercice de leurs Charges , ou quand c'eſt contre ceux qui ont des coaccuſez, à l'égard deſquels il y a des decrets de priſe de corps ; Arrivant par ce moyen qu'avant que la partie civile ait obtenu la levée deſdites défenſes , la pluſpart des preuves déperiſſent. Et voulant y remedier , & contribuer toûjours ce qui peut dépendre de nous pour faire rendre à nos Sujets une prompte juſtice. Sçavoir faiſons , que nous pour ces cauſes & autres à ce nous mouvans, de noſtre propre mouvement , pleine puiſſance & autorité Royale, avons dit, declaré & ordonné, diſons , declarons & ordonnons par ces preſentes ſignées de noſtre main, voulons & nous plaiſt , que nos Cours ne puiſſent à l'avenir donner aucuns Arreſts de défenſes d'executer les decrets d'ajournement perſonnel, qu'aprés avoir vû les informations lorſque leſd. decrets auront eſté decernez par les Juges Eccleſiaſtiques , & par les Juges ordinaires Royaux, & des Seigneurs pour fauſſetez, pour malverſations d'Officiers dans l'exercice de leurs Charges , ou lors qu'il y aura d'autres coaccufez contre lefquels il aura efté decreté de prife de corps ; Et afin que noftre intention puiffe eftre executée fans difficulté , voulons que les accufez qui demanderont ainfi des défenfes , foient tenus d'attacher à leur Requefte la copie du decret qui leur aura efté fignifié, que tous Juges Royaux & des Seigreurs foient tenus d'exprimer à l'avenir , dans les ajournemens perfonnels qu'ils decerneront le titre de l'accufation pour laquelle ils decreteront , à peine contre lefdits Juges ordinaires & des Seigneurs d'interdiction de leurs Charges ; Et que toutes les Requeftes tendantes ainfi afin de défenfes d'executer les decrets d'ajournement perfonnel foient communiquées à noftre Procureur General pour veiller au bien de la Juftice , & y faire ce qui dépendra de fa Charge. Et dautant que les accufez qui auroient efté decretez d'ajournement perfonnel pour d'autres cas que ceux exprimez cy-deffus, pourroient pretendre que nofdites Cours feroient obligées de leur donner des Arrefts de défenfes lors qu'ils les en requereroient, Nous voulons & entendons que nofdites Cours puiffent refufer lefd. Arrefts de défenfes , felon que par le titre de l'accufation il leur paroîtra convenable au bien de la juftice. Si donnons en mandement à nos amez & feaux les Gens tenans noftre Cour de Parlement à Paris, Baillifs, Senéchaux, & autres nos Juges qu'il appartiendra, que ces prefentes ils ayent à faire lire, publier & enregiftrer , & le contenu en icelles entretenir & faire entretenir , garder & obferver, fans y contrevenir ny fouffrir qu'il y foit contrevenu en quelque forte & maniere que ce foit : Car tel eft noftre plaifir. Et afin que ce foit chofe ferme & ftable à toûjours , Nous avons fait mettre noftre fcel à cefdites prefentes. Donne' à Verfailles au mois de Decembre, l'an de grace 1680. Et de noftre Regne le trente huitiéme. Signé, LOUIS ; Et plus bas, Par le Roy, Colbert. Et fcellé du grand Sceau de cire verte fur lacs de foye rouge & verte.

Lûës , publiées , regiftrées , oüy , & ce requerant le Procureur General du Roy , pour eftre executées felon leur forme & teneur. A Paris en Parlement le dixiéme Janvier mil fix cent quatre-vingt-un. Signé , JACQUES.

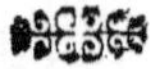

ARREST

ARREST DU PARLEMENT,

Concernant la conſtruction de la Chapelle du Palais.

EXTRAIT DES REGISTRES DE PARLEMENT.

Du 14 Janvier 1681.

CE jour les Procureurs de Communauté eſtant entrez, & repreſenté à la Cour, qu'ayant eſté chargez de faire faire le Service en la grande Salle du Palais le lendemain de la S. Martin, & aux deux Feſtes de Saint Nicolas, & de faire celebrer les Meſſes de chacun jour de la ſemaine, ils ont pris ſoin & fait la dépenſe de · faire conſtruire une Chapelle, mais pour rendre le Service plus ſolemnel le lendemain de la Saint Martin, & aux deux Feſtes de Saint Nicolas, ils en ont fait conſtruire une autre, qui ſe dreſſe & qui s'enleve eſd. jours ; pour laquelle entretenir, & faire dreſſer & enlever, ils ſont obligez de faire annuellement beaucoup de dépenſe, & même il la convient de temps en temps faire reparer & decorer de nouveau ; ce qui leur a coûté en 1678. plus de 1600. livres, ainſi qu'ils juſtifioient par les quittances des Menuiſiers, Peintres, Doreurs, & autres ouvriers. Et dautant qu'il leur ſeroit beaucoup moins à charge d'en faire conſtruire une autre qui fût permanente & perpetuelle, en un lieu commode pour ſervir eſdits jours de lendemain de Saint Martin, & Feſtes de Saint Nicolas, comme aux autres jours de chacune ſemaine, au lieu de celle qui ſert auſdits jours de chacune ſemaine, qui eſt conſtruite dans un lieu trop obſcur & trop retiré, pour ſervir eſd. jours de lendemain de S. Martin, & des Fêtes de S. Nicolas, ils ſupplioient tres-humblement la Cour de leur permettre de faire ce changement & cette nouvelle conſtruction de Chapelle, & leur deſigner le lieu pour ce le plus convenable ; Oüi auſſi le Procureur General du Roy : luy retiré, la matiere miſe en déliberation : LA COUR a permis & permet aux Procureurs de Communauté, de changer la Chapelle qu'ils ont cy-devant fait conſtruire en la grande Salle du Palais, & en faire conſtruire une nouvelle, la placer & adoſſer contre le pilier qui eſt au milieu, entre la porte de l'Audience du Bailliage du Palais, & ladite Chapelle anciennement conſtruite ; à la charge de rembourſer l'acquereur de la boutique qui eſt preſentement conſtruite & adoſſée contre ledit pillier, du prix de ſon acquiſition, impenſes & meliorations, frais

II. Part.   P

& loyaux-coufts, ou de luy faire conftruire une autre boutique au lieu où eft à prefent l'ancienne Chapelle, & de faire conftruire la-dite nouvelle Chapelle de forte qu'elle puiffe fervir, tant pour le Service du lendemain de Saint Martin, & des deux Feftes de Saint Nicolas, que pour celebrer les Meffes de chacun jour de la femaine. Fait en Parlement le 14. Janvier 1681.

Cet Arreft a eu fon execution ; & la nouvelle Chapelle, qui eft en la Salle du Palais, a efté conftruite aux depens de la Communauté des Procureurs, qui l'entretiennent.

Depuis cet Arreft, qui a efté publié à la Communauté le 4. Decembre 1681. on ne demande plus les contredits des productions nouvelles, & on attend l'evenement du jugé pour les employer aux depens, quand il y a adjudication.

Par Arreft du 2. Aouft 1681. a efté jugé, que pour la compenfation jugée, on n'eftoit point recevable à faire taxer les contredits des productions nou-velles.

EDIT DU ROY,

Concernant la vente des Offices, & la diftribution de leur prix.

Regiftré en Parlement le 19. Mars 1683.

LOUIS par la grace de Dieu, Roy de France & de Navarre: A tous prefens & à venir, Salut. Bien que le droit des crean-ciers oppofans au Sceau fur le prix provenant de la vente des Offi-ces, pour eftre payez preferablement à tous autres creanciers non oppofans au Sceau, foit établi de tout temps par les Arrefts de nô-tre Confeil, & que cette Jurifprudence ait efté fuivie quafi par toutes nos Cours. Neanmoins quelqu'autres de nofdites Cours ont rendu des jugemens contraires, qui ont obligé les parties à fe pourvoir en noftre Confeil pour y demander la caffation defdits Ar-refts, & même de faire encore de nouveaux frais pour faire proceder à de nouvelles diftributions du prix defdites Charges ; Et d'ailleurs, il y a tous les jours une infinité de procés entre nos Sujets en plufieurs Jurifdictions fur la diftribution des deniers provenant du prix def-dites Offices, ou par ordre d'hipoteque, ou par contribution, ou fuivant les faifies felon les differentes Coûtumes des lieux. A quoy voulant pourvoir, & établir à cet égard une Loy certaine & uni-forme pour le bien & avantage de nos Sujets ; d'autant plus que le

prix des Charges fait à prefent la principale partie du bien de plufieurs familles ; Sçavoir faifons , que Nous pour ces caufes & autres
à ce Nous mouvans, de l'avis de noftre Confeil , & de noftre certaine fcience , pleine puiffance, & autorité Royale , avons dit, ftatué & ordonné , difons , ftatuons & ordonnons par ces prefentes
fignées de noftre main , voulons & nous plait ce qui enfuit.

I.

Que les ereanciers oppofans aux Sceau & expedition des provifions des Offices , feront preferez à tous autres creanciers qui auront obmis de s'y oppofer, quoy que privilegiez , & même à ceux
qui auront fait faifir réellement les Offices , & feroient oppofans à
la faifie réelle.

I I.

Les Directeurs valablement établis par les creanciers de l'Officier , pourront s'oppofer au Sceau audit nom de Directeurs , &
conferveront les droits de tous lefdits creanciers.

I I I.

Si aucun des creanciers ne s'eft oppofé au Sceau , ou fi tous les
creanciers oppofans au Sceau eftant payez , il refte une partie du
prix à diftribuer, la diftribution s'en fera : Premierement , en faveur des creanciers privilegiez , enfuite au profit des creanciers hipotequaires fuivant l'ordre de leurs hipoteques , le furplus fera
diftribué entre tous les autres creanciers par contribution , fans avoir
égard à aucunes faifies de deniers faites és mains de l'acquereur de
l'Office du Receveur des Confignations , ou autre depofitaire du
prix d'iceluy , ny à la faifie réelle & oppofitions , dont les frais de
pourfuites feulement feront rembourfez par preference.

I V.

Aprés la faifie réelle enregiftrée , le titulaire de l'Office ne pourra traiter qu'en prefence des faififfans & oppofans , fi aucuns y a ,
ou eux düement appellez , & le traité fait par l'Officier fera nul,
quoi que les oppofitions ne fuffent que pour conferver , & non au
titre , fi ledit traité n'eft omologué avec les creanciers.

V.

Le creancier qui aura faifi réellement l'Office , fera tenu de faire
enregiftrer la faifie réelle au Greffe du lieu d'où dépend & où fe fait
la principale fonction de la Charge, quand même l'adjudication feroit
pourfuivie en une autre Jurifdiction , & fix mois aprés ledit enregiftrement fignifié à la perfonne ou domicile de l'Officier, quand il
fera d'une Compagnie fuperieure, & trois mois à l'égard de l'Offi-

cier d'une Compagnie subalterne , & de tout autre , le creancier pourra faire ordonner , que le titulaire de l'Office sera tenu de passer procuration *ad resignandum* de ladite Charge, sinon , que le jugement vaudra procuration, pour estre procedé à l'adjudication, aprés trois publications qui seront faites de quinzaine en quinzaine aux lieux accoûtumez , & même au lieu où la saisie réelle aura esté enregistrée.

V I.

Aprés les trois publications , il sera encore donné deux remises de mois en mois avant que de proceder à l'adjudication de ladite Charge.

V I I.

Quand il aura esté ordonné par un jugement contradictoire , ou rendu , partie dûëment appellée, dont il n'y aura point d'appel, ou qui aura esté confirmé par Arrest, que le titulaire de l'Office sera tenu de passer sa procuration *ad resignandum* , sinon , que le jugement vaudra procuration , l'Officier demeurera de plein droit interdit de la fonction de sa Charge, trois mois aprés la signification dudit jugement faite à personne ou domicile dudit Officier, & au Greffe du lieu d'où dépend & où se fait la principale fonction de la Charge saisie , & ce en vertu dudit jugement , sans qu'il puisse estre reputé comminatoire , ny qu'il en soit besoin d'autre , & sans que les Juges pour quelques causes que ce soit puissent proroger ou renouveller ledit delai.

V I I I.

L'adjudication faite en Justice , & la Sentence ou Arrest portant que l'Officier sera tenu de passer procuration *ad resignandum* , sinon, que ledit jugement vaudra procuration , au cas où il ne sera besoin d'adjudication , tiendront lieu de la procuration de l'Officier , & seront en consequence les lettres de provisions expediées.

I X.

Ce qui regarde la preference des creanciers opposans au Sceau sur ceux qui ont obmis de s'opposer , sera executé , tant pour le passé que pour l'avenir , la distribution du prix des Offices par ordre d'hipoteque entre les creanciers hipotequaires , aura lieu à l'égard des Charges qui seront venduës aprés la datte des Presentes , soit par contracts volontaires ou autorité de Justice , & la forme de proceder à la vente des Charges sera observée seulement à l'égard des Charges qui seront saisies depuis la datte de nostre present Edit , lequel nous voulons estre executé , nonobstant le

contenu en la Coûtume de Paris, même l'article 95. & toutes autres Coûtumes, Stiles & Ordonnances, auſquelles nous avons
expreſſément dérogé & dérogeons par ceſdites Preſentes. S i donnons en mandement à nos amez & feaux, les Gens tenans noſtre
Cour de Parlement de Paris, que ces Preſentes ils ayent à faire lire,
publier, & enregiſtrer, & le contenu en icelles, entretenir, & faire
entretenir, garder & obſerver, ſans y contrevenir, ny ſouffrir qu'il
y ſoit contrevenu en quelque ſorte & maniere que ce ſoit: C a r
tel eſt noſtre plaiſir. Et afin que ce ſoit choſe ferme & ſtable à toûjours, Nous avons fait mettre noſtre ſcel à ceſdites Preſentes.
D o n n e' à Verſailles au mois de Fevrier, l'an de grace 1683. Et
de noſtre Regne le quarantiéme. Signé, L O U I S; Et plus bas,
Par le Roy, C o l b e r t. Viſa, l e T e l l i e r. Et ſcellées du
grand Sceau de cire verte.

Lûës, publiées, regiſtrées, oüy, & ce requerant le Procureur General du
Roy, pour eſtre executées ſelon leur forme & teneur, & copies collationnées
envoyées aux Bailliages & Senechauſſées du reſſort, pour y eſtre pareillement
lûës, publiées & regiſtrées ; Enjoint aux Subſtituts du Procureur General du
Roy d'y tenir la main, & d'en certifier la Cour au mois, ſuivant l'Arreſt de
ce jour. A Paris en Parlement le 23. Mars 1683. Signé, JACQUES.

E D I T D U R O Y,

Concernant les procés qui ſeront vûs par Petits Commiſſaires.

Regiſtré en Parlement le 2. Iuillet 1683.

L O U I S par la grace de Dieu, Roy de France & de Navarre : A tous preſens & à venir, Salut. Bien que nous ayons
défendu par noſtre Edit du mois de Mars 1673. à toutes nos Cours
& Juges de viſiter aucuns procés par Commiſſaires ; neanmoins la
multitude des affaires qui ſe trouvent en noſtre Cour de Parlement
de Paris, les Audiences que la Grand' Chambre eſt obligée de
donner tous les jours, & le bon ordre que l'on y avoit obſervé,
Nous auroient obligé de ne rien changer à l'uſage que l'on y avoit
introduit depuis quelque temps, de voir par petits Commiſſaires
les procés conſiderables, & dans leſquels il y avoit pluſieurs titres
à examiner ; mais comme il arriveroit pluſieurs inconveniens ſi l'on
apportoit à l'avenir moins d'exactitude que l'on a fait juſqu'à

cette heure, soit pour le choix des procés qui meritent d'estre visitez de cette maniere, soit pour la taxe des vacations, à proportion
seulement du temps que l'on y employe, voulant assurer l'observation de cet ordre, & de celuy que Nous avons établi touchant les
Audiences, par nostre Declaration du 15. Mars 1673. A CES
CAUSES, & autres à ce Nous mouvans, de l'avis de nostre
Conseil, & de nostre certaine science, pleine puissance, & autorité Royale, avons dit, declaré & ordonné ; disons, declarons &
ordonnons par ces Presentes, signées de nostre main, ce qui
ensuit.

PREMIEREMENT.

Les procés dans lesquels il y aura trois demandes, & au dessus,
autres que celles qui regardent la procedure, & ceux dans lesquels
il y aura six actes, & plus, à examiner, comme des contracts de
mariage, des partages, testamens, aveus, & autres pieces considerables, pourront estre vûs de petits Commissaires.

II.

Les instances où il s'agira d'omologation de contrats entre les
debiteurs & leurs creanciers, ou entre des creanciers seulement;
les appellations de saisies réelles, de congez d'adjuger ; les instances appointées à mettre ; & les procés criminels ne pourront estre
vûs par petits Commissaires, sous quelque pretexte que ce puisse
estre.

III.

Les procés pendans en la Grand' Chambre de nostredite Cour
qui devront estre visitez par petits Commissaires, seront portez
chez le Premier President, pour y estre vûs aux jours & heures accoûtumez, autres que celles de la tenuë des Audiences; Et en cas
qu'il n'y puisse vacquer, ou qu'il juge que lesd. procés ne puissent
estre visitez en sa presence, ils seront renvoyez chez celuy des autres
Presidens de nostre Cour, qui suivra, selon l'ordre du Tableau.

IV.

Les procés vûs par petits Commissaires chez le Premier, ou
autre President à son défaut, seront jugez par preference à tous
autres, les matinées avant les heures prescrites pour l'ouverture des
Audiences, & dans la semaine aprés qu'ils auront esté visitez, si faire
se peut; & nos Conseillers qui auront assisté à la visite desdits procés, seront tenus de se trouver lors qu'on les jugera; & les autres
procés qui auront esté vûs chez le second, ou autre President, suivant l'ordre du Tableau, lors qu'ils ne l'auront pû estre chez le Pre-

mier, feront rapportez & jugez les Mardis & Vendrédis de relevée, auſſi avant les heures d'Audiences.

V.

Les procés de la qualité cy deſſus exprimée, qui feront pendans
aux Chambres des Enqueſtes de noſtredite Cour, & qui auront eſté
jugez devoir eſtre vûs par petits Commiſſaires, & en la forme portée par l'article XIX. de noſtredit Edit du mois de Mars 1673. feront viſitez & jugez en la maniere, & aux heures accoûtumées.

VI.

Le dernier en reception de nos Conſeillers, tant de la Grand'
Chambre que de celle des Enqueſtes, qui aſſiſtera à la viſite des
procés par petits Commiſſaires, écrira ſur une feüille, le jour auquel
on travaillera, les noms de ceux de nos Officiers qui y travaille-
ront, les noms & les qualitez des parties dont on aura viſité les
procés en chacune feance de matinée & de relevée, les vacations
que l'on y taxera, & le nombre des heures que l'on aura employé
à cette viſite, le Preſident viſera leſdites feüilles, & les Greffiers
de chaque Chambre retireront leſdites feüilles chaque jour que
l'on aura travaillé à la viſite deſdits procés, pour en compoſer chacun un Regiſtre, lequel ils feront tenus de mettre tous les ans au
Greffe, à la fin de chacune feance de noſtredite Cour.

VII.

Les épices & les vacations de petits Commiſſaires feront écrites
feparément ſur les minuttes des Arreſts, & ne pourront eſtre taxées
qu'à proportion du temps que l'on y aura veritablement employé à
les viſiter, dont nous chargeons l'honneur & la conſcience de ceux
qui preſideront.

VIII.

Les Audiences des matinées & des relevées feront ouvertes &
finiront preciſément aux heures ordinaires marquées par nos Ordonnances, & par les Reglemens; & noſtre Declaration du 15. Mars
1673. concernant leſdites Audiences, fera ponctuellement executée;
Défendons aux Procureurs de pourfuivre le jugement des cauſes
dans leſquelles ils occuperont à d'autres Audiences que celles qui
font deſignées par noſtredite Declaration, pour les expedier ſuivant leurs differentes natures, à peine de cent livres d'amande, dont
fera délivré executoire aux Receveurs des amandes qui nous font
adjugées en vertu de la preſente Declaration, & ſur le vû des
Arreſts par leſquels on auroit jugé leſdites cauſes en des Audiences auſquelles on ne doit pas les pourfuivre, ſuivant lad. Declaration.

S i donnons en mandement à nos amez & feaux Conseillers , les Gens tenans nostre Cour de Parlement de Paris, que ces Presentes ils ayent à faire lire , publier , & registrer , & icelles executer selon leur forme & teneur : Car tel est nostre plaisir. Et afin que ce soit chose ferme & stable à toûjours, Nous avons fait mettre nostre Scel à cesdites Presentes. Donné à Bellegarde au mois de Juin, l'an de grace 1683. Et de nostre Regne le quarante-uniéme. Signé, L O U I S ; Visa, L E T E L L I E R : Et plus bas, Par le Roy, C O L B E R T. Et scellées du grand Sceau de cire verte sur lacs de soye rouge & verte.

Registrées , oüy , & ce requerant le Procureur General du Roy , pour estre executées selon leur forme & teneur , suivant l'Arrest de ce jour. A Paris en Parlement , le 2. Juillet 1683. Signé , DONGOIS.

DECLARATION DU ROY,

Sur les Remissions.

Registrée au Parlement le 3. Decembre 1683.

L O U I S par la grace de Dieu , Roy de France & de Navarre : A tous ceux qui ces presentes Lettres verront, Salut. Nous avons esté informez qu'en procedant par nos Cours au jugement des remissions que nous estimons à propos d'accorder à nos Sujets, & qui sont signées de Nous, contresignées par l'un de nos Secretaires d'Estat & de nos commandemens, & scellées de nostre grand Sceau, nosd. Cours, non seulement deboutent les impetrans de l'enterinement desdites Lettres, mais les condamnent en des peines afflictives , quand les cas énoncez dans lesdites Lettres ne sont pas des homicides involontaires, ou commis dans une legitime défense de la vie , bien même que l'exposé desdites Lettres se trouve conforme aux charges & informations, nosdites Cours estant persuadées qu'elles se conforment en ce faisant à ce qui est porté par les articles 2. & 27. du titre 16. de nostre Ordonnance criminelle du mois d'Aoust 1670. Et d'ailleurs, parce que le terme d'abolition (au moyen duquel nosdites Cours estiment qu'il n'y a pas lieu d'examiner les charges) ne se trouvant pas énoncé dans lesdites Lettres, il n'y a pas lieu d'avoir aussi égard aux remissions, dans lesquelles ces termes n'ont pas esté employez. Et comme lesdits articles 2. &

27.

27. ne doivent s'entendre que pour les remiſſions qui s'expedient és Chancelleries prés nos Cours ſeulement ; Que noſtre intention n'a point eſté non plus d'affoiblir les graces que nous faiſons à nos Sujets , en n'uſant pas des termes d'abolition , leſquels même n'ôtent pas à nos Cours & Juges la liberté d'examiner ſi l'expoſé des Lettres eſt conforme aux charges & informations ; à quoy eſtant neceſſaire de pourvoir , en ſorte que la puiſſance que Dieu a mis en nos mains ne ſoit pas inutile à nos Sujets , envers leſquels nous voulons bien uſer de clemence. Sçavoir faiſons , que pour ces cauſes & autres à ce nous mouvans , de noſtre propre mouvement , pleine puiſſance & autorité Royale , Nous avons par ces Preſentes ſignées de noſtre main , dit , declaré & ordonné , diſons , declarons & ordonnons , voulons & nous plaiſt , que les articles 2. & 27. du titre 16. de noſtre Ordonnance criminelle du mois d'Aouſt 1670. ſoient executez ſelon leur forme & teneur , & ayent lieu ſeulement pour les Chancelleries eſtant prés nos Cours ; & ce faiſant , défendons aux Maiſtres des Requeſtes & Garde-Scels deſdites Chancelleries de ſceller aucune remiſſion , ſi ce n'eſt pour les homicides involontaires , ou pour ceux qui ſeront commis dans une legitime défenſe de la vie , & quand l'impetrant aura couru riſque de la perdre , ſans qu'en autre cas il en puiſſe eſtre expedié , à peine de nulliré ; & en conſequence défendons à nos Cours & Juges de proceder à l'enterinement des Lettres de remiſſion expediées eſdites Chancelleries pour autres cas que ceux exprimez cy-deſſus , quand même l'expoſé ſe trouveroit conforme aux charges. Et quant aux remiſſions que nous aurons eſtimé à propos d'accorder pour d'autres crimes , & qu'à cet effet nous en aurons ſigné & fait contreſigner les Lettres par un de nos Secretaires d'Eſtat , & de nos commandemens , & ſceller de noſtre grand Sceau. Voulons & ordonnons que nos Cours & Juges , auſquels il écherra d'en faire l'adreſſe , ayent à proceder à l'enterinement d'icelles , quand l'expoſé que l'impetrant nous aura fait par leſdites Lettres , ſe trouvera conforme aux charges & informations , ou que les circonſtances ne ſeront pas tellement differentes , qu'elles changent la qualité de l'action , & ce ſuivant ce qui eſt porté par l'article premier du titre 16. de noſtre Ordonnance de 1670. & nonobſtant qu'en noſdites Lettres , le mot d'abolition n'y ſoit pas employé , ce que nous ne voulons pouvoir nuire ny prejudicier auſdits impetrans , nonobſtant auſſi tous uſages à ce contraires , ſauf à noſdites Cours (après ledit enterinement fait) à nous faire des remontrances , & à nos autres Juges à repreſenter

II. Part.   Q à noſtre Chancelier , ce qu'ils trouveront à propos ſur l'atrocité des crimes pour y faire pour l'avenir la conſideration convenable. S I donnons en mandement à nos amez & feaux , les Gens tenans noſtre Cour de Parlement à Paris , que ces Preſentes ils ayent à faire lire , publier & enregiſtrer , & le contenu en icelles entretenir & faire entretenir , garder & obſerver ſelon leur forme & teneur , ſans y contrevenir ny ſouffrir qu'il y ſoit contrevenu en quelque ſorte & maniere que ce ſoit : Car tel eſt noſtre plaiſir. En témoin dequoi nous avons fait mettre noſtre ſcel à ceſdites preſentes. Donné à Verſailles le 22. Novembre , l'an de grace 1683. Et de noſtre Regne le quarante - uniéme. Signé , LOUIS ; Et ſur le reply , Par le Roy , Colbert. Et ſcellé du grand Sceau de cire jaune.

Regiſtrées , oüy , & ce requerant le Procureur General du Roy , pour eſtre executées ſelon leur forme & teneur , ſuivant l'Arreſt de ce jour. A Paris en Parlement , le 3. jour de Decembre 1683. Signé , DONGOIS.

DECLARATION,

Pour la reconnoiſſance des pieces & écritures privées.

Du mois de Decembre 1684

LOUIS par la grace de Dieu Roy de France & de Navarre : A tous preſens & à venir , Salut. Les differens uſages établis en pluſieurs Sieges & Juriſdictions de noſtre Royaume , depuis noſtre Ordonnance du mois d'Avril mil ſix cent ſoixante-ſept , pour la reconnoiſſance des promeſſes , billets & autres écritures ſous ſeing-privez , & les frais que l'on a pris occaſion d'augmenter en aucunes deſdites Juriſdictions , Nous ont fait eſtimer neceſſaire d'expliquer plus preciſément noſtre volonté ſur ce ſujet , & d'établir à cet égard une procedure dans toutes nos Cours & Sieges : Sçavoir faiſons , que nous pour ces cauſes & autres à ce nous mouvans , de noſtre propre mouvement , pleine puiſſance & autorité Royale , Nous avons par ces Preſentes ſignées de noſtre main , dit , ſtatué & ordonné , diſons , ordonnons & ſtatuons , voulons & nous plaiſt ce qui enſuit.

Celuy qui demandera le payement d'une promeſſe ou l'execution d'un autre acte ſous ſeing-privé , ſera tenu d'en faire donner copie avec l'exploit d'aſſignation.

Le creancier d'une promeſſe ou billet pourra faire declarer à ſa partie par l'exploit de sa demande, qu'aprés un delay qui ne pourra estre plus court de trois jours, il demandera à l'Audience du Juge devant lequel il le fera assigner, que la promesse ou billet soient tenus pour reconnus ; & s'il pretend qu'ils soient écrits ou signez par le défendeur, & qu'il ne comparoisse pas au jour qui aura esté marqué par ledit Exploit, le Juge ordonnera que lesdits promesse ou billet demeureront pour reconnus, & que les parties viendront plaider sur le principal dans les delais ordinaires.

Lorsque le défendeur aura constitué Procureur & fourni des défenses, par lesquelles il dénira la verité de l'écriture ou des signatures de l'acte sous seing-privé dont il sera question, le demandeur fera sommer par un acte de comparoistre pardevant le Juge pour proceder à la verification dudit acte, sans qu'il soit besoin de prendre aucune Ordonnance du Juge pour cet effet.

Si le défendeur dénie dans la plaidoirie de la cause, ou durant l'instruction d'un procés par écrit, la verité des pieces sous seing-privé dont il s'agira, la verification en sera faite pardevant l'un des Juges qui auront assisté à l'Audience, & qui sera commis suivant l'ordre du Tableau, par celuy qui presidera, ou pardevant le Rapporteur du procés, s'il est distribué.

Les pieces sous seing-privé & écritures privées, dont on poursuivra la connoissance, seront representées devant le Juge au jour & à l'heure portez par la sommation qui aura esté faite de comparoistre devant luy, & seront paraphez par le Juge & communiquez en sa presence à la partie.

Si le défendeur ne comparoist pas, le Juge donnera défaut, & ordonnera que la piece sera tenuë pour reconnuë, en cas que le demandeur n'ait point obtenu de jugement à l'Audience qui l'ait ainsi ordonné, & qu'il pretende que la piece soit écrite ou signée de la main du défendeur : & le Juge ne prendra en ce cas aucunes vacations, & la partie qui voudra lever le procés verbal payera seulement l'expedition de la grosse au Clerc dudit Juge.

Si l'on pretend que la piece soit écrite ou signée d'une autre main que de celle du défendeur, le demandeur nommera un Expert, & le Juge en nommera un autre, pour proceder à la verification de la piece, sur des écritures publiques & autentiques qui seront representées par le demandeur.

Si les parties comparoissent, elles conviendront d'Experts & de pieces de comparaison ; & si l'une des parties estant comparuë refuse de nommer des Experts, le Juge en nommera pour elle.

Lorſque le demandeur aura obtenu un jugement à l'Audience, ou dans l'Hoſtel du Juge, portant que la promeſſe ou billet dont eſt queſtion, ſont tenus pour eſtre reconnus; s'il obtient dans la ſuite condamnation à ſon profit du contenu dans leſdits actes, il aura hipoteque ſur les biens de ſon debiteur du jour dudit jugement.

Le Juge ne dreſſera qu'un ſeul procés verbal pour la verification d'une ou pluſieurs pieces, lors que ladite verification ſe fera en même-temps & à la requeſte de la même partie, & il ſera payé pour leſdits procés verbaux un écu aux Conſeillers de nos Cours, quarante ſols aux Lieutenans Generaux & autres Officiers des Bailliages & Senéchauſſées où il y a Preſidial, & vingt ſols à ceux des autres Sieges Royaux, autant à ceux des Duchez-Pairies, & des autres Juſtices appartenantes à des Seigneurs particuliers, leſquels reſſortiſſent directement en nos Cours, & quinze ſols aux Officiers des autres Juſtices deſdits Seigneurs, & aux Clercs deſdits Juges pour l'expedition deſdits procés verbaux, ce qui ſe trouvera leur eſtre dû ſuivant les taxes ordinaires par Rôlle.

Voulons que tous ceux qui dénieront leurs propres ſignatures ou écritures, ſoient condamnez en nos Cours en cent livres d'amande envers nous, & en cinquante livres dans tous nos autres Sieges & Juriſdictions, & en pareille ſomme envers qui il appartiendra dans les Juſtices des Seigneurs particuliers, outre les dépens, dommages & intereſts envers les parties.

Si donnons en mandement, &c. Car tel eſt noſtre plaiſir. Donné à Verſailles au mois de Decembre, l'an de grace 1684. Et de noſtre Regne le quarante-deuxiéme. Signé, LOUIS; Et plus bas, Par le Roy, COLBERT. Et à coſté, Viſa, LE TELLIER.

Enregiſtré au Parlement le vingt-deuxiéme Janvier 1685.

DECLARATION DU ROY,

En interpretation de l'Edit du mois d'Aouſt 1669. portant Reglement pour la vente des biens immeubles des Comptables.

Donnée à Verſailles le 27. Janvier 1685.

Regiſtrée en la Chambre des Comptes & Cour des Aydes au mois de Février enſuivant.

LOUIS par la grace de Dieu Roy de France & de Navarre A tous ceux qui ces preſentes Lettres verront, Salut. Nous

avons par noftre Edit du mois d'Aouft 1669. enregiftré en nos
Chambres des Comptes & Cour des Aydes de Paris, fait connoître à tous nos Sujets les privileges & preferences qui nous appartiennent fur les biens meubles & immeubles des Officiers comptables,
Fermiers generaux & particuliers, & autres ayans le maniment de
nos deniers, ainfi qu'il eft expliqué par iceluy ; & ordonné que les
biens immeubles des Comptables qui fe trouveroient redevables
envers nous ; & leurs Offices de toute nature qui feroient faifis
réellement, feroient decretez, adjugez, & l'ordre & diftribution
du prix fait en nos Cours des Aydes féantes és Villes où nos Chambres des Comptes font établies, & dans le Reffort defquelles le
Comptable auroit exercé, avec la faculté à nofdites Cours des Aydes d'évoquer de toutes nos autres Cours & Juges les faifies & criées
faites à la requefte des creanciers particuliers des comptables qui
nous feront redevables, aprés avoir fubrogé nos Procureurs Generaux aux pourfuites, & que tout creancier faififfant les biens immeubles & Offices d'un comptable, feroit tenu dans un mois aprés
la faifie, la faire fignifier à noftre Procureur General en la Cour des
Aydes, & retirer fon confentement par écrit fur l'original de la faifie, pour la continuer, au cas que le faifi ne nous fût pas redevable,
à peine de nullité de l'adjudication. Et depuis nous aurions par Arreft de noftre Confeil rendu fur la Requefte de noftre Procureur General en noftre Cour des Aydes de Clermont Ferrand, en interpretant l'article vi. dudit Edit, declaré n'avoir entendu priver les
Cours des Aydes de la connoiffance des faifies réelles, decrets &
diftribution des deniers des Offices & immeubles des comptables,
chacune dans leur Reffort, à la charge d'obferver les Reglemens
portez par ledit Edit, à peine de nullité. Mais cet Edit (dont les
difpofitions eftoient lors juftes & neceffaires pour la fureté des fommes dont la plus grande partie des comptables de noftre Royaume
nous eftoient redevables pour refte de leurs comptes, & à caufe des
debets & charges mifes fur iceux, dont nous avions ordonné le recouvrement) a caufé dans la fuite des temps de grands frais, peines & fatigues à nos Sujets, comme auffi quelque confufion dans
l'ordre des Jurifdictions Et comme nous voulons les maintenir chacune dans ce qui leur eft attribué par les Edits & Ordonnances de
nous & des Rois nos predeceffeurs ; faire que nos Sujets puiffent
obtenir avec facilité la juftice fur les lieux, fans qu'ils foient obligez
de quitter leur demeure & le foin de leurs affaires pour l'aller requerir à grands frais en des Jurifdictions éloignées ; pour donner

Q iij

auffi facilité aux faifis & à leurs creanciers de trouver des enche-
riffeurs qui portent les biens à leur jufte valeur, par le moyen dequoi les uns puiffent, en acquittant leurs dettes, fe conferver le furplus de leur bien, pour fournir à la fubfiftance de leurs familles, &
au rétabliffement de leurs affaires ; & neanmoins maintenir les privileges & preferences qui nous appartiennent fur les biens, tant
meubles qu'immeubles des comptables redevables envers nous, tant
des reftes de leurs comptes, que par condamnations portées par les
Arrefts, tant de noftre Confeil que de nos Chambres des Comptes,
ou par les Rôlles qui auront efté arreftez en noftre Confeil. A
quoy voulant pourvoir : A CES CAUSES, & autres à ce nous
mouvans, de l'avis de noftre Confeil, & de noftre certaine fcience,
pleine puiffance & autorité Royale, en interpretant noftredit Edit
du mois d'Aouft 1669. Nous avons dit, declaré & ordonné, & par
ces Prefentes fignées de noftre main, difons, declarons & ordonnons, voulons & nous plaift, que les biens immeubles des comptables qui fe trouveront redevables envers nous, & leurs Offices de
toute nature qui feront faifis réellement, foient decretez, adjugez,
& l'ordre & diftribution du prix fait en nos Cours des Aydes dans
le reffort defquelles ils auront exercé leurfdits Offices comptables.
Pour cet effet, nofdites Cours des Aydes pourront évoquer de
toutes nos autres Cours & Juges les faifies & criées faites à la requefte des creanciers particuliers des comptables qui nous feront
redevables, tant pour refte de leurs comptes & manimens, que
pour toutes autres fommes à nous dûës par Rôlles arreftez en noftre
Confeil, ou par Arrefts d'iceluy, ou par ceux de nos Chambres
des Comptes. Pour cet effet, feront tenus nos Procureurs generaux en nofdites Cours des Aydes, d'attacher aux Requeftes qu'ils
prefenteront aufdites Cours pour y demander l'évocation defdites
criées, decrets ou ordre les extraits en bonne forme des Jugemens
de clôture des comptes defd. comptables contenans les debets &
charges mifes fur iceux, ou les Arrefts de condamnation contre-
eux rendus ; ceffant lefquelles pieces défendons à nofd. Procureurs
generaux de requerir lefdites évocations, & à nofdites Cours
de les ordonner. Si le comptable des biens duquel les criées
auront efté pourfuivies originairement és Cours des Aydes,
ou qui y auront efté évoquées, fes heritiers, bientenans, ou fes
creanciers rapportent le quitus de fes comptes, ou la décharge de
fes manimens, ou quittance de noftre Trefor Royal, ou de nos revenus cafuels ; & que la plus confiderable partie des creanciers, pour

la grandeur des sommes , demandent le renvoi desdites saisies,
criées & decrets aux Jurisdictions qui en sont competentes : elles y
seront renvoyées en quelque estat qu'elles soient , même aprés le
congé d'adjuger. En ordonnant l'évocation desdites criées , nosd.
Cours des Aydes subrogeront par le même Arrest nos Procureurs
Generaux à la poursuite ; & ce faisant seront les creanciers saisissans
les biens immeubles des comptables , déchargez de l'obligation à
eux imposée par l'article VIII. de nostredite Declaration du mois
d'Aoust 1669. de faire signifier à nostre Procureur General en nostre
Cour des Aydes, leurs saisies dans un mois du jour & date d'icelles , & retirer son consentement par écrit sur l'original , à peine de
nullité de l'adjudication , dérogeant à cet égard à la disposition dudit article , que nous ne voulons avoir lieu à l'avenir. Voulons
que le surplus de ladite Declaration , en ce qui concerne les privileges & preferences de ce qui nous est dû par les comptables , soit
observé ponctuellement par toutes nos Cours & Juges dans la distribution des biens , tant meubles qu'immeubles desdits comptables, sans y contrevenir. SI donnons en mandement à nos amez &
feaux Conseillers , les Gens tenans nostre Chambre des Comptes
& nostre Cour des Aydes à Paris , que ces Presentes ils ayent à
faire registrer , & le contenu en icelles faire garder & observer
selon sa forme & teneur : CAR tel est nostre plaisir. En témoin de
quoy nous avons fait mettre nostre scel à cesdites Presentes. DON-
NE' à Versailles le 27. jour de Janvier , l'an de grace 1685. Et de
nostre Regne le quarante-deuxiéme. Signé , LOUIS ; Et plus
bas , Par le Roy , COLBERT. Et scellé du grand Sceau de cire
jaune.

Registrées en la Chambre des Comptes, ce requerant le Procureur General du
du Roy, pour estre executées selon leur forme & teneur, les Bureaux assemblez,
le sixiéme jour de Fevrier 1685. Signé , RICHER.

Registrées en la Cour des Aydes , oüy , ce requerant le Procureur General
Roy , pour estre executées selon leur forme & teneur. A Paris les Chambres
assemblées , le dixiéme jour de Fevrier 1685. Signé , TRUCHOT.

Collationné à l'original par moy Conseiller
Secretaire du Roy, Maison , Couronne
de France & de ses Finances.

Par Arrest du premier Aoust 1686. il a esté jugé que les delegations portées
par les contrats suivis de decrets volontaires , valent opposition , & que le crean-

cier delegué conserve ses privileges & hipoteques par la delegation, nonobstant qu'il n'ait point formé d'opposition au decret volontaire, pour la validité duquel il n'est point necessaire de bail judiciaire, comme dans le decret forcé.

EXTRAIT DES REGISTRES
des Deliberations de la Communauté des Avocats & Procureurs de la Cour.

Du trentiéme Decembre mil six cent quatre-vingt-six.

CE jour les Procureurs de Communauté en charge, & les autres Procureurs de Communauté assemblez à la Sacristie pour deliberer sur les plaintes continuellement faites au sujet des diverses oppositions qui se forment aux Sentences de Nosseigneurs des Requestes du Palais, ce qui cause par le nombre de procedures des frais qui vont à la charge des parties : ce qui degenere en un abus auquel il est tres-necessaire de pourvoir, aprés y avoir deliberé.

Arresté sous le bon plaisir de la Cour : Que les Procureurs de Communauté feront incessamment tres-humbles remontrances à Nosseigneurs des Requestes du Palais, pour les supplier de pourvoir au desordre que causent les frequentes oppositions qui se forment aux Sentences par deffaut, auquel l'Ordonnance de 1667. qui a abrogé les rapports que le Reglement de 1647. admettoit dans le mois, n'a point pourvû ; Que si la Cour le trouve bon, en se conformant au Parlement, & en suivant l'Ordonnance, qui n'admet qu'une seule opposition aux Arrrests, il n'en sera pareillement reçû qu'une seule contre les Sentences, qui viendra dans la huitaine, lors qu'il y aura Procureur constitué : & aussi une seule opposition contre les Sentences faute de comparoir, & où il n'y aura point de Procureur. Que si neanmoins pour le bien de la Justice & reparer aux surprises, si aucunes estoient faites en connoissance de cause, la Cour se peut reserver de statuer sur les secondes oppositions seulement ce qu'elle trouvera bon, & qu'elle sera priée d'interposer son autorité pour que ce qu'elle prescrira soit ponctuellement executé.

Cette Deliberation a esté suivie du Reglement de Nosseigneurs des Requestes du Palais, qui n'admet que deux oppositions.

EXTRAIT

EXTRAIT DES REGISTRES
de la Communauté des Avocats & Procureurs.
de la Cour.
Du cinquiéme May 1687.

CE jour la Compagnie assemblée pour deliberer sur les expediens necessaires pour faire cesser les plaintes, qui ne font que trop frequemment faites de la longueur & de la peine qu'il y a de faire rendre les procés & instances, qui se retirent de Messieurs les Conseillers Rapporteurs, qui sont dans la necessité d'en accorder la communication, pour éviter aux inconveniens qui en arriveroient, si elle estoit prise sans déplacer, aprés y avoir deliberé.

I.

A arresté, sous le bon plaisir de la Cour, que la Compagnie sera exhortée de se conformer à l'esprit de l'Ordonnance, de donner tous ses soins pour contribuër à l'expedition qu'ils feront entr'eux la plus prompte qu'ils pourront, s'accorderont des delais necessaires, executeront avec sincerité les paroles qu'ils se donneront, & feront tout ce qui dépendra de leur ministere, avec l'union qui doit estre entr'eux pour remplir leur devoir.

II.

Les instances & procés qui seront retirez pour la premiere fois de Messieurs les Rapporteurs, seront rendus quinzaine aprés que les Procureurs en seront chargez, pendant lequel temps ils feront leurs diligences de faire travailler aux écritures, exhorteront les Avocats qu'ils en chargeront, de leur en faire expedition : s'ils l'obtiennent plûtôt, ils les rendront sans attendre que le délay soit expiré.

III.

Ceux qui seront prestez pour seconde communication, & les incidens, seront rendus dans la huitaine, & les productions nouvelles trois jours aprés la communication.

IV·

Aprés les délais expirez, les Procureurs seront tenus sans aucune sommation ny procedures, de remettre les procés & instances, faute de satisfaire sur la premiere plainte qui en sera portée à la Communauté, ils seront mulctez de peine arbitraire envers les pauvres de la Compagnie, & à faute de s'y trouver pour y dire leurs raisons,

II. Part.   R

ſi aucunes ils ont, le Procureur qui ſe plaindra ſera aſſiſté des Procureurs de Communauté à la Chambre contre le Procureur refuſant , pour y demander ſa ſuſpenſion , & en porter la plainte au Parquet de Meſſieurs les Gens du Roy.

V.

N'entreront en taxe contre les parties , que trois ſommations pour la reddition des procés & inſtances ſeulement , ſans aucunes autres procedures.

V I.

Lors que les procés , inſtances ou incidens ſeront preſtez par Meſſieurs aux Procureurs , aux conditions de les remettre dans un temps prefix , ils y ſatisferont ponctuellement ſur les mêmes peines.

V I I.

S'il arrive que les Procureurs ſoient dans l'impoſſibilité de rendre les procés & inſtances dans les délais cy-devant marquez, ils ſe retireront à leurs Confreres pour leur accorder le temps neceſſaire, & la Compagnie eſt exhortée de ne ſe point refuſer ce qui ira au bien de la Juſtice.

V I I I.

En cas de refus des délais neceſſaires, le refuſant ſera ſommé de ſe trouver à jour certain à la Communauté , pour y eſtre pourvû , & les Procureurs ſeront reſpectivement obligez de comparoir , autrement le défaillant ſera mulcté de peine. Signé , D E L A M A R E.

ARREST DU CONSEIL D'ESTAT DU ROY,

Qui ordonne que les Officiers dont les Charges ſeront ſaiſies réellement demeureront interdits, conformément à la Declaration de Sa Majeſté du mois de Fevrier 1683.

Rendu le vingt-huitième Janvier 1688.

SUR la Requeſte preſentée au Roy en ſon Conſeil par Richard Vallon Ecuyer, Seigneur de Mimeure, ancien Conſeiller au Parlement de Dijon : Contenant, que pour avoir payement de pluſieurs années d'arrerages à luy dûs d'une rente de ſix mille livres en principal , conſtituée par Meſſire Eſtienne Milliere , Conſeiller

Clerc audit Parlement de Dijon ; il auroit fait saisir réellement, il y a trois ans, sondit Office de Conseiller Clerc, & satisfait aux formalitez requises par l'Edit de Fevrier 1683. concernant la vente des Offices. Mais ledit sieur Milliere au lieu de penser aux moyens de satisfaire ses creanciers opposans, qui sont en grand nombre, auroit appliqué tous ses soins à les vexer & fatiguer, par de frequentes appellations & oppositions, dont les frais consomment une partie de la valeur dudit Office, qui est tout son bien ; car il auroit interjetté appel de l'enregistrement de ladite saisie réelle faite de l'autorité des Requestes du Palais à Dijon, sous pretexte de certaines offres inutiles ; & ensuite évoqué sur les parentées dudit Sieur de Mimeure & autres creanciers l'appellation, laquelle auroit esté renvoyée par Arrest du Conseil au Parlement d'Aix, où est intervenu Arrest contradictoire le 26. May dernier 1687. par lequel il auroit esté debouté de son appel, avec amande & dépens. La saisie réelle & procedures confirmées ; & faisant droit sur les Requestes incidentes dudit Sieur de Mimeure, il auroit esté ordonné audit Sieur de Milliere de passer dans quinzaine procuration *ad Resignandum* de sondit Office de Conseiller Clerc, sinon que l'Arrest vaudroit procuration ; lequel Arrest auroit esté signifié dans les formes prescrites par le susdit Edit de 1683. Sçavoir, au Procureur dudit Sieur Milliere à Aix, le 4. Juin ensuivant, audit Sieur Milliere à Dijon, en son domicile, l'onziéme du même mois, & au Greffier dudit Parlement de Dijon, le treiziéme du même mois : de maniere que suivant ledit Edit, il auroit esté interdit des fonctions de sa Charge trois mois aprés la signification du susdit Arrest, qui expiroient le 13. Septembre ensuivant ; neanmoins il auroit affecté de se faire deputer pour la Chambre des Vaccations, dont ledit Sieur de Mimeure ayant esté averti, auroit sommé & interpellé ledit Sieur Milliere de s'abstenir de l'exercice de sa Charge, & fait deux sommations audit Sieur Procureur General dudit Parlement de Dijon, le 24. Aoust & 18. Septembre audit an ; par lesquelles il auroit esté requis de tenir la main à l'execution de l'Edit, & d'en empêcher la contravention. Mais ces diligences n'ayant rien operé, & ledit Sieur Milliere ayant recommencé l'exercice de sa Charge à l'ouverture du Parlement ; cela auroit obligé ledit Sieur de Mimeure de presenter Requeste audit Parlement le 26. Novembre dernier, pour faire ordonner que led. Sieur Milliere demeureroit interdit des fonctions de sa Charge, suivant ledit Edit ; laquelle Requeste ayant esté signifiée audit Sieur Milliere,

R ij

il en auroit donné une contraire le même jour , pour empêcher les
fins , par laquelle il auroit exposé contre verité : Premierement,
que le Suppliant estoit entierement payé. Secondement,qu'il s'estoit
pourvû au Conseil en cassation de l'Arrest de Provence. Troisié-
mement , qu'il ne pouvoit proceder au Parlement de Dijon , à
cause des parentées du Suppliant. Et en quatriéme lieu , que l'Edit
de 1683. ne pouvoit estre appliqué au sujet dont il s'agit ; parce qu'il
avoit offert la procuration avant ledit Arrest de Provence ; Tous
lesquels faits auroient esté soûtenus faux & supposez par le Suppliant, par une Requeste de contredits, & réponse qu'il auroit presentée à cette fin le premier Decembre audit an, excepté qu'il seroit
demeuré d'accord que ledit Sieur luy auroit fait signifier un acte ,
par lequel il luy declaroit qu'il estoit opposant audit Arrest de Provence ; mais une telle opposition ne pouvoit operer aucun effet contre un Arrest contradictoire comme celuy-là , ny même quand ledit
sieur Milliere auroit presenté une Requeste au Conseil en cassation
d'iceluy ; puisque , suivant le dernier Reglement, les demandes en
cassation doivent estre reçûës par Arrest : Et quand même elles sont
reçûës , elles n'empêchent point l'execution des Arrests dont on se
plaint. Et pour ce qui est de la procuration de resignation qu'il dit
avoir offerte , c'est un fait qui n'est pas veritable, ainsi qu'il est dit
cy-devant : Et de plus , il faut un encherisseur & un adjudicataire ;
& si la raison dont il se veut servir avoit lieu , il seroit en son pouvoir de chicaner tant qu'il luy plairoit , sans qu'aucun jugement le
pût reduire à la necessité de se défaire de sa Charge ; neanmoins seroit intervenu Arrest contradictoire dudit Parlement de Dijon sur
toutes lesdites Requestes, ledit jour premier Decembre 1687. par
lequel il auroit esté ordonné que les parties se pourvoiroient;de sorte qu'il ne reste plus d'autre voye audit Sieur de Mimeure pour
faire prononcer sur ladite interdiction , que celle de recourir à la
Justice du Conseil , puisque le Parlement de Dijon la luy a refusée,
sur ce qu'apparemment il s'est jugé incompetent d'en connoistre , à
cause de l'évocation qui a esté faite de l'appel de ladite saisie réelle,
& renvoi d'iceluy au Parlement d'Aix sur les parentées du Suppliant , suivant l'Arrest du Conseil cy-dessus : Et pour ce qui est
dudit Parlement d'Aix , il ne peut connoistre de ladite interdiction;
parce qu'il n'y a plus rien dépendant pardevant luy , ayant jugé ledit appel de la saisie réelle. Et de plus, ce n'est point le Parlement
où ledit Sieur Milliere fait ses fonctions au prejudice de l'Edit, ce
different & cette contestation se decident par les termes dudit Edit;

il porte, article huit, que quand il auroit esté ordonné par un Jugement contradictoire, ou rendu partie dûëment appellée, dont il n'y
aura point d'appel, ou qui aura esté confirmé par Arrest, que le
Titulaire de l'Office sera tenu de passer sa procuration *ad Resignandum* ; sinon que l'Arrest vaudra procuration, l'Officier demeurera
de plein droit interdit de la fonction de sa Charge, trois mois aprés
la signification dudit Jugement, fait à personne ou domicile dudit
Officier, & au Greffier du lieu d'où dépend & où se fait la principale fonction de la Charge saisie, & ce en vertu dudit Jugement,
sans qu'il puisse estre reputé comminatoire, ny qu'il en soit besoin
d'autre, & sans que les Juges, pour quelque cause que ce soit,
puissent proroger ou renouveller ledit delai, dans les termes duquel
Edit se trouvent les parties ; puisque par ledit Arrest contradictoire
de Provence, il a esté ordonné audit Sieur Milliere de donner sa
procuration *ad Resignandum*, & que tous les actes & significations
requises & necessaires en ont esté faites, comme il est justifié cy-
dessus par les actes des 11. & 13. Juin, 24. Aoust & 18. Septembre
dernier 1687. Et même le Sieur Procureur General audit Parlement de Dijon, a esté requis par les mêmes actes & sommations de
tenir la main à l'execution de l'Edit, & d'empêcher que ledit Sieur
Milliere ne fît les fonctions de sa Charge, au prejudice de ce qui
est porté par iceluy audit article huit. Il importe audit Sieur Mimeure de faire prononcer sur l'interdiction dudit Sieur Milliere, &
qu'il sera passé outre aux publications de son Office & délivrance ;
parce que c'est l'Edit qui le veut ainsi : Et encore, parce que tant
que l'on voit un tel Officier continuer les fonctions de sa Charge
durant que le decret s'en poursuit, l'on a de la peine à trouver des
encherisseurs ; parce qu'ils sont intimidez par sa presence dans le
Siege & dans les fonctions : sur tout, les Procureurs n'osent se
charger de faire aucunes encheres ; outre que cela donne de la facilité à l'Officier de faire des brigues dans sa Compagnie : au lieu
que s'il estoit dépossedé actuellement de l'exercice, & qu'il n'en-
trât point, les encheres en seroient beaucoup plus libres, & les
creanciers qui ont presté leur argent de bonne foy ne se trouveroient pas fatiguez & éloignez dans les poursuites qu'ils font pour
avoir leur payement : joint à cela les frequentes appellations & oppositions que ledit Sieur Milliere a formées, & se prepare encore
de faire. Car non content d'avoir interjetté une premiere appellation frivole de l'enregistrement de la saisie réelle de sondit Office,
jugée au Parlement d'Aix par le susdit Arrest, qui a déja causé de

grands frais au Suppliant. Il a formé opposition contre ledit Arrest par un acte de sommation ; & ensuite le Suppliant luy ayant fait signifier une premiere publication le huit Novembre audit an, pour parvenir à la vente dudit Office, ledit Sieur Milliere auroit fait signifier à tous les Curez de la ville de Dijon, des oppositions à la publication, à laquelle opposition ils ont deferé, & aucune publication n'a esté faite ; de sorte que s'il n'y est mis ordre par la Justice du Conseil, ledit Sieur Milliere fatiguera ses creanciers, & leur causera des frais immenses, dans l'impuissance où il est de les satisfaire, ne payant aucuns arrerages, & les laissant accumuler ; n'ayant autre bien en propre que ledit Office, qu'il a acheté sur la bourse du Suppliant, & autres creanciers, ausquels il est specialement hipotequé. Requeroit A CES CAUSES le Suppliant qu'il plût à Sa Majesté, en consequence du susdit Arrest contradictoire du Parlement de Dijon, dudit jour premier Decembre 1687. portant que les parties se pourverroient, ordonner que conformément audit Edit du mois de Fevrier 1683. article 8. & audit Arrest contradictoire du Parlement de Provence, dudit jour 26. May 1687. ledit Sieur Millier sera tenu dans un mois, pour tout delai, de passer sa procuration *ad Resignandum* de sondit Office de Conseiller Clerc au Parlement de Dijon, à compter du jour de la signification qui luy sera faite à personne ou domicile, de l'Arrest qui interviendra sur la presente Requeste ; sinon, & à faute de ce faire dans ledit temps, & iceluy passé, sans qu'il soit besoin d'autre signification ny Arrest, ledit Sieur Milliere demeurera de plein droit interdit des fonctions & exercice de sadite Charge de Conseiller Clerc, avec défenses à luy d'y entrer & prendre séance, ny de se trouver aux Audiences, ny à aucun rapport de procés, ny d'en faire aucun de sa part. Enjoindre au Sieur Procureur General audit Parlement de tenir la main à l'execution dudit Edit, & de l'Arrest qui interviendra sur la presente Requeste, à peine de desobeïssance : Ordonner en outre que conformément audit article 6. il sera procedé à l'adjudication dudit Office, aprés les trois publications y portées, qui seront faites de quinzaine en quinzaine, aux lieux & en la maniere accoûtumée ; & ce nonobstant toutes oppositions ou appellations quelconques, faites & à faire, pour lesquelles ne sera differé, requerant dépens. VEU ladite Requeste, signée Champeaux, Avocat au Conseil, l'Edit du mois de Fevrier 1683. Arrest contradictoire du Parlement de Provence du 26. May 1687. avec les significations d'iceluy estant au bas. Acte du 24. Aoust audit an, de sommation au Sieur Procureur General de Dijon, avec signification de l'Arrest d'Aix & autres pieces. Autre Acte du 18. Septembre audit an, de sommation audit Sieur Milliere de s'abstenir des fonctions de sa Charge, & encore audit Sieur Procureur General de tenir la main. Requeste dudit Sieur de Mimeure du 26. Novembre 1687. à fin d'interdiction, presentée audit Parlement de Dijon. Requeste respective dudit Sieur Milliere du même jour. Autre Requeste du premier Decembre servant de contredits. Ledit Arrest du Parlement de Dijon du premier Decembre ensuivant, portant que les parties se pourverroient, avec la signification d'iceluy audit Sieur Milliere, & autres pieces attachées à ladite Requeste. Oüy le rapport du Sieur Chamillard Commissaire à ce deputé ; Et tout consideré : LE ROY EN SON CONSEIL a ordonné & ordonne, que la Declaration du mois de Fevrier 1683. sera executée selon sa forme & teneur ; & conformément à icelle, que le Sr de Milliere Conseiller Clerc au Parlement de Dijon, demeurera interdit des fonctions de sa Charge, faute d'avoir satisfait à l'Arrest du Parlement de Provence du 26. May 1687. dans le delay porté par ladite Declaration. Enjoint Sa Majesté à son Procureur General au Parlement de Dijon, de faire executer le present Arrest, & de tenir la main à l'avenir à l'observation exacte de ladite Declaration. FAIT au Conseil Privé du Roy, tenu à Versailles le 26. jour de Janvier 1688. Signé, DESVIEUX.

Collationné à l'Original, par Nous Conseiller-Secretaire du Roy, Maison, Couronne de France & de ses Finances.

DECLARATION SUR L'EXECUTION
de la Declaration de 1669.

Extrait des Registres des Deliberations de la Communauté des Avocats & Procureurs de la Cour.

Du 11. Avril 1688.

CE jour la Compagnie assemblée deliberant sur la question de sçavoir, Si un Arrest portant que les parties contesteront plus amplement sur une demande, écriront & produiront, l'on

peut , aprés la demande & contestation plus ample , formée par une
Requeste , produire en vertu dudit Arrest , sans attendre que les
défenses ayent esté fournies , sans obtenir un nouvel appointement
en droit.

Arresté sous le bon plaisir de la Cour , qu'en consequence d'un
Arrest conçû dans les termes cy-dessus , il est necessaire , aprés la
contestation plus ample , formée par une Requeste, de poursuivre
le défendeur , de fournir de défenses , & faute d'en fournir , faire
juger un défaut qui doit porter jonction à l'instance , en cas qu'il
reste quelqu'autre contestation à juger entre les parties en execution dudit Arrest ; sinon doit porter adjudication des conclusions ,
& en cas qu'il y eût des défenses fournies , s'il y reste d'autres contestations à juger entre les parties , la demande doit estre reglée sur
une Requeste comme un incident , sinon doit estre offert & obtenu
un appointement en droit au Greffe , sans qu'il soit besoin de mettre la Cause au Rôlle , en vertu duquel ayant esté produite au
Greffe , l'affaire sera distribuée en la maniere accoûtumée.

EXTRAIT DES REGITRES
de Parlement.

Du seiziéme Decembre 1683.

CE jour sur les plaintes faites en presence des Gens du Roy ,
par les Procureurs de Communauté des surprises qui arrivent
en l'expedition des Arrests d'Audience qui sont delivrez sur des
qualitez non signées des Procureurs qui se trouvent souvent contraires à ce qui a esté plaidé & jugé. Oüy lesdits Gens du Roy en leurs
conclusions : La matiere mise en déliberation.

La Cour ordonne, qu'il ne sera delivré aucuns Arrests & Jugemens que les qualitez sur lesquelles ils seront expediez ne soient
signées par le Procureur qui en requerra l'expedition ; auquel lad.
Cour enjoint de les rendre conformes aux appellations , requestes
& demandes sur lesquelles on aura plaidé. Fait defenses aux Huissiers d'en faire les significations qu'elles ne soient signées , à peine par
ceux qui contreviendront , des dommages & interests des parties &
d'estre mulctez de vingt livres de peine aux pauvres de la Communauté , pour la premiere fois & de suspension en cas de recidive.
Et sera le present Arrest , lû , publié à la Communauté des Avocats

&

& Procureurs de ladite Cour. FAIT en Parlement le 16. Decembre 1688. Signé, DONGOIS.

Lû & publié en la Communauté des Avocats & Procureurs de la Cour, par moy Greffier d'icelle, sous-signé, le 20. Decembre 1688. Signé, TUAULT.

EXTRAIT DES REGISTRES
de la Communauté des Avocats & Procureurs de la Cour.

Deliberation de la Communauté, portant injonction aux Procureurs de s'y trouver pour répondre aux plaintes qui font faites de leurs procedures.

Du Jeudy 16. Decembre 1688,

CE jour la Compagnie ayant deliberé fur le mépris que font la plufpart des Procureurs, de comparoir à la Communauté, pour répondre aux plaintes qui font contr'eux faites de leurs procedures, & du manque d'expedition, quoy que les Arrefts de la Cour qui donne à la Communauté l'infpection fur icelle, leur enjoignent de s'y trouver, fous des peines pecuniaires, même d'interdiction, abufans de l'indulgence qu'on a euë de les exempter, ou décharger plufieurs fois des peines qu'ils ont encouruës.

A arrefté fous le bon plaifir de la Cour, qu'en conformité & fuivant les Arrefts & Reglemens de la Cour, les Procureurs feront tenus de comparoir à la Communauté, pour répondre aux plaintes qui font contr'eux faites, & à faute de s'y trouver par eux, ou leurs Subftituts, en cas d'abfence ou indifpofition à la feconde fommation qui leur fera faite, ils demeureront mulctez de dix livres envers les pauvres, qui font aux charitez de la Compagnie, & à la troifiéme, de la peine qui fera arbitrée, outre laquelle les Procureurs de Communauté iront au Parquet de Meffieurs les Gens du Roy, & à la Grand' Chambre en porter leurs plaintes, & pour leur contumace demander leur fufpenfion, fans qu'à l'avenir, pour quelque caufe & pretexte que ce foit, aucun Procureur puiffe eftre déchargé des peines qui auront efté contre luy prononcées, dont il fera fait un Rôlle tous les trois mois, qui fera ponctuellement executé. Signé, TUAULT Greffier.

II. Part.   S

*Extrait des Regiſtres de la Communauté des Avocats
& Procureurs de la Cour.*

Deliberation, pour ne point donner d'appointemens aux Clercs.

Du Mercredy vingt-deuxième Decembre 1688.

CE jour arreſté, que dorénavant il ne ſera point ſouffert
que les Procureurs faſſent aucun traité ny paction pour
leurs droits ; qu'ils donnent aucuns apointemens à leurs Clercs ; &
que les Procureurs de Communauté verront Monſeigneur le
Premier Preſident & Monſeigneur le Procureur General, pour
les prier de trouver bon la deliberation qui en ſera faite , &
qu'elle ſoit omologuée.

*Extrait des Regiſtres de la Communauté des Avocats
& Procureurs de la Cour.*

Deliberation, pour ne répondre les Requeſtes qu'aux Rapporteurs.

Du ſeptiéme Fevrier mil ſix cens quatre-vingt-neuf.

CE jour, la Compagnie a eſté avertie que Noſſeigneurs des
Requeſtes de l'Hoſtel ont arreſté, que lors qu'il y aura
Rapporteur , toutes les Requeſtes qui ſeront données aux inſtances ne pourront eſtre réponduës que par luy ; que ſi les Procureurs y contreviennent, ils les en rendront reſponſables , auſſi
bien que les Greffiers qui les répondront : Exortant la Compagnie
de ſe conformer à l'ordre de la Cour, & ne pas tomber dans la
contravention.

Extrait des Regiſtres de Parlement.

Arreſt , portant Reglement pour la diſcipline que les Procureurs &
Clercs doivent obſerver.

Du mois de Juillet mil ſix cent quatre-vingt-neuf.

VEU par la Cour la Requeſte à elle preſentée par la Communauté des Procureurs d'icelle , contenant que pour
maintenir la diſcipline en leur Compagnie & obſerver ce qui leur
eſt preſcrit par les Arreſts & Reglemens de ladite Cour , ils ont
par leur Deliberation du 30. Avril dernier, arreſté , ſous le bon

plaifir d'icelle, des articles qui vont à l'expedition & au bien de la Juftice , dont ils font confeillez de demander l'omologation; requeroient qu'il plût à ladite Cour omologuer l'Acte de deliberation pour eftre executé felon fa forme & teneur; & à cette fin que le prefent Arreft feroit lû & publié en la Communauté des Avocats & Procureurs de ladite Cour , vû auffi ledit Acte dont la teneur enfuit. Extrait des Regiftres des Deliberations de la Communauté des Avocats & Procureurs de la Cour , du trentiéme Avril 1689.

Ce jour la Compagnie aprés avoir deliberé fur l'ordre neceffaire pour maintenir entr'elle la difcipline , & obferver ce qui eft prefcrit par les Arrefts & Reglemens.

I.

Arrefté fous le bon plaifir de la Cour , que tous les Procureurs feront leurs foûmiffions au Greffe de la Communauté , de ne prendre ny tenir chez eux aucuns Clers & autres perfonnes pour travailler en leurs Etudes , aufquels ils donneront des appointemens, que ceux qui en ont qui en reçoivent feront tenus de les mettre dehors, & d'en faire leur declaration.

II.

Qu'aucun Procureur ne pourra avoir que des Clercs qui feront actuellement la fonction en leurs Etudes , fans qu'ils puiffent leur donner autre retribution que celle des affiftances ordinaires qu'ils voudront leur accorder.

III.

Que tous ceux qui fe trouveront à l'avenir avoir pris gages ou appointemens ne feront point reputez pour Clercs, non plus que ceux qui porteront épées en faifant la fonction de Clercs, & ne pourront eftre admis pour exercer la Charge de Procureur.

IV.

Que s'il s'en trouve qui ayent la qualité d'Avocats, prenant gages des Procureurs , ou faifant des traitez & pactions avec eux pour les écritures , la plainte en fera portée par les Procureurs de Communauté à Monfieur le Bâtonnier , pour le prier d'y pourvoir , & demander à la Cour qu'ils foient rayez de la matricule.

V.

Que les Procureurs qui contreviendront & fe trouveront convaincus avoir donné des gages ou appointemens à aucuns Clercs ou autres travaillans pour leurs Etudes , demeureront fufpendus

de leur fonction pour six mois, & multez de cent livres aux pauvres de la Communauté, & en cas de recidive privez à toûjours de
l'exercice de leurs Charges.

VI.

Ne pourront les Procureurs, suivant qu'il leur est prescrit
par les Arrests & Reglemens de la Cour, faire aucuns traitez,
composition ou pactions pour leurs droits en quelque maniere,
& sous tels pretextes que ce soit, à peine d'estre rayez de la matricule.

VII.

Sera nommé tous les ans quatre Procureurs pour prendre le
nom des Clercs actuellement demeurans chez les Procureurs, &
recevoir leur declaration à laquelle ils les tiennent, & s'informer
de l'emploi qu'ils font en leurs Etudes, & de leurs mœurs.

VIII.

Que les comptes & pieces sujettes à communication qui seront
prestez par Messieurs les Rapporteurs, seront rendus ponctuellement dans le temps qu'ils prescriront, qui sera marqué par les
recepissez qui en seront donnez.

IX.

Que faute d'y satisfaire sur la premiere plainte qui en sera portée à la Communauté, le Procureur refusant qui sera jugé en demeure, sera mulcté de la peine qui y sera arbitrée, envers les
pauvres de la Communauté, qui ne pourra estre moindre de 20. l.
outre laquelle sera pourvû aux dommages & interests des parties,
tant par la peine du sejour que de la suspension qui sera contre
luy demandée par les Procureurs de Communauté, qui tiendront
la main à l'execution des avis, sans qu'ils puissent décharger le
Procureur des peines qui seront prononcées, qu'il payera en son
nom, avec les frais ausquels il aura donné, lieu sans les pouvoir
repeter.

X.

Que les Procureurs ne pourront, dans les affaires où l'interest
sera opposé, occuper sous le nom de leurs Substituts ou de leurs
Confreres, ny en prendre la conduite directement ou indirectement, à peine d'estre rayez de la matricule.

XI.

Que dans celles où pour le bien de leurs parties ils seront dans
la necessité de prendre le nom de leurs Confreres, lors qu'il y aura des plaintes de leur procedure, ceux qui occuperont sur le

pouvoir de leurs Confreres, feront obligez de le declarer à la Compagnie, fans qu'ils puiffent prendre entr'eux aucuns appointemens, ny paffer d'Arrefts prejudiciables aux parties oppofées.

XII.

Ne pourront auffi dans les ordres ny preferences qu'ils pourfuivront directement ny indirectement, charger un Procureur d'y occuper pour fe donner un ancien, ny le Procureur recevoir le pouvoir de fon Confrere, & s'immifcer d'y occuper qu'il ne foit chargé par les parties, le tous fout les mêmes peines.

XIII.

Que toutes fignifications & denonciations neceffaires qui feront faites, les copies en feront données correctes & lifibles, avec une marge au moins d'un pouce, & on cottera au Procureur auquel lefdites fignifications feront faites le nom de fa partie, à peine de nullité, & de n'en pouvoir repeter les frais.

XIV.

Qu'il ne fera obtenu aucun Arrefts fur Requefte qu'en conformité de l'Ordonnance, & ne feront les Audiances pourfuivies, que le nom de l'Avocat, lorfqu'il y en aura de chargé pour plaider, ne foit cotté dans les Actes qui feront fignifiez.

XV.

Au furplus, obferveront tous les Procureurs les Reglemens, & ne feront aucune procedure que fuivant qu'elle leur eft prefcrite, & en cas de plainte feront tenus de comparoir à la Communauté pour en rendre compte, & où ils fe trouveront indifpofez, y faire trouver leurs Subftituts, à peine d'eftre multez de fufpenfion. Signé, Tuault. Ledit Avis attaché à ladite Requefte, fignée, Gillet, Prieur, la Fouaffe, de la Mare, & Tuault anciens Procureurs, Conclufions du Procureur General du Roy, oüy le rapport de M. Jean Bochart Confeiller: Tout confideré, LA COUR a omologué & omologue ledit Acte de deliberation dudit jour 30. Avril dernier; Ordonne qu'il fera exccuté felon fa forme & teneur: à cette fin fera le prefent Arreft lû & publié en la Communauté des Avocats & Procureurs de ladite Cour. FAIT en Parlement le 19. Juillet 1689. Collationné, Fauvelet. Signé, DU TILLET.

Lû & publié à la Communauté des Avocats & Procureurs de la Cour, par moy Greffier d'icelle, fous-figné, le 28. Juillet 1689. Signé, TUAULT.

ARREST DE REGLEMENT,

Concernant les appointemens à mettre.

Du 25. Novembre 1689.

CE jour, les Grand' Chambre & Tournelle assemblées, les Gens du Roy sont entrez, & Maistre Denis Talon, Avocat dudit Seigneur Roy, portant la parole ; Ont dit, que suivant l'arreste de la Cour du 14. de ce mois, les Procureurs s'estoient assemblez pour aviser aux moyens de retrancher les procedures inutiles des appointez à mettre, & d'en diminuer les frais, qu'ils estoient au Parquet des Huissiers, & apportoient le resultat de leur Communauté ; & à l'instant les Procureurs de Communauté mandez, aprés qu'en leur presence lecture a esté faite dudit resultat du 16. du present mois de Novembre, & qu'ils se sont retirez : Oüis les Gens du Roy en leurs conclusions, qui ont dit, que le resultat de la Communauté des Procureurs leur paroist tres-avantageux au public, qu'il fixe les frais des appointez à mettre, qui dans les derniers temps estoient montez à des sommes excessives, qu'il arrivoit souvent beaucoup de surprises, lors que l'on mettoit en jugeant sur des Requestes ; Ceux contre qui elles estoient presentées, n'ayant pas le loisir d'y répondre avant le jugement de l'appointé à mettre : Que cependant l'experience nous apprend qu'on est quelquefois obligé dans le cours d'un appointement à mettre de presenter des Requestes incidentes, connexes & dependantes de la premiere demande, qu'alors il n'y a point d'inconvenient qu'elles soient réponduës d'un, soit communiqué à Partie, pour y répondre dans le jour ou dans tel autre delai qu'il plaira à la Cour de prescrire, & y estre fait droit en jugeant ; par exemple, si celuy qui demande des défenses d'executer une Sentence qui le condamne au payement d'une somme, est emprisonné pendant l'instruction d'un appointement à mettre, ou si l'on fait sur luy quelque saisie réelle ou mobiliaire, il peut par une Requeste incidente demander l'élargissement de sa personne ou la main-levée des saisies de ses biens ; & une demande de cette nature est tellement la suite de la premiere, qu'elle peut estre jugée aprés un soit communiqué, & qu'elle ne demande pas une plus grande instruction ; mais quand il sera question de demandes nouvelles, l'ordre de la Justice veut qu'elles soient poursuivies à l'ordinaire, & on n'en doit pas mêler & accumuler plusieurs ensemble, à moins qu'en connoissance de cause, il n'intervienne un Arrest de jonction ; eux retirez. La matiere mise en deliberation : LA COUR a ordonné que le resultat de la Communauté des Procureurs de la Cour du 16. Novembre demeurera homologué ; & en consequence, que tous les frais qui seront faits dans lesdites instances appointées à mettre, compris le debousé, même l'Arrest de Reglement, & tout ce qui sera fait jusqu'à celuy qui prononcera sur lesdites instances, ne pourront exceder la somme de vingt livres pour quelque cause & pretexte que ce puisse estre, soit pour le demandeur ou pour le défendeur, & que le Procureur ne pourra compter ny faire payer plus grande somme à sa partie. Que si le demandeur se trouve obligé depuis sa demande d'expliquer, d'étendre ou de restraindre ses conclusions, ou si le défendeur veut de sa part former quelques demandes, en cas qu'elles se trouvent dépendantes de la premiere ; lesd. Requeltes seront réponduës d'une Ordonnance portant qu'elles seront signifiées à la partie, pour y répondre si bon luy semble dans le temps qui sera préfini, lequel ne pourra estre plus long de trois jours, & y estre fait droit en jugeant, sans neanmoins que sous ce pretexte ny aucun autre les défendeurs puissent former des demandes semblables aux conclusions qu'ils ont prises par leurs défenses, ou qui produisent le même effet : Ordonne pareillement qu'encore que les dépens soient adjugez sur lesdites instances appointées à mettre, le Procureur n'en fera aucune declaration, & ne pourra pretendre aucuns droits pour la taxe ; & que lors qu'ils seront employez dans des Declarations qui pourroient estre données en consequence des Arrests diffinitifs, il n'y aura qu'un seul article ; que pour ce qui concerne les oppositions à l'execution des Arrests obtenus faute de comparoir ou de défendre, lors qu'elles viendront dans la huitaine en conformité de l'Ordonnance, les parties procederont comme elles auroient pû faire avant l'Arrest, sauf à faire regler à la Communauté le remboursement des frais, s'il y échet, & sans que les oppositions de cette qualité puissent faire la matiere d'une plaidoirie ny d'une instance ; & en cas qu'il s'en fasse, les frais en seront portez par le Procureur, qui l'aura faite, sans repetition même contre sa partie, & où il se trouvera difficulté sur la fin de non recevoir, les parties se retireront au Parquet des Gens du

Roy, pour y eftre reglées fans autre procedure que la fimple fommation de s'y trouver en conformité de l'avis de la Communauté. FAIT en Parlement le vingt-cinquiéme Novembre 1689. Signe, DU TILLET.

DECLARATION DU ROY,

Portant confirmation des Declaration du 15. Mars 1673. & Edit du mois de Iuin 1683. touchant l'ordre que Sa Majefté veut que l'on garde dans l'adminiftration de la Iuftice, pour faciliter l'expedition des affaires d'Audience qui fe rencontrent en plus grand nombre: Avec permiffion à la Grand' Chambre de la Cour, de renvoyer quelques Requeftes Civiles aux Audiences d'aprés dîner, quand elles feront en trop grande quantité.

Verifiée en Parlement le 25. Novembre 1689.

LOUIS par la grace de Dieu, Roy de France & de Navarre: A tous ceux qui ces prefentes Lettres verront, Salut. Outre les Ordonnances generales que nous avons fait pour l'adminiftration de la Juftice que nous voulons eftre renduë à nos Sujets, Nous avons encore eftimé à propos de prefcrire en particulier à noftre Cour de Parlement de Paris par noftre Declaration du 15. Mars 1673. & par noftre Edit du mois de Juin 1683. L'ordre que nous voulions qu'elle gardât à l'égard des differentes Audiences qu'elle donne, & des procés que nous avons permis que l'on y vifitât par Commiffaire. Et comme leur obfervation peut beaucoup contribuer au bien de la Juftice, & que nous defirons en même-temps de rendre plus facile l'expedition de certaines affaires qui s'y rencontrent en plus grand nombre. A CES CAUSES, fçavoir faifons, que nous de noftre propre mouvement, certaine fcience, pleine puiffance & autorité Royale, avons dit, declaré & ordonné, difons, declarons & ordonnons par ces Prefentes fignées de noftre main. Voulons & nous plaift, que noftred. Declaration & Edit foient executez ponctuellement fuivant leur forme & teneur; permettons neanmoins à la Grand' Chambre de noftredite Cour, lors qu'il y aura une trop grande quantité de Requeftes civiles, d'en envoyer quelques-

unes

unes par Arreſt aux Audiences d'aprés dîner ; en conſequence de
quoy elles pourront eſtre miſes aux premiers Rôlles qui ſe feront
pour leſdites Audiences. Permettons auſſi à ladite Grand' Chambre & à celle des Vacations, lors qu'une cauſe de la qualité de celles qui doivent eſtre plaidées à la Tournelle Civile, ſera portée ſur
quelque incident aux Audiences qui doivent y eſtre données les
Mercredis & Samedis, de faire conclure ſur l'appel les Avocats qui
l'auront plaidée, & de le juger ſur le champ, ſi le fond de la conteſtation eſt ſuffiſamment expliqué. Permettons pareillement de
faire plaider les Mercredis & les Samedis en la Grand' Chambre de
nôtred. Cour, aprés l'expedition des appointemens & des Requeſtes
qui ſont aux Petits Rôlles deſd. Audiences, des cauſes de la qualité
de celles qui doivent eſtre miſes aux Rôlles des Jeudis ; celles qui
regarderont l'eſtat des perſonnes, & autres dont l'expedition ne peut
eſtre retardée ſans un prejudice trop conſiderable pour ceux qui y
ſont intereſſez. Voulons qu'à cet effet il ſoit fait tous les mois &
ſans aucuns frais, par le Premier Preſident des Rôlles des cauſes
de cette qualité, leſquels ſeront publiez en la maniere accoûtumée,
& que l'on ne puiſſe ſe pourvoir par oppoſition ny autrement que
par des Lettres en forme de Requeſte Civile contre les Arreſts qui
auront eſté prononcez ſur leſdits Rôlles, dérogeant quant à ce ſeulement à noſdites Declarations du 15. Mars 1673. & Edit du mois de
Juin 1683. leſquels au ſurplus ſortiront leur plein & entier effet. Si
donnons en mandement à nos amez & feaux Conſeillers, les Gens
tenans noſtre Cour de Parlement à Paris, que ces Preſentes ils ayent
à faire lire, publier, & enregiſtrer, & le contenu en icelles, entretenir, garder & obſerver, ſelon ſa forme & teneur, ſans y contrevenir, ny ſouffrir qu'il y ſoit contrevenu en quelque ſorte & maniere que ce ſoit : Car tel eſt noſtre plaiſir. En témoin de quoy
Nous avons fait mettre noſtre ſcel à ceſdites Preſentes. Donne'
à Verſailles le 15. jour de Novembre, l'an de grace 1689. Et de
noſtre Regne le quarante-ſeptiéme. Signé, LOUIS ; Et ſur le
replis, Par le Roy, Colbert. Et ſcellé de cire jaune.

*Regiſtrées, oüy, & ce requerant le Procureur General du Roy, pour eſtre
executées ſelon leur forme & teneur, ſuivant l'Arreſt de ce jour. A Paris en
Parlement le 25. Novembre 1689. Signé, DU TILLET.*

ARREST DE LA COUR DE PARLEMENT,

Portant qu'il sera fait un nouveau Tarif des dépens qui seront adjugez en ladite Cour.

Du septiéme Decembre 1689.

Extrait des Regiſtres de Parlement.

CE jour les Gens du Roy ſont entrez, & Meſſire Denis Talon Avocat dudit Seigneur Roy, portant la parole, ont dit; Que les diſpoſitions de l'Ordonnance de l'an 1667. ayant changé pluſieurs choſes dans l'ordre de la procedure que l'on obſervoit auparavant ſa publication, le Tarif que la Cour avoit fait en l'an 1665. pour taxer les dépens qu'elle adjugeoit, ne ſuffiſant plus pour regler les differens qui s'y preſentoient; il eſtoit neceſſaire d'en dreſſer un nouveau: Requeroient qu'il y fût pourvû ſuivant les concluſions par eux priſes. Eux retirez, la matiere miſe en deliberation: LA COUR a ordonné & ordonne, qu'il ſera procedé inceſſamment à la confeCtion d'un nouveau Tarif des dépens que l'on y adjuge; Qu'à cet effet les Greffiers, Procureurs & Huiſſiers en icelle, enſemble ceux des Requeſtes du Palais & des autres Juriſdictions qui ſont dans l'enclos du Palais, & qui reſſortiſſent en la Cour: comme auſſi ceux du Châtelet; Enſemble les Commiſſaires d'iceluy & les Officiers des autres Juriſdictions établis dans cette ville de Paris, & qui reſſortiſſent en la Cour, mettront dans un mois entre les mains du Procureur General du Roy, des Memoires de toutes les Taxes qu'ils pretendent leur devoir eſtre adjugées; enſemble les pieces juſtificatives qu'ils pourront avoir pour l'établiſſement de leurſdits droits: Pour ce fait, eſtre procedé par la Cour à la confection dudit Tarif de dépens, ainſi qu'il appartiendra. Ordonne pareillement que les Officiers de tous les Sieges du reſſort ſeront tenus d'envoyer au Procureur General du Roy, dans trois mois aprés la publication qui y ſera faite du preſent Arreſt, les Tarifs de dépens qui ont eſté, ou qui ſeront faits dans leſdits Sieges, ſuivant l'Ordonnance de 1667. pour ce fait rapporté, eſtre ordonné par la Cour ce qu'il appartiendra. Fait en Parlement le ſeptiéme Decembre 1689. Collationné, Signé, DU TILLET.

ARREST DE LA COUR DE PARLEMENT,

Portant défenses à tous les Iuges du ressort d'ordonner l'execution provisoire de leurs Sentences pendant l'appel, sinon dans les cas portez par les Ordonnances.

Du 7. Decembre 1689.

EXTRAIT DES REGISTRES DE PARLEMENT.

CE jour les Gens du Roy sont entrez, Maistre Denis Talon Avocat dud. Seigneur Roy, portant la parole, ont dit, Qu'encore que les Ordonnances anciennes & modernes, & particulierement celle de 1667. ayent determiné en quels cas les Sentences peuvent estre executées nonobstant l'appel : cependant la pluspart des Juges inferieurs & subalternes abusant du pouvoir qui leur est confié, ordonnent presque toûjours que leurs Sentences, même diffinitives, seront executées par provision, bien qu'elles ne soient pas renduës sur des matieres sommaires, ny au chef de l'Edit des Presidiaux, ny en des affaires de police, & qu'elles ne prononcent point l'execution d'un Contract ou d'un Jugement, dont l'effet ne soit pas suspendu par un appel, & le desordre a passé si avant qu'en plusieurs Tribunaux l'on insere indistinctement dans toutes les Sentences, qu'elles seront executées nonobstant l'appel, & cela sans conoissance de cause, comme si cette clause estoit du stile ordinaire des Jugemens, ce qui produit un abus tres-considerable, tant parce que les Juges s'attribuënt une autorité qui ne leur appartient point, que parce que les Sujets du Roy souffrent souvent de tres-grandes vexations par ces executions provisoires, toûjours precedées d'une reception de caution, qui engage ceux qui font des poursuites de cette nature dans des frais inutiles, & dont pour l'ordinaire les Juges seuls & leurs Greffiers recuëillent de l'émolument. Qu'il arrive outre cela, que les parties contre qui l'on veut executer des Sentences diffinitives, qui ne doivent pas l'estre au prejudice de l'appel, sont obligez de venir en la Cour, d'y poursuivre & obtenir des Arrests de défense, ce qui ne se fait pas sans beaucoup de dépense : & l'on peut dire même que la licence que les Juges subalternes se donnent de prononcer l'execution provisoire de toutes leurs Sentences, sans regle & sans mesure, a fait

T ij

qu'on n'a peut-eſtre pas juſqu'icy eu toute l'exactitude neceſſaire
à refuſer les Arreſts de défenſe dans les cas où les Sentences des
premiers Juges ſe doivent executer nonobſtant l'appel. A quoy ils
croyent devoir ajoûter deux obſervations, l'une, qu'il arrive ſouvent que les Juges, aprés avoir prononcé l'enterinement des Lettres de reſtitution obtenuës par l'une des parties, & la reſolution
d'un contract, ordonnent que leur Sentence ſera executée nonobſtant l'appel, ce qui eſt un abus & une entrepriſe qui ne ſe peut
diſſimuler. L'autre, que les Sentences interlocutoires qui ne prononcent pas une ſimple inſtruction, & qui prejugent le fond, ne
ſe doivent pas executer au prejudice de l'appel hors les cas portez
par l'Ordonnance ; de ſorte qu'ils ſe trouvent obligez de ſuplier
la Cour d'apporter quelque remede à ce deſordre & à cette confuſion dont elle reçoit des plaintes frequentes, qu'ils eſtiment qu'il
eſt juſte de faire défenſes à tous Juges du reſſort, d'ordonner l'e-
xecution proviſoire de leurs Sentences pendant l'apel, ſinon dans
les cas portez par les Ordonnances, à peine de répondre de tous
les dépens, dommages & intereſts des parties, même de plus grande peine s'il y échet : & à cet effet, que lors qu'on prononcera l'e-
xecution proviſoire, la clauſe en ſeroit inſerée dans le jugement.
Faire pareilles défenſes aux Greffiers d'inſerer dans les Sentences
qu'ils expedieront, qu'elles ſeront executées nonobſtant l'apel, ſi
cela n'eſt expreſſément porté dans leurs minuttes des Sentences
renduës par raport, ou dans le Regiſtre du Plumitif à l'égard
des cauſes d'audiences, & ce à peine d'interdiction de leurs Charges, & de répondre en leurs noms des dommages & intereſts des
parties. Les Gens du Roy retirez, la matiere miſe en déliberation:
Ladite Cour fait défenſes à tous les juges du reſſort d'ordonner l'e-
xecution proviſoire de leurs Sentences pendant l'apel, ſinon dans
les cas portez par les Ordonnances, à peine de répondre de tous les
dépens, dommages & intereſts des parties, même de plus grande
peine s'il y échet, & à cet effet que lors qu'on prononcera l'execution proviſoire d'une Sentence, la clauſe & le motif en ſeront in-
ſerez dans le Jugement. Fait pareilles défenſes aux Greffiers d'inſerer dans les Sentences qu'ils expedieront, qu'elles ſeront executées nonobſtant l'apel, ſi cela n'eſt expreſſément porté dans les minutes des Sentences renduës par raport, ou dans le Regiſtre ou Plumitif à l'égard des cauſes d'Audiences ; & ce, à peine d'interdiction de leurs Charges, & de répondre en leurs noms des dommages & intereſts des parties, & ſera le preſent Arreſt lû, publié

& enregiſtré dans tous les Bailliages, Senéchauſſées & Sieges
du reſſort. Enjoint aux Subſtituts du Procureur General du Roy
d'y tenir la main, & d'en certifier la Cour au mois. Fait en Parlement le ſeptiéme Decembre 1689. Collationné. Signé,
DU TILLET.

D'ELIBERATION,

Pour declarer le nom des Avocats chargez des cauſes.

Extrait des Regiſtres de la Communauté des Avocats & Pro-
cureurs de la Cour.

Du Lundy neuviéme Janvier 1690.

CE jour la Compagnie aſſemblée pour deliberer ſur l'ordre neceſſaire pour éviter aux ſurpriſes qui ſe peuvent faire dans
les cauſes dont les Audiences ſont pourſuivies, & en celles qui
ſont apellées à tour de Rôlle; Monſieur le Bâtonnier ayant pris ſa
place.

Arreſté ſous le bon plaiſir de la Cour, que dans toutes les cauſes qui feront aux Rôlles, les Procureurs reſpectivement avant
de remettre le ſac & pieces pour plaider, feront tenus de declarer
par acte les noms de leurs Avocats, ſans qu'en aucunes deſdites
cauſes ils puiſſent, ny l'un ny l'autre, prendre deffaut ny congé
que ladite declaration du nom de leur Avocat n'ait eſté prealablement ſignifiée, à peine de nullité, & d'en demeurer par le Procureur reſponſable à ſon nom.

Et a eſté Monſieur le Bâtonnier prié de vouloir exhorter les
Avocats de ne demander aucun deffaut ny congé aux Audiences,
qui ne leur aparoiſſe de l'acte qui fera mention que leur nom a eſté
declaré au Procureur de la Partie; & afin de retrancher du Barreau ceux qui abuſent du nom & de la profeſſion d'Avocat, ſe
vouloir auſſi donner la peine de donner à la Compagnie le Tableau corrigé de Meſſieurs les Avocats qui pourront eſtre employez à la plaidoirie & aux écritures pour s'y conformer.

T iij

DELIBERATION,
Pour fignifier la Quittance d'amande.

Extrait des Regiftres des Deliberations de la Communauté des Avocats & Procureurs de la Cour.

Du vingtiéme Fevrier mil fix cent quatre-vingt-dix.

CE jour la Compagnie aprés avoir déliberé fur les moyens de remedier aux furprifes & fuppofitions des quittances d'amande qui peuvent arriver au fujet de la Confignation des amandes par le fait des Soliciteurs.

Arrefté fous le bon plaifir de la Cour, que pour éviter les inconveniens qui peuvent arriver en la fupofition des amandes au fujet de la confignation, les Procureurs à l'avenir n'en figneront aucunes copies qui ne leur apparoiffent de l'original, fur lequel la fignification qui échera d'en faire fera mife, fans qu'on les puiffe faire fignifier par acte, à peine par les Procureurs qui contreviendront, d'en demeurer refponfables.

DELIBERATION,
Sur l'ordre & la difcipline que les Procureurs doivent obferver.

Extrait des Regiftres des Deliberations de la Communauté des Avocats & Procureurs de la Cour.

Du vingt-hutiéme Avril 1690.

CE jour la Compagnie informée que nonobftant la deliberation du 30. Avril 1689. omologuée par Arreft de la Cour, plufieurs Procureurs pour fe donner des Anciens dans les inftances d'ordre & preference qu'ils pourfuivent, chargent leurs Confreres qui occupent fur leurs pouvoirs, qu'aprés le decés de Maiftre Jacques Aubert Sous-Doyen de la Communauté, il s'en eft trouvé un grand nombre : ce qui intereffe l'honneur de la Compagnie, auquel il eft neceffaire de pourvoir & d'y impofer une peine fi forte , qu'elle puisse arrester le desordre que cet abus cause.

Arresté sous le bon plaisir de la Cour , que suivant la deliberation de la Compagnie du 30. Avril , omologuée par Arrest , tous Procureurs qui occupent sur les pouvoirs de leurs Confreres , ne pourront dans les instances d'ordre & de preference estre reconnus pour Anciens , ny les Procureurs poursuivans qui les auront chargez , faire aucunes poursuites ny procedure en ladite qualité avec eux , à peine de nullité , & de répondre en leurs noms des dommages & interests des parties ; que tous ceux qui ont des pouvoirs de cette qualité seront tenus de les mettre au Greffe de la Communauté , même ceux qui les auront donnez , en faire leur declaration dans quinzaine, aprés lequel temps ceux qui seront trouvez en contravention , tant celuy qui aura fait la fonction d'Ancien que le Procureur qui l'aura chargé , seront rayez de la Matricule, & mulctez de peine arbitraire envers les pauvres de la Communauté. Ne sera aussi fait par le poursuivant dans les instances de preference & d'ordre que les dénonciations qui sont prescrites par les Reglemens , sans qu'ils puissent sous tel pretexte que ce soit former des demandes contre les opposans pour faire declarer les jugemens qui interviendront, tant sur les oppositions afin de charge de distraire , appellations de quelle qualité qu'elles puissent estre , communs avec eux , sauf aux creanciers particuliers , qui pourront y avoir interest aprés la dénonciation, à intervenir ausdites instances, si bon leur semble , le tout à peine par le Procureur qui contreviendra , de perdre les frais & demeurer garand des dommages & interests des parties , & en sera porté la plainte à la Cour par les Procureurs de Communauté pour y estre pourvû. TUAULT.

DELIBERATION,

Pour mettre les copies separées suivant les originaux.

Extrait des Registres de la Communauté des Avocats & Procureurs de la Cour.

Du cinquième May mil six cent quatre-vingt dix.

CE jour la Compagnie aprés avoir deliberé sur les moyens qui peuvent éviter les surprises qui se font dans les significations, où souvent les Huissiers de la Cour sont eux-même trompez par

les Solliciteurs, & ceux qui leur donnent des originaux qui ne
se trouvent pas toûjours conformes aux copies (sans qu'ils les
puissent reconnoistre, la pluspart des Procureurs affectant de les
mettre ensemble) quoy que les significations soient mises separément sur les actes.

Arresté, sous le bon plaisir de la Cour, que les Procureurs rendront les copies conformes aux originaux, qu'elles seront faites separément de chacune expedition sur laquelle la signification sera
mise, sans qu'on puisse à l'avenir, pour quelque cause & pretexte
que ce soit, lors qu'il y aura plusieurs actes, en transcrire les copies
sur la même feüille, à peine de nullité de la procedure, & de demeurer par le Procureur responsable en son nom des dommages
& interests des parties. Signé, TUAULT.

ARRESTEZ FAITS PAR LA COUR
de Parlement sur les Subrogations & sur la forme des Oppo-
sitions aux Decrets, les 6. Juillet & 31. Aoust 1690.

CE jour la Cour, toutes les Chambres assemblées, a arresté &
ordonné sous le bon plaisir du Roy, que pour succeder & estre
subrogé aux actions, droits, hipoteques & privileges d'un ancien
creancier sur les biens de tous ceux qui sont obligez à la dette, ou
de leurs cautions; & pour avoir droit de les exercer ainsi & en
la maniere que lesdits creanciers l'auroient pû faire, il suffit que
les deniers du nouveau creancier soient fournis à l'un des debiteurs, avec stipulation faite par acte passé devant Notaires, qui
precede le payement, ou qui soit de même datte; que le debiteur
employera lesdits deniers au payement de l'ancien creancier; que
celuy qui les preste sera subrogé aux droits dudit ancien creancier;
& que dans la quittance ou dans l'acte qui en tiendra lieu, lesquels seront aussi passez pardevant Notaires, il soit fait mention
que le remboursement a esté fait des deniers fournis à cet effet
par le nouveau creancier, sans qu'il soit besoin que la subrogation
soit consentie par l'ancien creancier, ny par les autres debiteurs
& cautions, ou qu'elle soit ordonnée par Justice : Et qu'en attendant que ledit Seigneur Roy en ait autrement ordonné, la Compagnie suivra cette Jurisprudence dans toutes les occasions qui s'en
presenteront. Ordonne que le present Arresté sera envoyé aux
								Bailliages

Bailliages & Senéchauffées du reffort pour y eftre pareillement obfervé ; & à cet effet lû, publié & enregiftré : Enjoint aux Subftituts du Procureur General du Roy d'y tenir la main, & d'en certifier la Cour dans un mois. Fait à Paris en Parlement le fixiéme Juillet 1690. DONGOIS.

ARREST,

Qui défend aux Procureurs, leurs Clercs, & ceux du Commiffaire aux Saifies Réelles, de fe rendre adjudicataires ou cautions de baux judiciaires, s'ils ne font intereffez en leurs noms.

Extrait des Regiftres de Parlement.

SUR ce qui a efté remontré à la Cour par le Procureur General du Roy, que bien que fuivant l'article 132. de l'Ordonnance de Blois, les Procureurs dans les Jurifdictions où ils exercent leurs Offices, & les Solliciteurs, ne puiffent eftre adjudicataires des fruits faifis par Juftice, ou cautions pour les Fermiers adjudicataires d'iceux, directement ou indirectement, à peine d'eftre privez, tant des émolumens des adjudications & fermes, que de leurs Eftats & Offices. Neanmoins il arrive tous les jours qu'en contrevenant à cette Ordonnance, plufieurs Procureurs de la Cour, & leurs Clercs, fe rendent adjudicataires des baux judiciaires, ou cautions pour lefdits adjudicataires d'iceux ; Ce qui a porté un prejudice tres-confiderable au bien de la Juftice, auffi bien que de fouffrir que des perfonnes au deffous de l'âge de vingt cinq ans accomplis, qui font incapables de s'obliger & contracter, tant en Jugement que hors Jugement, & les Commis du Commiffaire aux Saifies réelles, puiffent eftre adjudicataires & cautions des baux judiciaires, non plus que des feptuaginaires, qui ne peuvent eftre contraints par corps comme adjudicataires & cautions de baux judiciaires, puifque par l'article 9. du titre 34. de la Décharge des contraintes par corps de l'Ordonnance du mois d'Avril 1667. ils ne peuvent eftre emprifonnez pour dettes purement civiles, & ledit Procureur General du Roy oüy, fes conclufions, & la matiere mife en déliberation. LA COUR a fait défenfes à tous Procureurs d'icelle, leurs Clercs, & aux Commis du Commiffaire aux Saifies réelles,

II. Part.   V de prendre directement ni indirectement aucuns baux judiciaires des biens immeubles saisis réellement ou sequestrez par autorité de Justice, dans les Jurisdictions où ils sont établis, de s'en rendre cautions, si ce n'est à l'égard des biens à la saisie réelle desquels ils sont opposans en leurs noms en qualité de creanciers de leur chef; auquel cas seulement ils pourront faire encherir & se rendre cautions des adjudicataires. Ne pourront aussi les Mineurs de vingt-cinq ans, ny les septuagenaires, se rendre adjudicataires ou cautions des baux judiciaires, à peine de nullité desdits baux. Outre laquelle peine de nullité, en cas de contraventions au present Reglement, seront & demeureront lesdits Clercs incapables d'estre reçûs en l'Estat & Office de Procureur, & les Procureurs Titulaires interdits de leurs charges pour la premiere fois pendant six mois. Et en cas de rescidive privez d'icelles, & lesdits Commis du Commissaire aux Saisies réelles punis exemplairement; & les uns & les autres privez des émolumens desd. fermes & adjudications, & neanmoins payer le prix d'icelle au profit des creanciers, & à la décharge des parties saisies, pendant que lesdits baux auront duré : Et sera le present Arrest lû, & publié dans tous les Bailliages, & en la Communauté des Avocats & Procureurs de la Cour. Fait en Parlement le vingt-deuxiéme Juillet 1690. Collationné. Signé, DU TILLET,

Le present Arrest a esté lû & publié en la Communauté des Avocats & Procureurs de la Cour, par moy Greffier d'icelle Communauté, sous-signé, le Jeudy 27. Jville 1690. Signé, TUAULT.

D E L I B E R A T I O N,

Pour produire les pieces par inventaire.

Extrait du Registre des Deliberations de la Communauté des Avocats & Procureurs de la Cour.

Du huitiéme Aoust 1690,

CE jour la Compagnie ayant reconnu, qu'encore que les Requestes d'employ pour productions ne soient permises que dans les incidens (où l'Ordonnance oblige d'employer, ou lors qu'il n'y a point de pieces à produire) neanmoins quelques-uns

affectent de faire leurs productions par Requeftes au lieu d'inventaire, même la premiere fur laquelle la diftribution fe fait ; ce qui
eft contre l'ordre & la difcipline qui pourroit degenerer dans un abus
auquel il eft neceffaire de pourvoir : Aprés y avoir deliberé.

Arrefté, fous le bon plaifir de la Cour, qu'on ne pourra produire par Requeftes aucunes pieces, finon dans les productions nouvelles & incidens, où l'Ordonnance oblige d'employer ; Que toutes
les autres productions où il fera neceffaire de produire des pieces,
fe feront par inventaires, autrement elles feront rejettées de la
taxe dont le Procureur trouvé en contravention fera privé fans les
pouvoir repeter ny compter à fa partie. Signé, TUAULT.

ARREST DU CONSEIL PRIVE' DU ROY,

Portant Reglement pour transferer les prifonniers hors des pri-
fons des Cours Souveraines, & toutes autres Jurifdictions,
avec leurs procés civils & criminels.

Du 23. Aouſt 1690.

SUR la Requefte préfentée au Roy en fon Confeil par Jean
Coulombier Fermier general des Meffageries de France : Contenant, qu'encore que les Meffageries ayent efté principalement
& particulierement inftituées pour apporter au Greffe desParlemens
les facs, pieces, enqueftes, informations, & autres procedures, &
qu'ils ayent efté maintenus & confervez en cette fonction toutes
les fois que quelqu'un a entrepris de les y troubler, ainfi qu'il pa-
roift par lefdites Declarations, Arrefts & Reglemens fur ce intervenus ; entr'autres par les Edits des années 1673. & 1676. qui enjoignent aux Greffiers de bailler aufdits Meffagers tous les facs,
enqueftes & informations, & autres procedures, & leur font défenfes de les bailler à d'autres perfonnes, à peine de payer aufdits
Meffagers le quadruple de ce qui leur reviendroit pour ledit port :
Que de même par plufieurs Arrefts, & notamment par celuy du
Parlement de Paris, rendu fur les remontrances du fieur Procureur
General en iceluy, le 15. Avril 1642. il ait efté ordonné que les prifonniers qu'il conviendroit transferer des prifons, où ils feroient en
d'autres, feroient délivrez aufdits Meffagers, pour eftre par eux
conduits fous bonne & feure garde és prifons qui leur feroient in-

diquées ; & enfin lors que Sa Majesté a bien voulu en 1678. faire un
Reglement pour lesdits Messagers , elle y ait employé un article exprés & precis , qui porte , Que les Messagers à l'exclusion de tous
autres , se chargeroient de la conduite des prisonniers , & du port
de tous procés civil & criminel : Neanmoins le Supliant & ses Sous-
Fermiersse trouvent troublez en leursfonctions,quelques soins qu'ils
ayent pris de faire publier & signifier l'article dudit Reglement , en
sorte que les Greffiers délivrent à d'autres personnes les prisonniers
qu'il convient transferer , & les procés qu'il faut porter d'un Siege
à un autre , & d'un Siege au Parlement où il ressortit , ce qui oblige le Supliant de se pourvoir : A CES CAUSES, requeroit qu'il
plût à Sa Majesté le maintenir , & garder ses Sous-Fermiers , Commis & Preposez au droit de se charger seul des prisonniers qu'il
convient faire transferer d'une prison à une autre , & des procés soit
civils ou criminels , enquestes , informations , & autres procedures
qu'il faut porter d'un Siege ou Jurisdiction à un autre, ou desd. Sieges & Jurisdictions és Cours de Parlement , enjoindre aux Greffiers
de délivrer ausdits Messagers , ou Fermiers desdits Messagers,
chacun dans sa route , les prisonniers , enquestes , informations, procés & procedures , pour estre lesd. prisonniers remis sous bonne &
seure garde aux prisons , & lesd. pieces, enquestes & informations,
& procedures qui seroient indiquées ausd. Messagers ou Fermiers
desd. Messageries , lesquels s'en chargeront en la forme & ainsi
qu'il est porté par lesd. Edits, Declarations, Arrests & Reglemens;
Faire défense à toutes personnes d'entreprendre de se charger desd.
prisonniers , & les transferer avec leurs procés apportez ; & ausd.
Greffiers de les remettre à autres personnes qu'ausd. Fermiers desd.
Messageries , à peine du quatruple du droit & émolument qui auroient appartenu ausd. Fermiers des Messageries , & tel autre amande qu'il plaira à Sa Majesté : Faire défense aux Greffiers des Cours
de Parlement & autres , de délivrer aucuns executoires pour le port
des procés, procedures, Enquestes & informations , & pour le transport des prisonniers à autres , qu'au Supliant , ses Fermiers , Commis & Preposez , sous les peines que dessus : V E U ladite Requeste
signée Chame Avocat du Supliant, copie imprimée d'Edit du Roy
Henry IV. portant creation en titre d'Office d'un ou deux Messagers ordinaires en chacun Siege des Bailliages , Senéchaussées &
Elections desquels les apellations ressortissent és Cours de Parlement & des Aydes , par lequel il est attribué ausd. Messagers le droit
de porter enquestes, informations & procedures criminelles dont ils

se chargeront, avec injonction aux Greffiers defd. Cours de ne les recevoir que par leurs mains, ainsi qu'il est plus au long porté par lefd. Edits ; copie d'Arrest du Conseil d'Estat, servant de Reglement sur les fonctions de Messageries ; par lequel entr'autres choses il est dit dans l'article 10. que les Messagers, à l'exclusion de tous autres, se chargeront de la conduite des prisonniers, & de port du tous procés civils & criminels, en datte du 25. Juin 1678. Plusieurs significations faites dud. Reglement, à la requeste de Loüis Doullé & François Bienvenu, Fermiers des Messageries Royales, & des Universitez de Paris à Lyon, Province de Bourgogne, Franche Comté, retours & traverses defd. routes aux Greffiers des Jurisdictions defd. lieux estant sur lesd. routes pour raison du port desd. procés criminels & conduite des prisonniers des années 1689. & 1690. OUY le raport du sieur le Blanc Conseiller du Roy en ses Conseils, Maistre des Requestes ordinaire de son Hostel, Commissaire à ce député, aprés en avoir communiqué aux sieurs Commissaires Generaux pour le fait des Postes & Messageries ; Et tout consideré : LE ROY EN SON CONSEIL, ayant égard à la Requeste, a ordonné & ordonne, que les Edits & Declarations des années 1673. & 1676. Arrest du Parlement de Paris du 15. Avril 1642. & Arrest du Conseil du 25. Juin 1678. seront executez selon leur forme & teneur, & conformément à iceux, a maintenu & maintient le Supliant & ses Sous-Fermiers au droit de faire seul la conduite des prisonniers par leurs Messageries, & de porter tous procés civils & criminels, enquestes, informations, & autres procedures d'une Jurisdiction à une autre, & és Cours de Parlement. Fait Sa Majesté défenses aux Greffiers, Geolliers & tous autres, de se charger de la conduite des prisonniers & porter lesd. procés ; & aux Greffiers des Cours de Parlement, & autres Jurisdictions, de delivrer aucuns executoires pour raison de ce, qu'audit Supliant & ses Sous-Fermiers, à peine de cinq cent livres d'amande, restitution de droit chacun en leur égard, & de tous dépens, dommages & interests. Fait au Conseil Privé du Roy, tenu à Versailles le 23. jour d'Aoust 1690. Collationné. Signé, DERVILLE, avec paraphe.

LOUIS par la grace de Dieu, Roy de France & de Navarre: Au premier nostre Huissier ou Sergent sur ce requis : Nous te mandons & commandons que l'Arrest cy attaché sous le contrescel de nostre Chancellerie, ce jourd'huy rendu en nostre Conseil sur la Requeste presentée par nostre amé Jean Coulombier Fermier general des Meſſageries de France, tu ſignifie à tous qu'il appartiendra , à ce qu'ils n'en ignorent, & ayent à y obeïr & ſatisfaire ſelon ſa forme & teneur , & à faire de par Nous les défenſes portées ſur les peines y contenuës, & faire à la Requeſte dudit Coulombier pour l'execution dudit Arreſt , & de nos Edits & Declarations y mentionnées, toutes autres ſignifications & actes de Juſtice ſur ce requis & neceſſaires, le tout conformément audit Arreſt. De ce faire te donnons pouvoir, ſans pour ce demander autre permiſſion ny pareatis : Car tel eſt noſtre plaiſir. Donné à Verſailles le 23. jour d'Aouſt, l'an de grace 1690. Et de noſtre Regne le quarante-huitiéme. Signé enfin , Par le Roy en ſon Conſeil , Derville, avec paraphe.

L E 4. Septembre 1690. à la requeſte de Jean Coulombier Fermier general des Meſſageries de France , pourſuite & diligence de Pierre Carlier Fermier des Meſſageries Royales du païs Barois , Lorraine , Barleduc , Ligny Evêché, de Mets , Toul , Verdun , Alſace , Strasbourg , Orſon , & autres lieux : & encore à la requeſte dudit Coulombier , pourſuite & diligence de Loüis Doullé & François Bienvenu Fermiers des Meſſageries de Paris à Lyon, & toute la Province de Bourgogne ; & encore ledit Doullé Fermier des Meſſageries de Senlis , Vervins , Compiegne , Noyon, la Fere , Chauny , Ham , Saint Quentin , Guiſe , le Caſteller , Roye, Peronne , Bapaume , Arras , Leris Ville , Tournay , Pontoiſe, Magny , Eſcoüis , Roüen , Dieppe , Caudebec , Honfleur , Monteville & le Havre ; Et encore à la requeſte de Loüis Langlois Fermier des Meſſageries de Bar-ſur-Aube , Vardanes, & des routes de Paris à Bar-ſur-Robe : l'Arreſt du Conſeil , dont copie cy-deſſus a eſté ſignifiée, & laiſſé la copie aux fins y contenuës, & des défenſes portées par ·   à Maiſtre Droüet Greffier du grand criminel du Parlement de Paris , en ſon Greffe au Palais , parlant au nommé à l'original, à ce qu'il n'en ignore , & ait à obeïr audit Arreſt ſur les peines mentionnées, par nous Huiſſier ordinaire du Roy en ſes Conſeils, ſous-ſigné. Ainſi ſigné enfin , Brisset, avec paraphe.

R E G L E M E N T,

Sur les oppositions aux biens saisis.
Du 30. Aoust 1690.

CE jour, la Cour, toutes les Chambres assemblées, a arresté & ordonné sous le bon plaisir du Roy, que les creanciers qui s'oppo-
seront sur les biens de leur debiteur saisis réellement , pour estre
payez des sommes qui leur sont dûës , ne seront point tenus d'expliquer en détail par l'acte d'opposition les titres de leurs creances;
& que ceux à qui le mary & la femme se trouveront obligez, pourront estre colloquez comme exerçant les droits de la femme leur
debitrice, encore que dans leur opposition ils n'ayent point declaré qu'ils s'opposent comme creanciers de la femme ; & que la femme ny ses heritiers , & ceux qui la representent, ne soient point opposans ; & qu'en attendant que le Roy en ait autrement ordonné,
la Compagnie suivra cette Jurisprudence. Ordonne que le present
arresté sera envoyé aux Bailliages & Senéchaussées du ressort, pour
y estre lû , publié , enregistré , gardé & observé : Enjoint aux Substituts du Procureur General du Roy d'y tenir la main , & d'en certifier la Cour dans un mois. Fait à Paris en Parlement le 31. Aoust
1690. DONGOIS.

DECLARATION DU ROY,

Concernant le temps de l'enregistrement des Substitutions & Donations.

Verifiée en Parlement le 25. Novembre 1690.

LOÜIS par la grace de Dieu , Roy de France & de Navarre:
A tous ceux qui ces Presentes verront, Salut. Les inconveniens que produisoit l'execution des articles LVII. & LVIII. de
l'Ordonnance de Moulins, concernant le temps de la publication
des substitutions , & de l'insinuation des donations , ayant donné
lieu à nos Cours de rendre plusieurs Arrests contraires aux termes
desdits articles, Nous avons bien voulu faire examiner les raisons
qui leur ont servi de fondement ; & comme nous avons connu par

le rapport qui nous en a esté fait, que la plus grande partie des substitutions & des donations ne pourroient estre executées si l'on n'y apportoit le temperament que nos Cours ont suivi, Nous avons bien voulu assurer par nostre autorité une jurisprudence, laquelle estant contraire à une Ordonnance, ne peut estre solidement établie que par une Declaration qui y déroge. A CES CAUSES, de l'avis de nostre Conseil, & de nostre certaine science, pleine puissance & autorité Royale, Nous avons dit, declaré, statué & ordonné, & par ces Presentes signées de nostre main, disons, declarons, statuons & ordonnons, Voulons & nous plaist, que les substitutions pourront estre publiées & registrées en tout temps; & lorsque la publication & l'enregistrement auront esté faits dans les six mois du jour auquel les substitutions auront esté faites, lesd. substitutions auront leur effet du jour de leur datte, tant contre les creanciers que contre les tiers-acquereurs des biens qui y sont compris : & si elles sont seulement publiées & enregistrées aprés les six mois, elles n'auront effet contre lesdits creanciers & tiers-acquereurs que du jour desdites publications & enregistremens. Les donations pourront estre insinuées pendant la vie des donateurs, encore qu'il y ait plus de quatre mois qu'elles ayent esté faites, & sans qu'il soit besoin d'aucun consentement du donateur, ny de jugement qui l'ait ordonné ; & lors qu'elles ne seront insinuées qu'aprés les quatre mois, elles n'auront effet contre les acquereurs des biens donnez & contre les creanciers des donateurs que du jour qu'elles auront esté insinuées. S i donnons en mandement à nos amez & feaux Conseillers, les Gens tenans nostre Cour de Parlement à Paris, que les Presentes ils fassent lire, publier, & registrer, & le contenu en icelles, garder & observer, selon leur forme & teneur, sans y contrevenir, ny souffrir qu'il y soit contrevenu en quelque sorte & maniere que ce soit, nonobstant ce qui est porté par lesdits articles LVII. & LVIII. de l'Ordonnance de Moulins, ausquels pour ce regard seulement, Nous avons dérogé & dérogeons par les Presentes : C a r tel est nostre plaisir. En témoin de quoy Nous avons fait mettre nostre scel à cesdites Presentes. D o n n e' à Versailles le 17. jour de Novembre, l'an de grace 1690. Et de nostre Regne le quarante-huitiéme. Signé, LOUIS ; Et sur le reply, Par le Roy, P h e l i p p e a u x. Et scellées du grand Sceau de cire jaune.

Regiſtrées, oüy, & ce requerant le Procureur General du Roy, pour eſtre executées ſelon leur forme & teneur, & copies collationnées envoyées dans les Sieges,

Sieges, Bailliages , Senéchaußées du reſſort , pour y eſtre pareillement lûës , publiées & enregiſtrées Enjoint aux Subſtituts du Procureur General du Roy d'y tenir la main , & d'en certifier la Cour dans le mois , ſuivant l'Arreſt de ce jour. A Paris en Parlement le vingt-cinquiéme Novembre 1690. Signé, DU TILLET.

DECLARATION DU ROY,

Concernant les Requeſtes civiles , les Cauſes de petits Rôlles , & les Audiences ſur Placets.

Verifiée en Parlement le 27. Novembre 1690.

LOUIS par la grace de Dieu Roy de France & de Navarre : A tous ceux qui ces Preſentes verront , Salut. Ayant eſté informé qu'il y a pluſieurs Lettres en forme de Requeſte civile obtenuës contre des Arreſts de noſtre Cour de Parlement de Paris , ſur leſquelles on pourſuit l'Audience , & que les cauſes de cette nature ne pouvant eſtre appointées à la fin des Rôlles qui s'y font , il eſt neceſſaire de pourvoir à l'expedition de celles qui ſe font amaſſées depuis pluſieurs années , en trop grand nombre pour eſtre terminées preſentement dans le cours ordinaire de l'Audience. Et ayant eſté auſſi informé que les Audiences qui ſe donnent les Mercredis & les Samedis dans la Grande Chambre pour l'expedition des petits Rôlles , eſtant continuées tres ſouvent aprés dix heures, la peine que nos Officiers veulent bien prendre d'y demeurer devenoit inutile, lors que les Avocats & les Procureurs qui ſont chargez de quelques-unes deſdites cauſes ſe retirent aprés ladite heure, parce que l'on n'a pas accoûtumé d'y prononcer des défauts & des congez. Et ayant appris pareillement que les cauſes que l'on plaide à la Grande Chambre les Vendredis matin & les autres jours avant les Audiences ordinaires , & depuis le 15. Aouſt juſqu'au 7. Septembre incluſivement, eſtant appellées ſeulement ſur des Placets , la ſuite de quelques-unes des parties apporte beaucoup de retardement à leur expedition & cauſe de grands frais , nous avons eſtimé neceſſaire d'y pourvoir. A CES CAUSES, de l'avis de noſtre Conſeil, & de noſtre certaine ſcience, pleine puiſſance & autorité Royale, Nous avons dit, declaré, ſtatué & ordonné, & par ces Preſentes ſignées de noſtre main, diſons, declarons, ſtatuons & ordonnons, voulons & nous plaiſt, Que toutes Requeſtes civi-

II. Part.   X

les qui feront mifes au Rôlle dudit Parlement, qui a commencé le
13. du prefent mois, & qui finira le 7. Septembre prochain, lefquelles ne feront point fondées fur le moyen; Que l'Eglife ou les
Mineurs n'ont pas efté défendus, demeurent appointées à la fin
defdits Rôlles ainfi que les autres caufes, & foient renvoyées dans
les Chambres où les Arrefts contre lefquels on fe pourvoit auront
efté rendus. Voulons que lors que les Audiences qui fe donnent
en la Grande Chambre de noftredite Cour pour les petits Rôlles,
les Mercredis & les Samedis, feront continuées aprés dix heures,
l'on puiffe y prononcer des défauts & des congez, emportant profit
pendant tout le temps qu'elles feront tenuës, ainfi que l'on le fait
avant ladite heure, & que le premier Prefident faffe, lors qu'il le
trouvera à propos, des Rôlles en papier, & fans frais, des caufes
qui devroient eftre plaidées les Vendredis matin, & les autres
jours de la femaine avant les Audiences ordinaires, & depuis le 15.
du mois d'Aouft jufqu'au 7. Septembre; & que huitaine aprés
que lefdits Rôlles auront efté publiez à la Barre de noftredite Cour
en la maniere accoûtumée, on puiffe prononcer contre les défaillans
des defauts & des congez, contre lefquels on ne pourra fe pourvoir
que par Lettres en forme de Requeftes civiles. Si donnons en
mandement à nos amez & feaux Confeillers les Gens tenans noftre
Cour de Parlement à Paris, que ces Prefentes ils faffent lire, publier & regiftrer, & le contenu en icelles garder & obferver felon
leur forme & teneur, fans y contrevenir ny fouffrir qu'il y foit
contrevenu en quelque forte & maniere que ce foit, nonobftant
ce qui eft porté par nos Edits & Declarations à ce contraires, aufquels nous avons dérogé & dérogeons pour ce regard feulement;
Car tel eft noftre plaifir: En témoin dequoy nous avons fait mettre
noftre fcel à ces prefentes. Donné à Verfailles le   jour de Novembre, l'an de grace 1690. Et de noftre Regne le quarante-huitiéme. Signé, LOUIS; Et fur le reply, Par le Roy, COL-
BERT. Et fcellé du grand Sceau de cire jaune.

Regiftrées, oüy, & ce requerant le Procureur General du Roy, pour eftre
executées felon leur forme & teneur, fuivant l'Arreft de ce jour. A Paris
en Parlement, le vingt-feptiéme Novembre 1690. Signé, DU TILLET.

DELIBERATION,

Qui explique comment les Procureurs doivent occuper fur les Appellations.

Extrait des Regiftres de la Communauté des Avocats & Pro-
cureurs de la Cour.

Du dix-neuviéme Janvier 1691.

CE jour la Compagnie aprés avoir deliberé fur la queftion pro-
pofée , fi un Procureur peut & doit occuper fur les appellations qui font interjettées des Sentences des Requeftes de l'Hoftel
du Palais, & Jurifdictions de l'enclos où ils font conftituez (fur le
fimple acte d'appel non figné de Procureur.

Arrefté fous le bon plaifir de la Cour , qu'encore que depuis l'ordonnance de 1667. on ait obligé le Procureur conftitué en caufe
principale d'occuper , tant fur les appellations des procés par écrit,
qu'appellations verballes, quoy qu'auparavant il n'y eût que l'appellant qui eût la faculté de relever fon appel par Requefte, à l'é-
gard des procés par écrit feulement ; neanmoins pour le bien de la
Juftice & faciliter l'expedition, on a cru que la Charge de Procureur ne fe doit point divifer , & que les appellans fans diftinction
d'appellations verballes ou procés par écrit , pouvoient faire l'inftruction avec le même Procureur conftitué en caufe principale ;
comme auffi que les intimez pouvoient obliger le Procureur de
l'appellant d'occuper fur les appellations lorfque l'acte d'appel fe
trouve figné de luy ; mais quand les appellations font interjettées
par des actes non fignez de Procureur , comme il pourroit y avoir
du peril d'engager le Procureur d'occuper fur un appel , qui pourroit même fe trouver fuppofé & donner matiere au defaveu , y
ayant bien de la difference de foûtenir le bien jugé ou d'en appeller. Qu'il y a lieu à cet égard lorfque les actes d'appel des Sentences, Jugemens diffinitifs ne feront point fignez des Procureurs, qu'on
doit fe pourvoir par anticipation, le Procureur n'eftant point valablement conftitué fur les appellations de cette qualité , ne peut &
ne doit eftre obligé d'occuper , bien entendu que fur les appellations
des Jugemens preparatoires & actes d'inftruction la procedure
pourra eftre continuée avec le Procureur , quoy que l'acte d'appel
ne foit de luy figné.

X ij

A R R E S T D E R E G L E M E N T,

Touchant les fubrogations & oppofitions des creanciers, aux ventes & adjudications par decret des biens de leur debiteur.

Extrait des Regiftres de la Cour des Aydes.

Du neuviéme Avril 1691.

CE jour les Chambres affemblées Monfieur le premier Prefident a dit, que la Cour de Parlement avoit fait deux arreftez, les 10. Juillet & 31. Aouft 1690. concernans les fubrogations & fur la forme des oppofitions aux decrets ; qu'il croyoit qu'il feroit à propos de voir lefdits arreftez, & d'établir fur cela une Jurifprudence certaine ; les Gens du Roy oüis, la matiere mife en deliberation : LA COUR a arrefté & ordonné, fous le bon plaifir du Roy ; que pour fucceder & eftre fubrogé aux actions, droits, hipoteques, & privileges d'un ancien creancier, fur les biens de tous ceux qui font obligez à la dette, ou de leurs cautions, & pour avoir droit de les exercer, ainfi & en la maniere que lefdits creanciers l'auroient pû faire : il fuffit que les deniers du nouveau creancier foient fournis à l'un des debiteurs, avec ftipulation faite par acte paffé devant Notaires, qui precede le payement, ou qui foit de même date ; que le debiteur employera lefdits deniers au payement de l'ancien creancier, que celuy qui les a preftez fera fubrogé aux droits dudit ancien creancier, & que dans la quittance, ou dans l'acte qui en tiendra lieu ; lefquels feront auffi paffez devant Notaires, il foit fait mention, que le rembourfement a efté fait des deniers fournis à cet effet par le nouveau creancier, fans qu'il foit befoin que la fubrogation foit confentie par l'ancien creancier, ny par les autres debiteurs & cautions, ou qu'elle foit ordonnée par Juftice : comme auffi ladite Cour a arrefté & ordonné, fous le bon plaifir du Roy, que les creanciers qui s'oppoferont fur les biens de leur debiteur, faifis réellement pour eftre payez des fommes qui leur font dûës, ne feront point tenus d'expliquer en détail par l'acte d'oppofition les titres de leurs creances, & que ceux à qui le mari & la femme fe trouveront obligez pourront eftre colloquez comme exerçans les droits de la femme leur debitrice ; encore que dans leur oppofition, ils n'ayent point declaré qu'ils s'oppo-

sent comme creanciers de la femme , & que la femme , ny
les heritiers , & ceux qui la reprefentent , ne foient point oppofans ; & qu'en attendant que le Roy en ait autrement ordonné , la
Cour fuivra cette Jurifprudence , ordonne que le prefent Arreft
fera lû & publié à la Communauté des Avocats & Procureurs , à ce
qu'ils n'en ignorent. Fait à Paris , en la Cour des Aydes , le 9. Avril
1691. Collationné. Signé, DUMOULIN.

*Lû & publié en la Communauté des Avocats & Procureurs de la Cour, par
moy Greffier d'icelle Communauté , fous-figné , le Jeudy 26. Avril 1691.
Signé , TUAULT.*

ARREST DE LA COUR DE PARLEMENT,

Portant Reglement general fur les voyages & fejours.

Du dixiéme Avril 1691.

EXTRAIT DES REGISTRES DE PARLEMENT.

VEU par la Cour l'Arreft d'icelle en forme de Reglement
du 26. Aouft 1665. Conclufions du Procureur General du
Roy ; Oüi le rapport de Maiftre Eftienne Daurat Confeiller ; la
matiere mife en deliberation : LA DITE COUR a ordonné
& ordonne, que les voyages & féjours ne feront taxez , s'ils n'ont
efté veritablement faits , & dû eftre faits , & s'ils n'ont efté affirmez
par un Acte au Greffe de la Jurifdiction où le procés eft pendant ;
Que les femmes pourront venir pour la pourfuite des affaires de
leurs maris , & les enfans pour leurs pere & mere , & les gendres
pour leurs beaux-peres & belles-meres, fans qu'ils ayent befoin de
Procuration , en faifant leur affirmation au Greffe , ainfi que le
mari le pourra faire dans le procés où la femme fera feule partie ;
Que les enfans ne pourront eftre envoyez, ni faire leur affirmation pour leurs pere & pere & leurs ayeuls , s'ils ne font au deffus
de l'âge de vingt ans ; Que quoyque les affirmations foient faites par
les enfans ayant l'âge au deffus de vingt ans , leurs voyages ne feront taxez que de leur qualité perfonnelle , fans neanmoins qu'ils
puiffent eftre taxez à une fomme plus forte que celle qui feroit
accordée à la perfonne qui les envoye , même à la femme qui viendra pour fon mari , ou au gendre qui viendra pour fon beau-pere
ou fa belle-mere ; Que pour les voyages & féjours d'un autre en-

voyé de quelque qualité qu'il soit, il ne sera taxé que pour homme de cheval; Qu'il ne sera taxé ausdits envoyez aucuns voyages,
si la Procuration n'a esté par eux acceptée lors de la passation d'i-
celle; Que si la partie, ou celuy qui sera chargé de sa procuration,
font en même temps plusieurs affirmations pour differentes affaires, leurs voyages & séjours ne seront taxez que pour moitié, quand
il se trouvera en même-temps deux affirmations, & à proportion
quand il y en aura plus grand nombre; lesquels voyages seront reglez à dix lieuës par jour, & se taxeront ainsi qu'il ensuit, sçavoir:

A un Cardinal, vingt livres.

A un Archevêque, quinze liv.

A un Evêque, dix liv.

A un Abbé, sept liv. dix sols.

Aux Prieur, Doyen, Prevost & Archidiacre des Eglises Ca-
thedrales, six liv.

Aux Chanoines & aux Curez, cent sols.

Aux Prestres & aux Religieux qui viendront par Acte Capi-
tulaire, trois liv. quinze s.

Que les voyages ne seront taxez aux Princes, Ducs & Pairs,
Maréchaux de France, quand il s'agit de leurs droits hors Paris,
pour charger un Procureur, & produire, que pour un homme de
cheval, & pour faire juger, que pour un Ecuyer seulement.

Aux Chevaliers des deux Ordres du Roy, douze liv. dix s.

Aux Marquis & Comtes, dix liv.

Aux Barons, neuf liv.

Au Chevalier & à l'Ecuyer, sans autre titre, sept liv. dix s.

Aux Officiers du Roy & des Maisons Royales, suivant leurs
qualitez.

Aux Gardes-du-Corps, Gendarmes, Mousquetaires, Chevaux-
Legers, pendant le temps de leur exercice, sera taxé du lieu de la
Cornette, en faisant le voyage avec congé, sept liv. dix s.

Quand ils ne seront à la Cornette, ou qu'ils seront veterans, il
leur sera taxé de leur domicile même somme.

Au Prevost des Maréchaux, sept liv. dix s.

Au Lieutenant, six liv.

Au Greffier, trois liv. quinze s.

Aux Lieutenans des Sieges Particuliers, Assesseurs, Avocats
& Procureurs du Roy esdits Sieges, six liv.

Au Grand Maistre des Eaux & Forests, neuf liv.

Aux Maiſtres Particuliers, Lieutenans, Avocats, Procureurs du Roy eſdites Maiſtriſes, ſix liv.

Au Greffier, trois liv. quinze ſ.

Aux Preſidens des Elections, ſix liv.

Aux Elûs, Avocat & Procureur du Roy, quatre liv.

Au Greffier, trois liv. quinze ſ.

Aux Grenetiers, Contrôlleurs, Avocats, Procureur du Roy, Greffier & Officiers des Greniers à Sel, trois liv. quinze ſ.

Aux Secretaires du Roy, Gardes des Rôlles, Audienciers, & Treſoriers du Sceau, ſept liv. dix ſ.

Aux Referendaires, Chauffe-cire, & Huiſſiers en la Chancellerie, trois liv. quinze ſ.

Aux Receveurs Generaux des Finances, Treſoriers ordinaires des Guerres & de la Maiſon du Roy, ſix liv.

Aux Treſoriers Provinciaux, Commiſſaires des Guerres, Contrôlleurs des Domaines, Payeurs des Gages, Receveurs des Conſignations, Receveurs des Tailles, Commiſſaires aux Saiſies Réelles, quatre liv.

Aux Capitaines, ſept liv. dix. ſ.

Aux Lieutenans, Enſeignes, & Capitaines Appointez, ſix liv. cinq ſ.

Aux Preſidens des Cours Souveraines, quinze liv.

Aux Conſeillers deſdites Cours Souveraines, dix liv.

Aux Gens du Roy deſdites Cours, dix liv.

Aux Greffiers en chef, ſept liv. dix ſ.

Aux Avocats exerçans auſdites Cours, ſix liv.

Aux Procureurs deſdites Cours, cinq. liv.

Aux Officiers des Chambres des Comptes, ſera taxé comme Cours Souveraines, à l'exception des Correcteurs & Auditeurs qui ne ſeront taxez que pour ſix liv.

Aux Treſoriers de France, Avocat & Procureur du Roy eſd. Bureaux, ſept liv. dix ſ.

Au Greffier, quatre liv.

Au Lieutenant General d'un Siege où il y a Preſidial, ſept liv. dix ſ.

Aux Preſidens des Sieges Preſidiaux, ſept liv. dix ſ.

Aux Lieutenans Particuliers & Criminels, Conſeillers, Avocats, & Procureurs du Roy auſdits Sieges, ſix liv.

Aux Lieutenans Generaux des Bailliages & Sieges Royaux reſſortiſſans nuëment en la Cour, ſix liv.

Aux Lieutenans Particuliers, Conseillers, Avocats & Procureurs du Roy ausdits Bailliages, cent sols.

Aux Officiers des Prevostez Royales non ressortissans en la Cour, quatre liv.

Aux Avocats plaidans aux Sieges ressortissans en la Cour, quatre liv.

Aux Procureurs, Greffiers, Notaires, trois liv. quinze s.

A tous Marchands, Orfévres, Horlogeurs, Teinturiers, Apoticaires, Barbiers, Cordonniers, Maréchaux, Tailleurs, Menuisiers, Serruriers, Maistres Charpentiers, Maçons, Couvreurs, de Villes Capitales des Provinces, & autres où il y a Jurande. & Laboureurs, sera taxé pour voyage d'homme de cheval, trois liv. quinze s.

Et à ceux des autres Villes, ensemble aux Savetiers, Portefaix, Vignerons, même aux Meûniers qui ne seront proprietaires des moulins qu'ils occupent, sera taxé seulement pour voyage d'homme de pied, trente s.

Qu'il sera taxé pour apporter l'exploit, & charger un Procureur, voyage pour homme de cheval de la distance du domicile de la partie, à raison de dix lieuës par jour, & un jour de séjour.

Qu'il sera pareillement taxé voyage pour produire, d'homme de de cheval, de trois jours de séjour, sans qu'il en puisse estre taxé sur les incidens : & où il se trouvera des demandes principales jointes, sera taxé un second voyage pour produire, lors qu'il se trouvera une distance de six mois du premier produit, sans que pendant tout le cours du procés il puisse estre taxé plus de deux voyages pour produire.

Qu'il sera taxé voyage pour faire juger, si le jugement est définitif suivant la qualité, avec quatre jours de séjour ; & en cas que le procés se trouve jugé de Grands Commissaires, sera encore donné deux jours de séjour pour chacune vacation.

Que les voyages ne seront taxez que pour un homme de cheval aux affaires interloquées, ou appointées au Conseil sur la plaidoirie : & quand elles auront esté plaidées pendant plusieurs Audiences, sera ajoûté aux quatre jours de séjour, deux jours pour chacune Audience, sans qu'il soit taxé aucun autre voyage pour produire.

Qu'il sera taxé voyage d'homme de cheval pour obtenir les Lettres en forme de Requeste civile, & consulter, avec trois jours de séjour, sans qu'il puisse estre taxé au défendeur plus de six livres

pour

pour le Meſſager , lors que la Requeſte civile ſera ſignifiée à ſon Procureur : & lors qu'il y aura aſſignation , pourra employer ſon voyage s'il eſt affirmé , pour charger un Procureur.

Qu'il ſera taxé voyage d'homme de cheval pour faire enqueſte , avec quatre jours de ſéjour , ou plus grand s'il y échet.

Qu'il ne ſera taxé voyage que pour homme de cheval aux deſcentes , avec le ſéjour , ſuivant les vacations du procés verbal.

Comme auſſi voyage d'homme de cheval pour former l'inſcription de faux de deux jours de ſéjour , ſans qu'il puiſſe eſtre taxé qu'un vin de Meſſager pour faire juger les moyens de faux : Et ſera encore taxé voyage pour convenir de pieces de comparaiſon , tant au demandeur qu'au défendeur , avec quatre jours de ſéjour. Et s'il y a Decret , & que l'inſtruction ait ſon cours , les autres voyages ſeront taxez comme ils ſont cy-aprés employez ſur le criminel.

Que pour la preſentation & affirmation du compte , le voyage ne ſera taxé que pour homme de cheval avec quatre jours de ſéjour : & n'aura la partie pour produire qu'un vin de Meſſager ; & à l'oyant ne ſera taxé que voyage pour produire.

Qu'il ſera taxé voyage d'homme de cheval pour dreſſer la demande en dommages , intereſts , ou demande libellée en execution d'Arreſts ; Reprendre un procés par l'heritier : Et pareillement au défendeur , lors qu'il ſera aſſigné un an aprés l'Arreſt.

Que ſur les demandes en peremption , les voyages ne ſeront taxez pour produire & faire juger , que pour homme de cheval.

Que pareillement ſur les folles aſſignations , déſertions & incompétences , & en toutes autres affaires qui ſeront renvoyées pour eſtre reglées à l'expedient , ou terminées par l'avis des Avocats & Procureurs ; les voyages où il en écherra ne ſeront taxez que pour un homme de cheval , même ſur les appellations de taxes & executoires de dépens.

Que pour faire informer & decreter , ſera taxé voyage pour homme de cheval.

De même pour l'interrogatoire , auſſi voyage d'homme de cheval.

Pour la confrontation avec le ſéjour pendant qu'elle aura duré , outre les quatre jours ordinaires.

Et aux crimes capitaux où la partie ſera preſente , le voyage ſera taxé ſuivant la qualité , de même que pour faire juger , ſans qu'il puiſſe eſtre taxé de voyage pour donner les concluſions civiles , ou défenſes , & produire.

II. Part.   Y

Qu'il fera taxé voyage à l'accufé, decreté d'ajourᵉment perſonnel, ou d'afligné pour eſtre oüy pour l'interrogatoire, ſuivant ſa
qualité.

De même au recollement & confrontation, & pour le jugement
définitif, avec les féjours ordinaires.

Que les frais de garde des priſonniers, ſoit aux Commiſſaires,
Huiſliers, ou autres Officiers qui s'en chargent, même le féjour de
ceux à qui la ville eſt donnée pour priſon, ſeront reputez compris
aux dommages & intereſts qui ſeront adjugez : & n'entreront en
dépens que les giſtes & geolages ſeulement.

Qu'il ſera taxé voyage d'homme de cheval pour charger un Sergent de faire les criées.

Autre voyage d'homme de cheval pour retirer les criées & faire
certifier.

Qu'il ne ſera point taxé de voyage pour les publications de l'enchere de quarantaine.

Qu'il n'en ſera point pareillement taxé pour faire proceder à
l'adjudication, mais ſeulement un vin de Meſſager de quinze liv.
qui ſeront portées par l'adjudicataire.

Qu'il ne ſera taxé au pourſuivant qu'un ſeul voyage pour produire dans l'ordre, pour homme de cheval ; & pour faire juger aura
ſuivant ſa qualité, ſans qu'il puiſſe pretendre de féjour que pour
dix vacations, outre les quatre jours ordinaires, quelque nombre
qu'il y en ait.

Que dans les inſtances d'oppoſition afin de charge & de diſtraire, il ne ſera taxé au pourſuivant qu'un ſeul voyage pour faire juger, d'homme de cheval ſeulement.

Que dans les inſtances jugées ſur appointemens à mettre de
quelque qualité qu'elles ſoient, ne ſera taxé aucun voyage, mais
vin de Meſſager ſeulement, à l'arbitrage de celuy qui fera la taxe,
dont le plus fort ne pourra exceder dix livres.

Que les vins de Meſſager pour le port de l'exploit, quand il n'y
aura point d'affirmation de voyage, ſeront taxez pour les aſſignations données au mois & au deſſous, trois liv.

A ſix ſemaines & à deux mois, ſix liv.

Que les Evêques ayant Abbayes, plaidans pour les droits de
leurs Abbayes, n'auront voyages que comme Abbez ; ainſi les Abbez qui plaident pour des Prieurez, ſans en pouvoir pretendre de
plus éloignez que du lieu du Benefice qui fait la conteſtation.

Que les Maires des Villes, Prevoſt des Marchands, Echevins,

quand ils viendront pour les affaires de la Ville, feront taxez à raifon de cent fols par jour.

Que les Meſſagers ordinaires ayans procés, n'auront que de
deux voyages qui feront affirmez, un; & les vins de Meſſager de
même.

Que s'il y a pluſieurs plaidans en communauté, ſoit aucuns ſuivant la Cour ou demeurant en cette Ville, & les autres de Villes
éloignées, ſera taxé de deux voyages, l'un, pour le plus éloigné
& le plus qualifié.

Comme auſſi, ſi pluſieurs occupans en matiere civile par même
Procureur, ayans adjudication de dépens font pluſieurs affirmations, ne feront taxez que les voyages ordinaires au plus qualifié ou
éloigné, qui ſe partageront entre ceux qui auront affirmé, ſans
qu'ils puiſſent eſtre multipliez contre le condamné.

Que les voyages feront de même taxez en matiere criminelle
pour les accuſateurs, & aux accuſez qui feront renvoyez chacun en particulier, lors qu'ils feront obligez d'eſtre prefens en perſonne.

Qu'aux affaires évoquées des Cours Souveraines & renvoyées,
les voyages & ſéjours ſe taxeront comme ils auroient eſté aux lieux
dont l'évocation eſt ordonnée juſqu'au jour d'icelle, & depuis comme on a accoûtumé de les taxer en la Cour.

Que les voyages des femmes feront taxez de la même qualité
qu'à leurs maris, ſans qu'il y ſoit ajoûté l'homme de pied, qu'à
celles ſeulement dont les maris ne font taxez que pour homme de
cheval.

Qu'il ne ſera taxé que les voyages ordinaires & cy-devant marquez, quoy qu'il y ait pluſieurs affirmations; mais lors qu'il y en
aura une pour faire juger, le procés eſtant en eſtat, le voyage en-
trera en taxe, encore que l'Arreſt intervienne aprés, quelque in-
tervale de temps qu'il y ait.

Que les ſéjours aux procés jugez de Grands Commiſſaires, ne
feront taxez (en conformité de l'Ordonnance) que du jour de la
ſignification de l'acte d'affirmation.

Qu'il ne ſera taxé voyage, ni vin de Meſſager pour payer épices d'un Arreſt dont les dépens font compenſez.

Que quand les dépens de la cauſe d'appel feront compenſez,
lors qu'il n'y aura que ceux de la cauſe principale à taxer, il ne
ſera point taxé de voyage de la qualité pour faire juger, attendu qu'il fait partie des dépens compenſez, & ſera ſeulement

taxé le voyage d'homme de cheval pour lever l'Arreſt.

Qu'il ne ſera auſſi taxé voyage pour faire taxer les dépens , & que le vin de Meſſager ſera reglé ſuivant l'aſſiſtance, pourvû qu'elle n'excede quinze liv.

Que quand les Arreſts portent condamnation de partie des dépens , même compenſez en quelques chefs, & les autres reſervez, pourvû qu'il y ait condamnation de quelque portion de dépens, les épices ſe taxeront pour le tout s'il n'y a arreſté contraire ſur la minutte & Regiſtre de la Chambre où l'Arreſt ſera rendu. Fait en Parlement le dixiéme Avril 1691. Collationné. Signé, DU TILLET.

Lû & publié à la Communauté des Avocats & Procureurs de la Cour , ce 21. May 1691. par moy Greffier d'icelle Communauté , ſous-ſigné , Signé . TUAULT.

DELIBERATION,

Pour contribuer à la ſuppreſſion de la creation des Charges pour écrire les Sentences des Requeſtes du Palais , & pour la diſcipline qui ſe doit obſerver.

*Extrait des **Regiſtres** des Deliberations de la Communauté des Avocats & Procureurs de la Cour.*

Du Vendredy 18. May 1691.

CE jour la Compagnie aprés avoir deliberé ſur les propoſitions qui ont eſté faites pour arreſter l'execution de l'Edit de Creation du mois de Fevrier dernier , aux Requeſtes du Palais, de quatre Charges de Commis pour écrire toutes les Sentences & Actes en parchemin.

Arreſté , que pour parvenir à la reünion & ſuppreſſion deſd. quatre Charges nouvellement creées pour mettre en parchemin les Sentences des Requeſtes du Palais , la Compagnie donnera à la décharge des Commis deſdits Greffes, la ſomme de dix mil livres, qui ſeront empruntez par les Procureurs de Communauté, auſquels la Compagnie donne plein pouvoir d'en paſſer contrats de conſtitution à telles clauſes & conditions qu'ils jugeront à propos.

Arresté, que dorénavant quand il écherra de faire la prisée des pratiques des Procureurs decedez, elle ne pourra estre faite que par les anciens Procureurs qui seront nommez à cette fin par la Communauté, sans qu'aucun autre Procureur qui ne sera point nommé, puisse à la requisition des heritiers ou interressez s'entre-mettre de la faire.

Arresté, que Herbault successeur de Cochon, ne pourra en aucune affaire signer pour luy que dans trois jours ; ledit Cochon sera tenu de nommer à la Communauté son Procureur, du nombre desquels il luy en sera donné un pour occuper pour luy, à condition qu'il agira par luy même & demeurera responsable des procedures qui seront faites.

Que l'Aîné qui a traité de la Pratique de le Tanneur sera encore averti de se pourvoir d'une Charge ; pareillement Barbé, qui a traité de la Pratique de Thevenet, comme aussi celuy qui a traité de la Pratique de Rousseau ; & cependant que les Procureurs qui signent pour eux seront avertis de ne plus continuer.

Qu'on s'informera de la conduite de le Tanneur, de Corbillon & Hodeau, & ne sera souffert que directement ou indirectement ils fassent aucune affaire.

Qu'il ne sera pris aucuns appointemens en droit sur les Requestes données pour faire recevoir des oppositions aprés le congé d'adjuger, mais que les demandes de cette qualité seront mises aux petits Rôlles comme matieres sommaires, au rang des appointemens: autrement que ceux qui en formeront & instruiront des instances n'en pourront repeter les frais ni repeter contre leurs parties.

DECLARATION,

Pour la creation de Commis Ecrivans en Peau aux Requestes du Palais.

Du vingt-deuxiéme May 1691.

LOUIS par la grace de Dieu, Roy de France & de Navarre: A tous ceux qui ces Presentes Lettres verront, Salut. Le Commis aux Greffes des Requestes du Palais de nostre Parlement de Paris, nous a trés-humblement fait representer que par nostre Edit du mois de Fevrier dernier, Nous avons créé quatre Offices de

Commis pour écrire & mettre en parchemin toutes les expeditions
des Greffes fans aucune exception ; que cependant les Commis
Greffiers aux Chambres font en droit de faire mettre en parchemin les Sentences d'Audiences qui font renduës, de même que
le Commis à l'Audience du Parquet des Requeftes du Palais, &
le Commis aux Decrets, lequel delivre les oppofitions, encheres, & titres des adjudications, en forte qu'il ne refte que les fentences par rapport dont les expeditions font mifes en peau par fix
Commis anciennement créez en titres d'Offices, dont la fonction
fe trouveroit éteinte fi lefdits quatre nouveaux Offices avoient
lieu ; que même la Jurifdiction defdites Requeftes du Palais, &
ceux qui ont le privilege d'y porter leurs caufes, en pourroient fouffrir fi cette fonction eftoit commife à de nouveaux Officiers. Qu'enfin pour éviter le prejudice que cette creation leur cauferoit, ils
fe foumettoient à lever cefdites Charges, & d'en payer jufqu'à la
fomme de 50000. liv. à laquelle les Greffiers des Chambres & ceux
du Parquet defdits Decrets ont bien voulu contribuer ; même les
Procureurs de noftre Cour de Parlement qui occupent en ladite
Jurifdiction des Requeftes du Palais, lefquels ont volontairement
offert, pour l'intereft qu'ils ont à maintenir ladite Jurifdiction,
de payer à la décharge defd. Commis, la fomme de 10000. livres
& ce fans repetition contr'eux : le tout à la charge qu'il nous plairoit les maintenir tous chacun à leur égard dans leurs ufages &
poffeffion dans les droits qu'ils ont accoûtumé de percevoir. A
CES CAUSES, & autres à ce nous mouvans, de l'avis de nô-
ftre Confeil, & de noftre certaine fcience, pleine puiffance & autorité Royale, Nous avons par ces Prefentes fignées de noftre
main, accepté & acceptons lefdites offres, en confequence confirmé & confirmons tous lefdits Commis des Greffes defdites Requeftes de noftre Palais, en la poffeffion en laquelle ils font d'écrire & faire mettre en parchemin toutes les expeditions defdites Requeftes du Palais ; Sçavoir lefdits Greffiers Commis fervans aux
Chambres les Sentences d'Audiences qui y font renduës, & autres actes qu'ils ont accoûtumé d'expedier, le Commis à l'Audience du Parquet, & celuy defdits Decrets, tous les actes qu'ils
ont auffi accoûtumé d'expedier, & lefdits fix Commis écrivans
à la Peau les Sentences renduës fur rapport, le tout comme les
uns & les autres ont accoûtumé & font en poffeffion de faire,
fans qu'ils puiffent pretendre aucuns nouveaux droits, & ne prendront lefdits Commis écrivans à la Peau que huit fols par rôlle

en observant les Reglemens ; & le Commis au Decret quinze sols pour expedition de chacune opposition , sans que lesdits droits puissent estre augmentez sous tel pretexte que ce soit : le tout à la charge par eux de payer suivant le rôlle qui sera arresté au Conseil ; sçavoir , par lesdits six Commis écrivans à la Peau la somme de 30000. liv. pour leur part & portion desd. 50000. livres, au moyen dequoy il leur sera expedié des provisions pour exercer lesd. Charges, ainsi qu'ils ont fait jusqu'à present : pour lesd. Commis Greffiers des deux Chambres la somme de 3000. livres : pour lesd. Commis de l'Audience & du Parquet celle de 4000. livres : pour lesdits Commis ausdits Decrets celle de 3000. livres , toutes lesquelles sommes leur tiendront lieu d'augmentation de finance ; & à l'égard du surplus de lad. somme montant à dix mil livres , il sera payé à la décharge de tous lesd. Commis, des deniers desdits Procureurs , suivant les offres par eux faites, & sans aucune repetition contre tous lesdits Greffiers Commis ; & en consequence Nous avons éteint & supprimé lesd. quatre Offices d'Ecrivans à la Peau créez par nostredit Edit du mois de Fevrier dernier pour lesdites Requestes du Palais , & iceux unis à ceux desdits six Commis écrivans en Peau , ausquels nous avons attribué , outre les droits cy-dessus , soixante livres de gages chacun , dont ils seront payez de trois quartiers; Et pour leur faciliter le payement de lad. somme de 30000. livres , Nous avons ordonné & ordonnons par ces Presentes , que ceux qui leur presteront les deniers pour cet effet auront privilege special sur leursdites Charges à l'exclusion de tous autres creanciers , à l'exception toutefois de ceux qui les auroient vendus , ou presté les deniers pour employer au payement du prix, sans qu'il soit besoin de faire declaration desdits emprunts par les quittances qui en seront delivrées. Voulons que la simple declaration desdits Commis qui emprunteront & reiterée par autre Acte passé pardevant Notaires , au bas des quittances ait la même force & vertu que si elles y avoient esté faites. Avons au surplus maintenu , conservé & gardé lesdits Officiers dans leurs droits de Committimus , & tous autres droits & privilege dont ils joüissent , sans que cy-aprés ils puissent y estre troublez ni recherchez à cet égard pour quelque cause & pretexte que ce soit. Si donnons en mandement à nos amez & feaux Conseillers, les Gens tenans nostre Cour de Parlement à Paris, que les Presentes ils ayent à faire lire , publier , & regiftrer le contenu en icelles , & faire executer selon leur forme & teneur , sans y contrevenir , ny permettre qu'il y soit con-

trevenu en quelque forte & maniere que ce foit, nonobftant tous
Edits & Declarations, Reglemens, Arrefts, & autres chofes à ce
contraires, aufquels Nous avons dérogé & dérogeons par les Prefentes : C a r tel eft noftre plaifir. En témoin de quoy Nous avons
fait mettre noftre fcel aufdites Prefentes. D o n n e' à Verfailles
le 22. jour de May, l'an de grace 1691. Et de noftre Regne le quarante-neuviéme. Signé fur le reply, Par le Roy, P h e l i p p e a u x.
Vû au Confeil, Phelippeaux.

*Collationné en l'Original, par Nous Ecuyer, Conseiller
Secretaire du Roy, Maifon, Couronne de France &
de fes Finances.*

Signé, P e t i t, avec paraphe.

*Cette Declaration a eu fon execution, & les Procureurs ont financé dix
mil livres pour l'extinction de la nouvelle creation.*

A R R E S T

Qui juge qu'on peut s'infcrire en faux contre une piece reconnuë.

P A R Arreft du 12. Juin 1691. en la caufe de la veuve le Franc,
& Pifotte du Franc, à la Grand' Chambre, de Retz Avocat de la Veuve, Robert Avocat de du Franc, Monfieur d'A-
gueffeau Avocat General portant la parole : jugé, qu'aprés la reconnoiffance & verification faite par Experts de l'écriture privée,
on pouvoit s'infcrire en faux ; & fur ce principe la partie de de
Retz a efté deboutée de l'oppofition à l'Ordonnance qui permet-
toit de s'infcrire.

D E L I B E R A T I O N,
Pour remettre les procés & inftances.

*Extrait des Regiftres des Deliberations de la Communauté des
Avocats & Procureurs de la Cour.*

Du dixiéme Aouft 1691.

C E jour la Compagnie aprés avoir deliberé fur les frequentes
plaintes portées à la Communauté contre plufieurs Procureurs qui font refufans de faire l'expedition qui leur eft prefcrite

par

par les Reglemens , & de rendre les procés & inſtances que Meſſieurs les Rapporteurs, pour le bien de la Juſtice & faciliter l'expedition , leurs prétent ſous leurs recepiſſez.

Arreſté ſous le bon plaiſir de la Cour, que les Procureurs qui
feront refuſans de faire l'expedition & rendre les procés & inſtances dans le temps qui leur ſera accordé par Meſſieurs les Rapporteurs , & marqué aux recepiſſez qu'ils donneront , feront multez
à la Communauté des peines portées par les Reglemens , outre leſquelles ils demeureront reſponſables en leurs noms du ſéjour & dommages & intereſts des parties , conformément à la Deliberation
omologuée par Arreſt du 19. Juillet 1689.

Que les peines qui feront prononcées contre les contrevenans
ne pourront eſtre rabattuës , & qu'il en ſera fait tous les dix mois
un Rôlle , dont l'execution ſera pourſuivie pour les pauvres qui
ſont aux charitez de la Communauté.

Que les Procureurs de Communauté iront porter leurs plaintes
contre les Procureurs refuſans , au Parquet de Meſſieurs les Gens
du Roy & à la Grand Chambre , pour demander qu'ils ſoient ſuf-
pendus de leur fonction.

Que ceux qui ne ſatisferont pas au ſecond avis de la Communauté , feront mis au rang des refractaires, auſquels Meſſieurs ſeront priez de ne plus preſter de procés ny inſtances , ſous tel pretexte que ce ſoit.

Que pour rendre la connoiſſance des Procureurs refractaires publique , leurs noms feront inſcrits dans un tableau qui ſera mis à la
Chambre de la Communauté.

Que les Procureurs qui y feront inſcrits feront privez à toûjours
des honneurs & Charges de la Compagnie , même d'eſtre employez au rang des Tiers pour voir les dépens.

ARREST DE LA COUR DE PARLEMENT,

*Concernant les Clercs qui ont traité de Charges & Pratiques
de Procureurs.*

Du quatorziéme Aouſt 1691.

EXTRAIT DES REGISTRES DE PARLEMENT.

CE jour , la Cour , aprés avoir vû là deliberation de la Communauté des Avocats & Procureurs d'icelle , du 28. Avril
1690. par laquelle il a eſté arreſté ſous le bon plaiſir de la Cour ,
II. Part.   Z

que Trahant qui a esté pourvû de l'Office de Seval Procureur en icelle ; Reneux qui a traité de celle de Vincent ; Guerin & Hubert seront tenus dans un mois de se faire pourvoir ; & recevoir s'il y échet ; Comme aussi que les nommez Barbé & Carolet, qui ont traité des Pratiques de défunts Thevenet & Harouard, & Laisné qui a traité de la Pratique de le Taneur, seront tenus dans le même-temps de se pourvoir de Charges, sinon, le temps passé, qu'ils ne pourront exercer, ni aucuns Procureurs signer pour eux : & sans aussi que lesdits Vincent, Hubert & Seval puissent exercer, non plus que tous autres Procureurs, aprés trois mois qu'ils auront disposé de leurs Charges, ni aucuns Clercs sans Charges traiter à l'avenir d'aucunes Pratiques. Certificat de ladite Communauté du premier du present mois d'Aoust, portant que Maistre Jacques Rousseau ancien Procureur, qui exerçoit par matricule, a disposé de sa Pratique & s'est retiré du Palais depuis plus de deux ans, qu'il n'a point de Substituts, & n'est point compris dans la Liste des Procureurs : Conclusions du Procureur General du Roy par luy prises par écrit ; Oüy le rapport de Maistre Estienne Daurat Conseiller, la matiere mise en deliberation, a aresté & ordonné que les Clercs qui ont acquis & qui acquerront cy-aprés des Offices de Procureurs en ladite Cour, seront tenus de s'en faire pourvoir, & se presenter pour estre reçûs, s'il y échet ; sçavoir, ceux qui ont cy-devant traité desdits Offices, dans trois mois du jour du present Arrest ; & les autres qui en traiteront à l'avenir, dans trois mois du jour de leur contract d'acquisition ; & à faute de ce faire, & led. temps passé, qu'ils ne pourront estre admis à exercer, ni les Procureurs qui leur auront vendu, ni autres, signer pour eux, à peine de 300. liv. d'amende pour chacune contravention. Fait défenses à tous Clercs d'acquerir aucunes Pratiques avant qu'ils ayent acheté des Charges de Procureurs : Ordonne que ceux qui en ont cy-devant acquis, seront tenus de se faire pourvoir de Charges dans un mois, autrement ledit temps passé, fait défenses à tous Procureurs de signer pour eux, à peine de 300. liv. d'amende, & d'encourir les peines portées par les Arrests & Reglemens de ladite Cour, contre les Procureurs qui signent pour les Postulans : Comme aussi fait défenses à tous Procureurs qui ont vendu leurs Charges, & à ceux sur qui elles ont esté adjugées en Justice, de faire aucunes fonctions de Procureurs trois mois aprés la datte des contrats de vente ou des adjudications desdites Charges, encore que leurs Resignataires n'eussent esté reçûs dans icelles, à peine de 300.

livres d'amende pour chaque contravention. Enjoint aux Procureurs d'examiner avec soin les actes qui leur seront presentez à signer pour leurs Confreres absens ou malades, sans qu'ils en puissent signer à l'avenir pour Jacques Rousseau ancien Procureur, exerçant par matricule, lequel a declaré dans la Communauté desdits Avocats & Procureurs de ladite Cour, ne vouloir plus faire aucune fonction de Procureur. Ordonne que le present Arrest sera lû & publié en la Communauté desdits Avocats & Procureurs de ladite Cour. Fait en Parlement le 14. Aoust 1691. Signé par collation, DU TILLET.

Lû & publié à la Communauté des Avocats & Procureurs de la Cour par moy Greffier d'icelle Communauté sous signé, le 6. Septembre 1691. Signé, TUAULT.

ARRESTEZ DE LA COUR DE PARLEMENT,

Portant Reglement pour le Jugement des Oppositions en sous-ordre.

Du vingt-deuxiéme Aoust 1691.

CE jour, la Cour, toutes les Chambres assemblées, Monsieur le Premier Président a dit; Que Monsieur Briçonnet Président en la Troisiéme Chambre des Enquestes, l'estant venu voir il y a quelque temps, il luy avoit parlé, à l'occasion de quelque affaire particuliere, de la maniere en laquelle on jugeoit dans la Compagnie les Oppositions en sous-ordre : Que cela luy ayant fait beaucoup de peine, il en avoit conferé avec quelques-uns de Messieurs de la Grande Chambre, & les ayant trouvez dans le même sentiment sur ce sujet, il auroit crû de son devoir d'expliquer par un memoire les inconveniens qu'il luy paroissoit qu'il y avoit dans cet usage, & de le presenter comme il l'avoit fait à Messieurs les Présidens de la Cour, & d'en donner des copies dans toutes les Chambres, & aux Gens du Roy : Qu'ayant appris quelques jours aprés que ce memoire avoit esté examiné, il avoit prié Messieurs les Présidens & quelques-uns de Messieurs de la Grande Chambre, de prendre la peine de se trouver dans la maison du Bailliage avec ceux de Messieurs qui seroient deputez par les Chambres des Enquestes & Requestes, & les Gens du Roy, afin de conferer sur ce sujet, & de concerter les moyens les plus convenables pour empêcher que l'on ne continuât à l'avenir de juger aux dépens d'un malheureux debiteur des contestations où il n'avoit aucun interest, & que l'on ne divertît au prejudice de ses creanciers legitimes, une partie des fonds destinez pour leur payement, ou pour luy conserver quelque reste de ses biens : Que Messieurs avoient bien voulu se rendre pour ce sujet Lundy dernier sur les six heures du soir dans la maison du Bailliage, & qu'ayant invité les Gens du Roy de proposer les remedes qu'ils estimeroient les plus efficaces pour empêcher la continuation de cet usage, ils l'avoient fait d'une maniere qui avoit esté approuvée par tous Messieurs qui l'avoient entendu : Que l'on avoit redigé par écrit ce qu'ils avoient proposé : Qu'il en avoit envoyé hier matin une copie dans chaque Chambre, & que toute la Compagnie se trouvant presentement assemblée, il avoit crû qu'elle auroit agreable de mettre la derniere main à une si bonne œuvre, & de donner le plus promptement qu'il seroit possible aux debiteurs saisis & à leurs creanciers, un soulagement qu'ils attendoient de sa Justice : Sur quoy Monsieur le Premier President ayant fait lecture de cinq articles, & la matiere mise en deliberation;

LA COUR, toutes les Chambres assemblées, a arresté & ordonné :

Premier Article.

Que l'on ne prendra à l'avenir aucun appointement sur les oppositions en sous-ordre portant jonction à l'ordre, & que lesdites oppositions en sous-ordre seront jugées aprés que l'on aura prononcé sur l'ordre, & par un Arrest ou Sentence separez.

II.

Que les oppositions en sous-ordre seront jugées au rapport de celuy qui aura fait le rapport de l'ordre.

III.

Que les frais necessaires pour la poursuite, instruction & jugement des oppositions en sous-ordre, seront pris sur la somme qui aura esté adjugée au creancier sur lequel lesdites oppositions ont esté faites, ou avancez par les opposans, si bon leur semble, sans qu'en aucun cas ils puissent estre pris sur les revenus, ny sur le reste du prix des immeubles qu'il s'agit de distribuer entre les creanciers.

IV.

Que les creanciers d'un opposant, qui ne forment entr'eux aucunes contestations , pourront intervenir dans l'ordre lors qu'ils le trouveront à propos, pour y faire valoir la creance de leur debiteur commun.

V.

Que les Oppositions en sous-ordre qui sont jointes presentement aux ordres , & dont le jugement a esté commencé , seront jugées en la maniere observée jusqu'à present ; & que celles dont le jugement n'a pas esté commencé, demeureront disjointes de l'ordre , pour estre instruites & jugées separément , & en la maniere cy-dessus.

Ordonne que le present Arrest sera lû & publié dans la Communauté des Avocats & Procureurs de ladite Cour. Fait en Parlement le 22. Aoust 1691. Signé, DONGOIS.

REGLEMENT,

Pour l'instruction des Oppositions en sous-ordre.

Extrait des Registres de la Cour des Aydes.

Du Mercredy 25. Septembre 1691.

CE jour , Monsieur le Premier President a dit , que la Cour avoit par son arresté fait , les Chambres assemblées , le 27. Avril de l'année 1686. pourvû entr'autres choses au jugement des Oppositions en sous-ordre , & ordonné qu'à l'avenir les oppositions ne seroient point instruites avec le Procureur du poursuivant , & le plus ancien des Procureurs opposans , pour empêcher que les frais de l'ordre fussent grossis , & tombassent sur le dernier creancier utilement colloqué , qui n'a aucun interest dans les oppositions en sous-ordre , qui ne regardent que la partie sur laquelle elles sont faites : Que cet arresté estoit demeuré sans execution , & qu'il croyoit pour le bien de la Justice , que ce Reglement devoit estre renouvellé pour estre executé : Les Gens du Roy oüis en leurs conclusions ; la matiere mise en deliberation.

A esté arresté que l'arresté dudit jour 27. Avril 1686. sera executé selon sa forme & teneur ; ce faisant, a fait & fait lad. Cour tres-expresses inhibitions & défenses aux creanciers oposans en sous-ordre , de faire à l'avenir pour raison de leurs opositions aucunes procedures avec & contre les Procureurs du poursuivant , & le

plus ancien des Procureurs des oppofans , à peine de nullité , &
fans qu'elles puiffent entrer dans la taxe des frais extraordinaires
de criées , & de l'inftance d'ordre ; fauf aufdits creanciers oppofans en fous-ordre à faire les procedures neceffaires pour la confervation de leur dû avec leur debiteur oppofant à l'ordre & fon Procureur feulement. A ordonné & ordonne que les vacations qu'il
conviendra employer pour le jugement defdites oppofitions en
fous-ordre , enfemble les épices à proportion , & leur part du couft
de l'Arreft feront confignées par lefd. oppofans en fous-ordre , fi
bon leur femble , fans qu'elles puiffent eftre prifes fur le prix des
ventes & adjudications , fauf à eux à les repeter fur les creanciers
fur lefquels ils fe feront oppofez en fous-ordre, ainfi qu'ils aviferont bon eftre ; défenfes au contraire , & faute par lefdits creanciers oppofans en fous-ordre de faire la confignation des vacations,
leurs oppofitions en fous-ordre feront disjointes de l'inftance d'ordre , & paffé outre au jugement d'icelle.

Ordonne que le prefent arrefté fera lû & publié à la Communauté des Avocats & Procureurs , à ce que nul n'en ignore.

EXTRAIT DES REGISTRES DE LA COUR DES AYDES,

**Portant Reglement fur la Prononciation des défauts ou congez
aux Caufes appellées fur Placets.**

Du Mardy vingt-feptiéme Novembre 1691.

CE jour , Monfieur le Premier Prefident a dit , que par un
ancien ufage , lors que des particuliers appellans des Jugemens & Sentences des premiers Juges où les intimez , comme
auffi le demandeur ou défendeur en Lettres en forme de Requê-
te Civile , n'ont pas fait mettre leurs Caufes aux Rôlles ordinaire
ou extraordinaire , ils ont eu la liberté de pourfuivre les appellations ou Requeftes Civiles fur des Placets qui font répondus par
ledit fieur Premier Prefident à jour certain , que l'on fignifie aux
Procureurs des appellans ou intimez , & à ceux des demandeurs
ou défendeurs en Requefte Civile. Et quoy que faute de fe prefenter à l'Audience , lon peut donner un défaut, fauf l'oppofition
dans la huitaine ; cependant la Cour a accoûtumé d'ordonner que
les parties en reviendront à la huitaine , après laquelle , faute auffi
de comparoiftre à l'Audience , ou prononcer un défaut ou congé,

contre lequel on se peut pourvoir par opposition dans la huitaine, du jour de la signification de l'Arrest : mais comme cet usage cause des frais aux parties par la multiplicité des Arrests & des significations , il a crû que cet usage se pouvoit reformer en ordonnant, l'amende ayant esté consignée sur la premiere signification de l'avenir, un defaut ou congé qui adjuge les conclusions , si elles sont trouvées justes & raisonnables , sauf l'opposition dans la huitaine : Sur quoy les Gens du Roy oüis ; la matiere mise en deliberation.

A esté arresté , qu'à l'avenir aprés que l'amende ordinaire de l'appel ou des Requestes Civiles aura esté consignée , il sera donné un Arrest par defaut ou congé emportant profit sur la premiere assignation donnée en consequence de l'Ordonnance mise sur le Placet , répondu par Monsieur le Premier Président à un certain jour , si les conclusions sont trouvées justes & raisonnables , sans aucune remise à la huitaine , sauf l'opposition dans la huitaine.

Ordonne que le present arresté sera lû & publié à la Communauté des Avocats & Procureurs , à ce que personne n'en pretende cause d'ignorance.

REGLEMENT

Pour se rendre à la Communauté , & y observer la discipline.

Du Vendredy 7. Decembre 1691.

Monsieur le Premier Président.

CE jour , la Cour aprés avoir oüi les Gens du Roy en leurs conclusions , la matiere mise en deliberation , a ordonné & ordonne, que les Procureurs seront tenus de se faire entr'eux l'expedition qui leur est prescrite par les Reglemens ; Qu'ils se rendront à la Communauté pour répondre aux plaintes qui seront faites contr'eux , & de leurs procedures : Defereront aux avis qui y seront rendus sous les peines portées par l'Arrest du 19. Juillet 1689 qui ne pourront estre rabattuës , & à cette fin enjoint aux Procureurs de Communauté de faire tous les six mois le Rôlle de ceux qui auront esté multez , & d'en poursuivre l'execution au profit des pauvres qui sont aux charitez de ladite Communauté , à peine d'en ré-

pondre en leurs noms ; & en cas de récidive, d'en donner avis aux
Gens du Roy pour y eftre pourvû par la Cour ainfi qu'il appartiendra : Et fera le prefent Arreft lû & publié en ladite Communauté
des Avocats & Procureurs de lad. Cour. Signé, DONGOIS.

ARREST,

Qui défend les Contre-lettres en l'acquifition des Charges &
Pratiques des Procureurs.

Du Vendredy feptiéme Decembre 1691.

Monfieur le Premier Prefident.

CE jour, la Cour aprés avoir oüy les Gens du Roy en leurs
conclufions ; la matiere mife en deliberation.

A arrefté & ordonné, que les contrats d'achapt des Charges
de Procureurs, d'Huifliers en ladite Cour, & les quittances des
payemens faits en confequence, feront inferées dans les Arrefts
de reception de ceux qui font pourvûs defdites Charges : Que les
Contre-lettres & autres Actes qui feront paffez à l'avenir contre
ce qui fera porté par lefdites quittances, demeureront nuls & de
nul effet & valeur ; fans prejudice au Procureur General du Roy
de prendre telles conclufions contre lefdits Officiers & autres
qu'il avifera bon eftre. Ordonne que le prefent Arreft fera lû &
publié en la Communauté des Avocats & Procureurs de ladite
Cour, & en celle des Notaires de cette ville de Paris. Signé,
DONGOIS.

Le prefent Arreft a efté lû & publié en la Communauté des Avocats &
Procureurs de la Cour, par moy Greffier d'icelle, fous-figné, le 20. Decem-
bre 1691. Signé, M. FEBVRIER.

AVIS DE COMMUNAUTE'

Sur ce qui doit s'obferver avant de donner des Requeftes contre
les Procureurs en leurs noms.

Du 4. Janvier 1691.

CE jour, la Compagnie ayant deliberé fur les moyens de faire ceffer les frequentes plaintes qui font portées en la Communauté, des Requeftes qui font données contre les Procureurs
en

en leurs noms dans les affaires où ils occupent ; le plus souvent sans autre cause que de suivre la passion des parties ou faire des frais inutiles, ce qui arreste l'expedition & deshonore la profession ; le Procureur n'étant établi que pour substituer la partie en sa legitime défense, ne peut & ne doit estre impliqué, que lors qu'il excede son pouvoir ou prevarique dans sa fonction.

Arresté sous le bon plaisir de la Cour, que dans les affaires où les Procureurs agissent pour les parties, il n'y sera donné aucunes Requestes contr'eux en leur nom, que conformément aux Arrests & Reglemens de la Cour, la plainte de la procedure qu'ils auront faite n'ait esté prealablement portée à la Communauté, & qu'ils ne soient refusans de se conformer aux avis ; dans lequel cas ceux qui auront sujet de plainte seront assistez des Procureurs de Communauté, tant au Parquet de Messieurs les Gens du Roy, qu'à la Grande Chambre contre les Procureurs refractaires, & pareillement la plainte y sera portée contre les Procureurs qui contreviendront qui demeureront garands de leur procedure, dont ils ne pourront repeter les frais, même contre leurs parties, encore qu'ils en soient approuvez.

Arrest de Reglement concernant les Peremptions, qui sera cy-aprés transcrit au Chapitre concernant les frais & salaires.
Du 28. Mars 1692.

Extrait de la Mercuriale tenuë le dix-huitiéme Avril 1692.

Portant défenses de former des demandes incidentes qui ne soient accessoires & dépendantes de la contestation.

Article 3.

QUE l'on ne formera point incidemment à des appellations, & particulierement de saisies & criées, des demandes incidentes, qui ne soient accessoires & dépendantes desdites appellations ; Et en cas que l'on en fasse qui regardent les contestations principales pendantes devant les premiers Juges, en sorte que la Cour soit obligée d'y renvoyer les parties pour proceder sur lesdites demandes, les frais qui auront esté faits en la Cour à cet égard par les demandeurs, ne pourront entrer en taxe, & les

II. Part. A a

Procureurs ne les pourront repeter , même contre les parties.

*Ledit Extrait a esté lû & publié à la Communauté des Avocats & Pro-
cureurs de la Cour , le Lundy deuxiéme Juin 1692. Signé , FEBVRIER.*

ARREST

Portant omologation de la Deliberation de la Communauté, pour
ne point occuper sous le nom de ses Confreres.

Extrait des Regiſtres de Parlement.

Du dix-neuviéme May mil six cent quatre-vingt-douze.

VEU par la Cour l'acte de deliberation de la Communauté
des Avocats & Procureurs de ladite Cour , du 14. du preſent mois de May , enſemble l'Arreſt du 19. Juillet 1689. portant
omologation de l'Acte & Deliberation de ladite Communauté du
30. Avril precedent ; Requeſte de ladite Communauté afin d'o-
mologation de ladite Deliberation du 14. du preſent mois de May;
Concluſions du Procureur General du Roy ; la matiere miſe en deliberation : LADITE COUR a ordonné & ordonne , que ladite deliberation des Avocats & Procureurs de la Cour , du 14. du
preſent mois de May , ſera executée ſelon ſa forme & teneur : ce
faiſant que tous les Procureurs ſe conformeront à ladite Deliberation omologuée par ledit Arreſt du 19. Juillet 1689. & ſuivant icelle qu'aucun d'eux ne pourra dans les inſtances d'ordre & de prefe-
rance directement ny indirectement , ſous quelque pretexte que ce
ſoit , occuper ſous le nom de ſon Confrere , en donner le pouvoir,
ny aucunle recevoir. Que ceux qui ſeront chargez par les parties
agiront par eux-mêmes , ſans qu'ils puiſſent ſigner l'un pour l'autre , à peine , pour ceux qui ſe trouveront avoir donné ou reçû le
pouvoir de leurs Confreres , d'eſtre rayez de la Matricule , de perdre leurs frais , même le Procureur pourſuivant , tous ceux par luy
faits en l'ordre & preference ſans repetition , non pas même contre
ſes parties ; & ſera le preſent Arreſt lû , publié & regiſtré en ladite
Communauté des Avocats & Procureurs de la Cour Fait en Parlement le 19. jour de May 1692. Signé , DONGOIS.

Le preſent Arreſt a eſté lû & publié à la Communauté des Avocats &

Procureurs de la Cour, le seizième Juin 1692. par moy Greffier d'icelle, soussigné. Signé, M. FEBVRIER.

ARREST DE LA COUR DE PARLEMENT,

Concernant l'enregistrement des Saisies Réelles & les oppositions qui y sont formées.

Du septiéme Juin 1692.

Extrait des Registres de Parlement.

SUR ce qui a esté remontré à la Cour par le Procureur General du Roy, qu'il a reçû des plaintes de ce que le Greffier des Decrets des Requestes du Palais expedioit differens actes d'opposition aux creanciers opposans à une même saisie réelle de plusieurs terres, maisons & heritages, & autres immeubles, faite sur un même debiteur, à la requeste d'un même creancier, ou de plusieurs creanciers saisissans conjointement; quoyque lesdites saisies réelles desdits immeubles soient enregistrées de suite dans les feüillets de son Registre, & que la poursuite desdites saisies réelles ne doive composer qu'un seul corps de criées & une même adjudication, ce qui cause des frais inutils & exorbitans, que les Procureurs employent dans les frais extraordinaires de criées, à quoy il estoit besoin d'apporter remede, tant pour les decrets qui se poursuivent aux Requestes du Palais, qu'en la Cour, & dans les Sieges de son ressort. Requeroit ledit Procureur General qu'il plût à la Cour d'y pourvoir, suivant les conclusions par luy prises par écrit. Vû les Edits & Declarations du Roy, Arrests & Reglemens de ladite Cour sur le fait des procedures des criées : LA DITE COUR ordonne que les Greffiers des decrets seront tenus d'enregistrer de suite dans un même endroit de leurs Registres les saisies réelles faites sur un même debiteur, à la requeste d'un même creancier, ou de plusieurs saisissans conjointement, lors qu'elles leur seront apportées pour enregistrer en même-temps, encore que lesd. saisies réelles comprennent differens corps d'heritages & biens immeubles,& qu'elles ayent esté faites en differens jours par un seul procés verbal ou par differens procés verbaux:qu'ils delivreront aux oposans lors qu'ils en seront par eux requis,des expeditions des oppositions qu'ils auront formées ausd. saisies pour tous les biens im-

A a ij

meubles qui y feront compris , fans qu'ils puiffent les divifer , ny obliger lefdits oppofans de lever autant d'expeditions de leurfdites oppofitions qu'il y aura de differens corps d'heritages faifis , & ce à peine de cent livres d'amende pour chaque contravention. Ordonne que le prefent Arreft fera lû , publié & regiftré dans la Communauté des Avocats & Procureurs de ladite Cour , & envoyé dans les Sieges du reffort, pour y eftre pareillement lû & publié à la diligence des Subftituts du Procureur General du Roy, qui feront tenus d'en certifier la Cour dans un mois. Fait en Parlement le 7. Juin 1692. Signé , DONGOIS.

Lû & publié en la Communauté des Avocats & Procureurs de la Cour, le Lundy feixiéme Juin 1692. par moy Greffier fous-figné. Signé,
M. FEBVRIER.

ARREST DE LA COUR DE PARLEMENT,

Portant Reglement pour les deniers confignez és mains des Receveurs des Confignations.

Du 8. Juin 1693.

Extrait des Regiftres de Parlement.

CE jour , les Gens du Roy font entrez , & Maiftre Chreftien-François de Lamoignon, Avocat dudit Seigneur Roy, portant la parole , ont dit à la Cour , qu'ils avoient appris que les Receveurs des Confignations avancent aux Procureurs pourfuivans des fommes confiderables , à déduire fur les frais qui leur font adjugez, que depuis peu l'on a vû les Receveurs des Confignations du Parlement & des Requeftes du Palais , oppofans au fcellé d'un Procureur de la Cour, pour de pareilles creances , qui doivent eftre rejettées ; parce que les Receveurs des Confignations eftant les gardiens du depoft public , ils ne peuvent en eftre valablement déchargez que par l'autorité publique ; c'eft à dire , par des Sentences ou des Arrefts des Juges qui les ont chargez ; que d'ailleurs cette facilité pour les Procureurs peut rendre la conduites des Receveurs des Confignations fufpecte , & donner lieu à quelques bruits qui fe repandent dans le public, que la pourfuite des ordres eft avancée , ou remife ainfi qu'il leur convient ; ce que neanmoins ils ne croyent pas eftre veritable , aprés s'en eftre informez foigneufement , qu'ils croyoient eftre de leur devoir de fupplier la Cour d'arrefter ce defordre par fa prudence , & de requerir que défenfes fuffent faites à tous Receveurs des Confignations d'avancer aucune fomme aux Procureurs pourfuivans , fur les frais qui leur feront adjugez dans l'ordre ; que tous les billets & obligations faits par les Procureurs aux Receveurs des Confignations , pour fommes payées par avance fur les frais qui leur feront adjugez, fuffent declarez nuls & de nul effet , & les fommes rayées dans les comptes des Receveurs des Confignations, & des Procureurs qui les auront reçûës condamnez en telle amande qu'il plaira à la Cour de regler , & que l'Arreft qui interviendra fur leurs conclufions, feroit lû & publié en la Communauté des Avocats & Procureurs de ladite Cour , & fignifié aux Receveurs des Confignations du reffort, à la diligence des Subftituts du Procureur General du Roy dans les Sieges. Les Gens du Roy retirez : Vû les conclufions par écrit du Procureur General du Roy ; la matiere mife en deliberation. LA COUR faifant droit fur les conclufions du Procureur General du Roy , fait défenfes à tous les Receveurs des Confignations de payer aucunes fommes de deniers aux Procureurs fur leurs quittances à compte , & par avance des frais ordinaires & extraordinaires de criées qui peuvent leur eftre dûs avant l'Arreft, Sentence & Jugement portant liquidation defdits frais , à peine contre lefdits Receveurs des Confignations de perte defdites fommes , & de ne les pouvoir repeter contre lefdits Procureurs , leurs heritiers & ayans caufe ; Et à l'égard des Procureurs , d'interdiction , & de cent livres d'amende. Et fera le prefent Arreft lû & publié en la Communauté des Avocats & Procureurs de ladite Cour , & dans tous les Sieges du Reffort. Enjoint aux Subftituts du Procureur General du Roy d'y tenir la main, & d'en certifier la Cour dans un mois. Fait en Parlement le 8. Juin 1693. Signé , DONGOIS.

ARREST

Portant injonction aux Clercs d'eftre en habits decens , avec défenfes de porter des épées en faifant leur fonction.

Extrait des Regiftres de Parlement.
Du 9. Decembre 1691.

CE jour , la Cour , aprés avoir vû la Deliberation de la Communauté des Avocats & Procureurs d'icelle , du 28. Novem-

bre dernier , contre les Clercs defdits Procureurs, qui ont des habits qui ne conviennent pas à leur profeſſion , ny à celle à laquelle
ils paroiſſent deſtinez , & qui portent même des épées, & font leurs
fonctions dans cet état ; & contre leſdits Procureurs qui le ſouffrent au prejudice d'autres deliberations priſes : Requeſte preſentée
par la Communauté deſdits Procureurs afin d'homologation de ladite Deliberation, dont la teneur enſuit. Extrait des Regiſtres des
Deliberations de la Communauté des Avocats & Procureurs de la
Cour , du 28. Novembre 1692. Ce jour, la Compagnie eſtant informée , qu'au prejudice des deliberations cy-devant faites , il y a
encore des Procureurs qui ſouffrent que leurs Clercs ayent des habits qui ne conviennent point à leur profeſſion , ni à celle à laquelle ils paroiſſent deſtinez , qu'ils portent même des épées , &
faſſent leurs fonctions en cet eſtat. A arreſté ſous le bon plaiſir
de la Cour , que les Procureurs qui ſouffrent que leurs Clercs portent des habits indecens , & des épées, particulierement dans le Palais, dans les maiſons de Meſſieurs, & dans tous les lieux où ils font
leurs fonctions , ſeront mandez pour la premiere fois à la Communauté, pour leur en eſtre fait remontrance. Et en cas qu'ils n'y
pourvoyent pas , qu'ils ne ſeront pas employez dans la Liſte des
Tiers que l'on preſente à la Cour ; & même multez de telle autre
peine qu'il conviendra. Et qu'à l'égard des Clercs, ils ſeront déchûs du temps qu'ils pourroient avoir acquis pour parvenir aux
Charges de Procureurs ; que les Procureurs de Communauté feront les diligences neceſſaires pour faire autoriſer par la Cour la
preſente Deliberation , & prier Meſſieurs , lors que des Clercs auront la temerité de paroiſtre devant eux avec leſdits habits indecens & épées , de vouloir en dreſſer leurs procés verbaux & leur
faire remettre entre les mains , afin d'en pourſuivre la punition.
Signé , F E B V R I E R Greffier. Concluſions du Procureur General du Roy ; Oüy le rapport de Maiſtre Antoine Portail Conſeiller , la matiere miſe en deliberation. A arreſté & ordonné , que
ladite Deliberation dudit jour 28. Novembre dernier , ſera omologuée , pour eſtre executée ſelon ſa forme & teneur, & le preſent Arreſt lû & publié en la Communauté des Avocats & Procureurs de ladite Cour. Fait en Parlement le 9. Decembre 1691.
Signé par collation , D U T I L L E T.

*Lû & publié en la Communauté des Avocats & Procureurs de la Cour, par
moy Greffier d'icelle , ſous-ſigné , le dix-huitiéme Decembre 1691. Signé,
FEBVRIER.*

E D I T D U R O Y,

Qui établit les formalitez qui feront obfervées à l'avenir pour purger de toutes hipoteques les biens que le Roy acquerera dans la fuite.

Du vingt neuviéme Juillet 1693.

LOUIS par la grace de Dieu, Roy de France & de Navarre: A tous prefens & à venir, Salut. Nous avons eu un foin tout particulier d'affurer par nos Ordonnances le repos de nos Sujets, & la poffeffion paifible de leurs biens ; De toutes celles que nous avons faites, il n'y en a aucune qui ait pourvû aux moyens de nous faire joüir avec toute feureté des biens que nous pourrions acquerir, & dans la joüiffance defquels nous pourrions eftre inquietez, fi le refpect n'empêchoit nos Sujets de nous y troubler, ce qui feroit un effet de noftre autorité ; contraire à la Juftice que nous leur avons toûjours voulu conferver dans les affaires dans lefquelles nous avons intereft : Et pour leur en donner de nouveaux témoignages, Nous avons refolu d'établir des formalitez qui feront obfervées pour les acquifitions que nous avons faites, & ferons à l'avenir, lefquelles tiendront lieu à cet égard des procedures qui fe font pour parvenir aux adjudications par decret. A CES CAUSES, & autres à ce nous mouvans, & de noftre certaine fcience, pleine puiffance & autorité Royale, Nous avons par noftre prefent Edit perpetuel & irrevocable, ftatué & ordonné, ftatuons & ordonnons, que les contrats d'acquifitions qui feront faits à noftre profit, feront acceptez par les Commiffaires ayant charge & pouvoir de nous, & reçûs par Notaires en la maniere accoûtumée, il fera envoyé des expeditions à noftre Procureur General au Parlement, dans le reffort duquel les biens feront fituez, lequel fera faire des Affiches contenant les declarations en détail par tenans & aboutiffans des biens qui auront efté acquis, leurs fituations, les noms de ceux qui les auront vendus, le prix de la vente, les termes & la maniere des payemens, les dattes des contrats, les noms des Notaires qui les auront reçûës, & les domiciles élûs par les vendeurs, lefquelles il fera remettre aux Curez des Paroiffes du domicile du vendeur, & de celles où les biens font fituez, pour eftre publiées aux Prônes des Meffes Paroiffiales par trois jours de Dimanches confecutifs, de quinzaine en quinzaine. Et outre ce , lûës , publiées & affichées par les Sergens ou Huissiers qui en seront chargez aux principales portes des Eglises des Paroisses, & aux Foires & Marchez des lieux publics d'icelles , lors qu'il y en aura : Les Curez desdites Parois-ses ayant fait lesd. publications , seront tenus de les renvoyer avec leurs certificats à nostredit Procureur General , huitaine aprés que la derniere aura esté faite ; seront pareillement tenus les Huissiers ou Sergens d'envoyer dans le même delay leurs procés verbaux des publications & appositions d'affiches qu'ils auront faites à nô-tredit Procureur General. Nous voulons & entendons qu'outre lesdites publications faites par les Curez desdites Paroisses , & cel-les des Huissiers ou Sergens , il en soit encore fait une par le Gref-fier à l'Audience de la Justice ou des Justices Royales dans les-quelles les biens seront situez , & pareilles affiches mises & appo-sées aux portes des Palais & Auditoires , dont il sera dressé des procés verbaux par les Huissiers ou Sergens qui les auront faites , lesdits procés verbaux seront envoyez à nostre Procureur General, lequel presentera ensuite Requeste audit Parlement, contenant ce qui aura esté fait , sur laquelle il sera rendu Arrest , portant qu'il sera fait une derniere publication par le Greffier des Decrets dudit Parlement , l'Audience tenant , & des affiches mises & apposées aux portes du Palais, afin que ceux qui pourroient pretendre droit de proprieté ou d'hipoteque sur les biens à nous vendus, puissent s'opposer dans le mois ; lesquelles publications & affiches seront aussi certifiées, tant par ledit Greffier que les Huissiers qui les au-ront publiées & affichées: Si dans le mois aprés lesdites publications il n'estoit formé aucune opposition , nostre Procureur General pre-sentera une autre Requeste , à laquelle il attachera les certificats des Greffiers , & exposera que les formalitez prescrites par nostre pre-sente Declaration auront esté observées ; & n'y ayant aucunes op-positions subsistantes suivant les certificats , requerera que nous soyons confirmez dans la proprieté des biens acquis , sur laquelle Requeste il sera rendu Arrest diffinitif conforme aux conclusions de nostre Procureur General, au moyen duquel les biens par nous acquis , seront déchargez de toutes hipoteques , à l'exception seu-lement des substitutions & des doüaires. S'il est formé des opposi-tions , elles seront faites au Greffe du Parlement, dans l'étenduë duquel les biens seront situez , & écrites par les Greffiers , sur un Registre qui sera destiné à cet effet, sur lequel les opposans , ou ceux qui auront pouvoir d'eux signeront leurs oppositions , les-

quelles

quelles contiendront les noms, furnoms & demeures des oppofans,
leur élection chez un Procureur, & les caufes defdites oppofitions
qui feront libellées en détail, à peine de nullité ; ce qu’eftant fait,
les Greffiers mettront dans la huitaine, aprés que lefdites oppofitions auront efté formées, és mains de noftre Procureur General
des extraits defdites oppofitions fignées d’eux, à peine des dépens,
dommages & interefts des parties, pour eftre fignifiées aux vendeurs dans la quinzaine, avec fommation de les faire vuider. Les
oppofitions formées pour deniers, ou afin de conferver, demeureront converties de plein droit en faifies & arrefts, & celles pour
charges ou diftractions, feront jugées en la maniere ordinaire, à la
diligence des vendeurs ; & ne pourra eftre la derniere publication
faite que lefdites oppofitions n’ayent efté levées & terminées ; s’il
n’y a point d’oppofitions formées, mais feulement des delegations
du vendeur, le prix des biens vendus fera payé des deniers de noftre
Trefor Royal, aux creanciers deleguez par les vendeurs, fuivant
les claufes & conditions portées par les contrats ; Et s’il y a des oppofitions, Nous voulons & entendons que le prix defdites acquifitions foit configné de nos deniers, & les ordres & diligences faites pour la diftribution du prix en la forme & maniere accoûtumée,
dans les ventes par decret entre particuliers. Voulons neanmoins
que pour tous droits de Confignations, les Receveurs & Contrôlleurs ne puiffent avoir ny pretendre que trois deniers pour livre : Leur défendons d’en prendre ny exiger de plus grands, à peine de concuffion ; & fi les biens que nous acquerons eftoient faifis
réellement, Nous voulons & entendons que les contrats de vente
& acquifitions foient faits & paffez avec & du confentement du
faififfant pourfuivant criées. Si donnons en mandement à nos amez
& feaux Confeillers les Gens tenans noftre Cour de Parlement à
Paris, que noftre prefent Edit ils faffent publier, lire & enregiftrer, & le contenu en iceluy garder & obferver de point en point
felon fa forme & teneur, nonobftant tous Edits, Declarations,
Ordonnances & autres chofes à ce contraires, aufquels nous avons
dérogé & dérogeons : Car tel eft noftre plaifir. Et afin que ce foit
chofe ferme & ftable à toûjours, nous y avons fait mettre noftre
Scel. Donné à Verfailles au mois de Juillet, l’an de grace 1693,
Et de noftre Regne le cinquante-uniéme. Signé, L O U I S ; Et
plus bas, Par le Roy, P h e l y p e a u x : Vifa, B o u c h e r a t. Et fcellé
du grand Sceau de cire verte, en lacs de foye rouge & verte.

Regiftrées, oüy, & ce requerant le Procureur General, pour eftre executées

II. Part.   B b

selon leur forme & teneur , & copies collationnées envoyées dans les Sieges, Bailliages & Senechaußées du ressort , pour y estre lûës , publiées & enregistrées ; Enjoint aux Substituts du Procureur General du Roy , d'y tenir la main , & d'en certifier la Cour dans un mois , suivant l'Arrest de ce jour. A Paris en Parlement le 29. Juillet 1693. Signé , DU TILLET.

DELIBERATION,

Pour l'Expedition à rendre les Procés & Dépens.

Du Vendredy 20. Novembre 1693.

CE jour , la Compagnie , aprés avoir deliberé sur les frequentes plaintes, qui sont, non seulement portées à la Communauté, mais à la Cour même contre plusieurs Procureurs, qui sont refusans de faire l'expedition qui leur est prescrite par les Reglemens , de rendre les procés & instances que Messieurs les Rapporteurs , pour le bien de la Justice & faciliter l'expedition , leur prêtent sous leurs Recepissez.

I.

A arresté sous le bon plaisir de la Cour , que les Procureurs qui seront refusans de faire l'expedition & rendre les Procés & Instances dans le temps qui leur sera accordé par Messieurs les Rapporteurs , & marqué aux Recepissez qu'ils donneront, seront multez des peines portées par les Reglemens , outre lesquelles ils demeureront responsables en leur nom du séjour & des dommages & interests des parties , conformément à la Deliberation du 19 Juillet 1689. omologuée par la Cour.

II.

Que les peines qui seront prononcées contre les contrevenans ne pourront estre rabbatuës , & qu'il en sera fait tous les six mois un Rôlle , dont l'execution sera poursuivie pour les Pauvres qui sont aux charitez de la Communauté , suivant l'Arrest de la Cour du 7. Decembre 1691.

III.

Que les Procureurs de Communauté iront porter les plaintes contre les Procureurs refusans au Parquet de Messieurs les Gens du Roy, & en la Grand' Chambre , pour demander qu'ils soient suspendus de leur fonction.

IV.

Que ceux qui ne satisferont pas au second avis de la Communauté , feront mis au rang des Refractaires, aufquels Meffieurs feront priez de ne plus prefter de procés ny inftances , fous tel pretexte que ce foit.

V.

Que tous les Procureurs feront tenus de faire l'expedition des dépens trois jours aprés qu'ils leur auront efté portez , finon demeureront exclus pour toûjours d'en avoir en communication, & le calcul fera figné par le Procureur Tiers en leur abfence.

V I.

Que pour rendre la connoiffance des Procureurs Refractaires, leurs noms feront infcrits dans un Tableau qui fera mis dans la Chambre de la Communauté.

V I I.

Que les Procureurs qui feront infcrits feront privez des honneurs & Charges de la Compagnie , méme d'eftre employez au rang des Tiers pour voir les dépens.

E X T R A I T D E S R E G I S T R E S
de Parlement.

Du vingt-troifiéme Janvier 1694.

ENTRE les Maiftres Gouverneurs & Adminiftrateurs de l'Hôtel-Dieu de Paris, Legataires de défunte Anne le Gras, veuve, &c. demandeurs en Requefte par eux prefentée à la Cour le premier Juillet dernier , fuivant l'exploit dudit jour , à ce que le défendeur cy-aprés nommé , fût condamné par corps rapporter les trois productions faites par Marie de Sequeville veuve Samuël de Cyrano , en l'inftance d'ordre des biens des Elûs du Mans, qui luy ont efté preftez par défunt Monfieur Nevelet Confeiller en la Cour, l'un des Directeurs des Creanciers, & commis par les Creanciers pour faire ledit ordre , fuivant le recepiffé dudit défendeur du 18. Janvier 1676. finon & à faute de ce faire , condamné à payer audit Hoftel-Dieu, en premier lieu, la fomme de fix mil huit cent livres pour les arrerages échûs de la rente de deux cent livres , conftituée par ladite Marie de Sequeville, & par M. Pierre de Cyrano fon fils , par contract folidaire fous fein-privé, du 18. Juillet 1647. reconnu le même jour pardevant Notaires. En fecond lieu, ceux qui écherroient à l'avenir; Et en troifiéme lieu, la fomme de trois mil fix

cent livres pour le principal de ladite rente, frais, dépens, loyaux-
coufts & mifes d'execution, & en ceux de l'inftance, & ce nonobftant
la Declaration du Roy du 11. Decembre 1597. Arreft de verification d'icelle du 14. Mars 1603. & tous les autres Arrefts de ladite
Cour intervenus fur l'execution de ladite Declaration, oppofez par
le défendeur, attendu que ledit défendeur n'eftoit point Procureur
de ladite Marie de Sequeville, pour laquelle lefdites productions
avoient efté faites : qu'ainfi l'action contre luy eftoit tout ainfi que
contre perfonne particuliere pure privée, jufques à trente ans,
d'une part ; Et Me Jacques Mûnier, Procureur en la Cour, en fon
nom, défendeur d'autre : Aprés que Bornat Avocat des Adminiftrateurs de l'Hoftel-Dieu, & Robeton Avocat de Mûnier, ont
efté oüis ; LA COUR, fur la demande des parties de Bornat,
met les parties hors de Cour, en affirmant par la partie de Robeton
en perfonne, qu'elle n'a pas en fa poffeffion les pieces dont il s'agit;
& aprés fon affirmation, luy en a donné acte. Fait en Parlement le
23. Janvier 1694. Signé, DU TILLET.

*Cet Arreft prouve que la Declaration du mois de Decembre 1597 a fon effet
envers tous ceux où le Procureur fe trouve chargé de pieces en qualité de
Procureur.*

DELIBERATION,

Pour la procedure qu'on doit tenir lorfque les Caufes ajoûtées au
Rôlles ne font pas fufceptibles de l'appointement.

*Extrait des Regiſtres de la Communauté des Avocats & Pro-
cureurs de la Cour.*

Du 15. Mars 1694.

CE jour, la Compagnie eftant informée, qu'encore que les
Ajoûtez des Caufes aux Rôlles, ne foit qu'une procedure
fujette à la difcipline de la Communauté, quand elle n'eft pas conforme aux Reglemens, fuivant lefquels la plainte y doit eftre portée ; Il y a neanmoins des Procureurs qui fe donnent la liberté de
former oppofition aux ordonnances des Ajoûtez, & en faire la
matiere d'un incident, ce qui caufe des frais inutils aux parties,

qui ne doivent pas souffrir de la faute de leur Procureur. Aprés
y avoir deliberé.

Arresté, sous le bon plaisir de la Cour, que les Ajoûtez aux
Rôlles n'estant qu'une procedure, que les Procureurs qui se pourvoiront par opposition contre les Ordonnances desdits Ajoûtez,
seront multez de vingt livres, appliquables aux Pauvres de la Communauté, & n'entreront les frais qu'ils feront sur lesdits incidens
en taxe, ny ne pourront les repeter contre leurs parties ; & en cas
de rescidive, que les Procureurs de Communauté iront en porter
la plainte au Parquet de Messieurs les Gens du Roy & à la Grand'
Chambre, pour les faire rayer de la Matricule ; sauf aux Procureurs lorsque les Causes ne se trouveront pas de la qualité pour estre
appointées, à se pourvoir à la Communauté pour y estre reglez
sur la procedure suivant les Reglemens de la Cour.

DELIBERATION,

Pour l'ordre de conclure sur les Sentences lorsque celles des premiers Juges sont renduës sur appointemens & productions.

*Extrait des Regiſtres de la Communauté des Avocats & Pro-
cureurs de la Cour.*

Du 27. Mars mil six cent quatre-vingt-quatorze.

CE jour, la Compagnie, ayant deliberé sur l'avis qui luy a esté
demandé par Maistre François de la Marche Procureur, de la
procedure qu'il doit tenir sur l'appel porté en la Cour, de la Sentence intervenuë sur un défaut à faute de comparoir, qui a prononcé sur l'appel de la Sentence d'un premier Juge, renduë sur
appointement & productions des parties ; & s'il doit poursuivre
cet appel comme appellation verbale ou comme procés par écrit.
Aprés y avoir deliberé.

Arresté, sous le bon plaisir de la Cour, qu'encore que la derniere Sentence soit renduë sur un défaut à faute de comparoir, estant
intervenuë sur l'appel de la Sentence d'un premier Juge, renduë
sur appointement & productions des parties, elle ne change point
la nature de la contestation, qui fait la matiere d'un procés par

écrit, sur lequel les parties doivent conclure en la maniere accoûtumée; & faire mention en l'appointement de conclusion, que la derniere Sentence est intervenuë sur l'appel de celle du premier Juge, qui sera attachée avec la derniere Sentence, pour en connoistre la matiere lors de la distribution : & à cette fin, que les productions faites devant le premier Juge seront mises au depost du Greffe de la Cour. Ce qui sera observé, à peine par les Procureurs qui feront une procedure contraire, & prendront de nouveaux Reglemens, d'en supporter les frais en leurs noms, sans les pouvoir repeter contre leurs parties.

Ce n'est pas assez que les Procureurs ayent connoissance des Titres de leur Creation, & des choses qui regardent leurs Fonctions; il est bon aussi qu'ils soient instruits de ce qu'ils doivent sçavoir.

Leur science n'est pourtant pas bornée, l'étude des Ordonnances, de la Pratique & de l'usage, est infinie. Ils ne peuvent dignement remplir leur devoir que par une perpetuelle application aux affaires dont ils ont la conduite ; Mais pour les soulager dans un emploi si penible, on a jugé à propos de rassembler dans la troisiéme Partie de ce volume, un nombre d'Edits & de Declarations du Roy, d'Arrests & Reglemens des Cours Souveraines, & de Deliberations de la Communauté, qui sont autant de Decisions sur les Matieres qui concernent leur Profession.

Fin de la seconde Partie.

EDITS ET DECLARATIONS,
ARRESTS ET REGLEMENS
CONCERNANT

Les Fonctions des Procureurs, Tiers Referendaires, Taxateurs des Dépens : Avec les Deliberations de la Communauté des Avocats & Procureurs du Parlement de Paris.

TROISIE'ME PARTIE.

TITRE I.

Sur la Décharge des Pieces, Procés & Instances, & le temps qu'on les peut demander.

A fonction des Procureurs est d'une si grande étenduë, & il passe tant d'affaires entre leurs mains, qu'il est difficile, quelque bon ordre qu'ils puissent tenir & application qu'ils puissent avoir, qu'il n'échappe à leur memoire ce que deviennent les pieces qui leur sont confiées ; Il y a aussi tant d'occasions où ils sont dans l'obligation de les confier, que les Parties même les reprennent, que souvent en les rendant, leurs Clercs negligent de retirer leurs recepissez : qu'il n'y a rien de plus raisonnable que d'avoir reglé le temps dans lequel ils sont dans l'obligation de les representer.

Avant la Declaration de 1597. qui y a pourvû, il y a nombre d'Arrests rapportez dans Monsieur Loüet sur la lettre S n. 21. qui ont jugé la décharge en faveur des Procureurs, quoyqu'il n'y eût pas lors de Declaration ; Et c'est en conformité que la Cour a depuis jugé qu'elle avoit un effet retroactif.

En sorte qu'aprés la Loy & la Jurisprudence des Arrests, on peut dire, que la décharge des Procureurs est certaine aprés cinq ans, à l'exception pourtant, en conformité de l'Arrest de Verification, des procés non jugez, qui sont étendus à l'égard du Procureur à dix ans ; & pour les veuves & heritiers, la décharge aprés les cinq ans est sans exception.

Quoy qu'on ait pretendu restraindre cette décharge aux Procés & Instances, elle est generale pour toute sorte de Pieces dont le Procureur se trouve chargé, soit envers Messieurs les Rapporteurs, Avocats, ou autres pariculiers : il suffit que ce soit à cause de sa qualité de Procureur que les pieces ayent passé entre ses mains ; La Declaration ny les Arrests ne font aucune distinction, mais cette décharge qui n'a son fondement que sur la bonne foy & le repos des familles, n'exempte pas le Procureur de representer les pieces en tout temps, quand il les a : En effet, elle est suivie du serment qu'on l'engage de faire.

Encore que souvent ces demandes en restitution de pieces ayent esté formées, on ne void point que les Procureurs en retiennent par dol ny fraude, ny qu'ils ayent fait de serment contraire à la verité; La discipline que les Procureurs apportent entr'eux en la Communauté pour obliger ceux à qui la restitution est demandée, aprés même le temps prescrit par la Declaration, pour en faire une exacte perquisition, avec le soin qu'ils ont de les conserver, leur doit bien procurer l'effet d'une décharge aussi raisonnable.

DECLARATION DU ROY,

Verifiée en la Cour de Parlement, les Grand' Chambre, Tournelle, & de l'Edit assemblées, pour la décharge des pieces & procés, tant indecis que jugez, pour les Avocats & Procureurs d'icelle Cour, leurs veuves, enfans, heritiers, ou ayans cause d'eux : Avec l'Arrest de ladite Cour sur icelles, & autres Arrests en consequence.

Du onziéme Decembre 1597.

HENRY, par la grace de Dieu, Roy de France & de Navarre: A tous ceux qui ces presentes Lettres verront, Salut. La Communauté des Avocats & Procureurs de nostre Parlement, nous a humblement fait remontrer, que dés leur jeunesse estans nourris

&

& élevez en la difcipline , correction & cenfure des mœurs qui fe
fait en l'affemblée qu'ils font entr'eux deux fois la femaine , & en
l'exemple & feverité de noftre Juftice publique , laquelle reluit &
éclaire par tout le monde : la fidelité a toûjours efté fi grande parmi
eux , & la foy du depoft fi fainte & inviolable , qu'au lieu qu'en la
pluſpart des autres Compagnies d'Avocats & Procureurs , ils ne
communiquent les uns aux autres les pieces de leurs parties que fous
la fureté reciproque de leurs recepiffez ou inventaire de communication , & qu'il fe trouve encore ordinairement entr'eux des plaintes
de la perte d'iceux ; Eux feuls entre tous font en poffeffion depuis
l'établiſſement de noſtredite Cour de Parlement , de fe bailler de
bonne foy les uns aux autres les Pieces, Titres, Obligations, Chartres,
Cedules, Brevets, & autres enfeignemens , de quelque poids & confequence qu'elles foient , fans autre feureté , inventaire , ni recepiffé, que de leur fimple promeffe verballe, fans qu'il foit memoire
que jamais il en foit advenu perte , faute , ou accident quelconque.
Et combien qu'à plus forte raifon l'on ne puiffe prefumer que pour
tout le bien du monde pas un d'eux voulût, de mauvaife foy, retenir ou intervertir les Sacs, Inftances ou Productions des Parties dont
ils font chargez par leurs recepiffez , ou fur les Regiftres des Huiffiers , ou autres : comme auffi jufqu'à prefent cela n'eft jamais advenu ; toutefois d'autant que l'exercice de toutes autres actions , foit
perfonnelles , mixtes , ou réelles , fe trouvent bornées , & le
cours de leur vie limité par les preſcriptions introduites par les Loix
& Coûtumes , & qu'au contraire la pourfuite de la reftitution defdits facs & pieces dont ils fe trouveroient chargez, n'eft point reglée,
bien que tous lefdits procés & inftances foient de leur nature fujetes
à eftre peries & éteintes par le feul filence & difcontinuation des
procedures de trois ans, & que les facs & productions defd. parties
foient fujettes à paffer par tant de diverfes mains ; fçavoir eft des
Juges , des Greffiers , des Huiffiers , des Avocats & Procureurs de
toutes les parties qui font en caufe , & de ceux qui interviennent ,
qu'il foit quafi impoffible qu'auparavant le Jugement ils puiffent
longuement croupir entre les mains des Procureurs , ny pareillement des Avocats : Et aprés l'Arreft donné , outre ce qu'ils font
inutils, les parties font affez diligentes de les faire retirer , ou pour
la taxe de leurs dépens , ou pour le recouvrement de leurs pieces ;
toutefois parce que lefdits Expofans font le plus fouvent forcez par
contraintes rigoureuſes , & crainte des emprifonnemens qui leur
font faits , ou par les juges , ou par les Huiffiers , ou par la violen-

III. Part.   C c

ce & importunité des Parties ou Solliciteurs , de rendre promptement lesdits sacs & pieces , sans avoir les Registres des autres Huissiers , sur lesquels ils en sont chargez pour faire rayer leurs noms ,
& n'ont moyen de retirer sur l'heure leurs recepissez , proposant de
se faire incontinent décharger , dont ils sont plus souvent détournez pour l'occasion des affaires pressées & importantes qui leur sur-
viennent de moment en moment , soit parce qu'ils sont mandez aux
Chambres , ou à la Barre pardevant les Commissaires , ou pour répondre aux significations importantes qui leur sont faites par lesdits Huissiers , qui fait que par leur oubliance , ou negligence de
leurs Clercs , ou des Solliciteurs , ou autres sur lesquels ils s'assu-
rent & reposent le plus souvent , encore que les sacs soient rendus
& les procés jugez , ils se trouvent chargez & en danger par la ma-
lice des parties d'estre ruinez , ensemble leurs femmes & leurs enfans , & plus encore en ce temps que jamais : dautant que la pluspart desdits Avocats & Procureurs ayans esté contraints pour nôtre service sortir de nostredite ville de Paris , leurs maisons ont esté
abandonnées en proye , à l'insolence des gens de guerre , garnisons
& du menu peuple , qui les ont pillées & ravagées , & brûlé lesdits procés , titres & enseignemens : pour la restitution desquels , si
l'action estoit indéfiniment reçuë , eux , leurs femmes , & enfans
seroient ruinez ; Au moyen dequoy lesdits Exposans auroient tres-
humblement supplié & requis sur ce leur pourvoir de remedes convenables.

Pour ce est-il , que Nous desirant subvenir à nos Sujets , selon
les occurences & l'exigence des cas , & aussi traiter favorablement
lesdits Exposans , en ce qui nous sera possible , pour l'affection
qu'ils ont toûjours demontrée au zele de nostre service & de la Justice , & d'abondant exciter les parties à se rendre plus diligens à faire rendre leurs Sacs & Pieces les retirer quand leurs Procés seront
jugez , & par ce moyen arrester le cours desd. poursuites , à l'occasion desquelles lesdits Exposans , ny leurs femmes & enfans , ne
se peuvent assurer du fruit de leurs labeurs ; Ayant aussi égard que
nostre Cour de Parlement a déja limité le temps de la Poursuite
& Recherche des Sacs , pour leur regard & de leurs veuves & enfans ,
à trois ans , & donné plusieurs Arrests , tant en faveur desd. Exposans que Procureurs de nostre Chastelet , & autres : par lesquels auparavant les troubles elle a limité le cours de cette action , qui doit
estre restraint , vû la misere & calamité des troubles.

A C E S C A U S E S , & autres à ce nous mouvans , Nous

avons dit & statué, declaré & ordonné, disons & ordonnons par
ces Presentes, que dorénavant lesdits Avocats & Procureurs de
nôtredite Cour de Parlement à Paris, leurs veuves, enfans & heritiers, & autres ayant droit d'eux, ne pourront estre
poursuivis, inquietez ny recherchez, directement ny indirectement,
soit par action principale de sommation, ou autrement, en quelque sorte & maniere que ce soit, pour la restitution des Sacs, Pieces,
Procés, Instances, & Productions des Parties, dont ils sont & se trouveront chargez sur les Registres des Huissiers, ou autres, ou par
leurs recepissez, cinq ans auparavant que l'action soit mûë & in-
tentée contr'eux, leursdites veuves, enfans, heritiers, ou autres
ayant droit d'eux ; lesquels cinq ans passez, à compter du jour &
datte de leurs recepissez, ladite action sera & demeurera nulle, éteinte & prescrite, & telle la declarons dés-à-present, comme pour lors
aprés cinq ans passez, soit pour leur regard ou autres, qui a leur
occasion en pourroient estre recherchez, & pretendroient avoir recours contr'eux : Et à cette fin voulons que pour l'avenir tous lesd.
Avocats & Procureurs qui se chargeront des pieces des parties, soient
tenus en leurs recepissez, à costé ou au bas de leurs seings, mettre
sur les Registres le jour & an auquel ils se sont chargez. Si donnons en
mandement à nos amez & feaux Conseillers, les Gens tenans nôtre
Cour de Parlement à Paris, que de nos presentes Lettres de Declaration, vouloir & intention, vous faites, souffrez & laissez joüir, & user
pleinement & paisiblement lesdits Avocats & Procureurs de nôtredite Cour de Parlement, & leursdites veuves, enfans & heritiers, selon & ainsi que dessus est dit, cessant & faisant cesser tous
troubles & empêchemens à ce contraires : Car tel est nostre plaisir.
Donné à Saint Germain en Laye le onziéme jour de Decembre,
l'an de grace 1597. Et de nostre Regne le neuviéme. Signé,
RUZE'.

*Registrées, oüy le Procureur General du Roy, pour joüir par les Impetrans
de la Décharge des Procés indecis & non jugez, dix ans aprés qu'ils en seront
chargez, & des jugez cinq ans, & joüiront leurs veuves, enfans, heritiers,
ou autres ayant droit d'eux, de ladite décharge pour le regard des procés, tant
jugez qu'indecis, cinq ans aprés le decés desd. Avocats & Procureurs. A Paris
en Parlement, le 14. Mars 1603. Signé, VOISIN.*

EXTRAIT DES REGISTRES
de Parlement.

VEU par la Cour, les Grand' Chambre, Tournelle, & de l'Edit assemblées, les Lettres Patentes du 11. Decembre 1597. signées sur le reply, Par le Roy, Ruzé, & scellées de cire jaune ; par lesquelles inclinant à la supplication de la Communauté des Avocats & Procureurs, ledit Seigneur veut & ordonne, qu'eux, leurs veuves, enfans, heritiers, & ayant droit d'eux, ne soient dorénavant recherchez & poursuivis pour la restitution des sacs dont ils se trouveront chargez cinq ans avant l'action, à compter du jour de leurs recepissez, sur lesquels Registres seront tenus écrire le jour qu'ils se seront chargez, demeurant aprés lesdits cinq ans l'action éteinte, ainsi qu'au long contiennent lesdites Lettres. Requeste par eux presentée à ladite Cour, afin d'enterinement d'icelles : Conclusions du Procureur General du Roy ; tout consideré : Ladite Cour a ordonné & ordonne, que lesdites Lettres seront regiftrées : Oüy le Procureur General du Roy, pour joüir par les Impetrans de la décharge des procés indecis & non jugez, dix ans aprés qu'ils en seront chargez, & des jugez cinq ans, & joüiront leurs veuves, enfans & heritiers, ou autres ayant droit d'eux de ladite décharge pour le regard des procés, tant jugez qu'indecis, cinq ans aprés le decés desdits Avocats & Procureurs. Fait en Parlement le 14. Mars 1603. Signé, VOISIN.

EXTRAIT DES REGISTRES
de Parlement.

ENTRE Jean Sauvage, & Jeanne Roy sa femme heritiere de Marie Moreau son ayeule, demandeurs en Requeste du 30. jour de Juin dernier, d'une part ; Et Maistre Guillaume Sirejean Procureur en Parlement, défendeur d'autre. Vû par la Cour la Requeste des demandeurs, à ce que la surséance de contrainte de rendre par le défendeur le procés d'icelle Moreau contre Marie Fourmy, auquel estoient les Sacs, Productions, Titres & enseignemens d'icelle Moreau ; & duquel procés, aprés le jugement d'iceluy, le défendeur se trouvoit chargé sur le Registre de l'Huissier

Cordelle, fût levée, & condamnée rendre & reprefenter les Sacs d'icelle Moreau, finon és dommages & interefts defdits demandeurs. Défenfes dudit défendeur, qui difoit eftre de verité chargé dudit procés dés l'an 1600. aprés l'Arreft donné fur iceluy le 5. Juin 1596. & que fe trouvant ledit procés perdu & adiré, comme il eft, il n'en pouvoit eftre recherché, attendu le long-temps & la Declaration du Roy, verifiée en ladite Cour le 14. Mars 1603. par laquelle les Avocats & Procureurs en icelle, leurs veuves & enfans, heritiers, & autres ayant droit d'eux, ne pouvoient eftre pourfuivis & inquietez en quelque forte & maniere que ce fût pour la reftitution des facs, pieces, inftances, & productions des parties dont ils fe trouveroient chargez fur les Regiftres des Huiffiers, ou autres par leurs recepiffez cinq ans auparavant l'action contr'eux, leurfdites veuves, enfans & heritiers, ou autres ayant droit d'eux mêmes, & intenter, aprés lefquels cinq ans demeureroit toute l'action nulle, éteinte & prefcrite. Appointement en droit & productions des parties, où entr'autres pieces eftoit ledit Arreft du 15. Juin 1597. Requefte prefentée par la Communauté des Avocats & Procureurs de ladite Cour, le 29. Juillet audit an, pour fe joindre avec ledit Sirejean, & demander comme luy à eftre confervez en la grace & conceffion à eux octroyée par le Roy, employant les défenfes & productions dudit Sirejean : icelle Requefte fignifiée aux demandeurs & mife au fac : Conclufions du Procureur General, auquel l'inftance auroit efté communiquée, aprés que ledit Sirejean pour ce mandé, a juré n'avoir ledit procés, & ne délaiffer par dol ou fraude de l'avoir, & tout confideré : LA COUR ayant aucunement égard à la Requefte prefentée par la Communauté des Avocats & Procureurs, & en confequence de la Declaration du Roy, a mis & mer les parties hors de Cour & de procés fans dépens. Enjoint neanmoins aufdits Avocats & Procureurs d'eftre curieux & foigneux des facs, pieces & productions des procés dont ils feront chargez. Prononcé le 4. Septembre 1614 Signé, GALLARD.

Extrait des Regiftres du Parlement.

ENTRE Maiftre Jean Nau, Procureur en la Cour, demandeur en Requefte du 19. Avril dernier, d'une part ; Et Charles Comte d'Efcars, défendeur d'autre. Vû par la Cour ladite Re-

quefte tendante afin qu'il fût ordonné, en conféquence des Arrefts
& Reglemens d'icelle, que ledit Nau demeureroit déchargé de
la repréfentation de cinq facs produits pour François d'Efcars, Baron de Merville, fa partie ; contre Jacques Comte d'Efcars, jugez
en la Cinquiéme Chambre des Enqueftes, au rapport de Monfieur
Bernard de Fortias, par Arreft du 25. Juin 1611. & de luy par ledit
Nau retirez fous fon recepiffé du 5. Fevrier 1612. avec défenfes audit Charles Comte d'Efcars, de pourfuivre ny contraindre ledit
Nau à la reftitution d'iceux. Procés verbal des 29. & 30. dud. mois
d'Avril audit an, du Confeiller à ce commis, pour oüir & regler les
parties, par lequel par vertu du défaut contre led. Comte d'Efcars :
il auroit ordonné que ladite Requefte, procés verbal, & ce que
bon leur fembleroit, feroit mis pardevers luy, & acte de l'affirmation dudit Nau, avoir fait exacte recherche defdits cinq facs, lefquels il n'auroit pû recouvrer en tous fes facs, papiers & recepiffez,
que par dol & fraude, il ne delaiffoit de les avoir & reprefenter.
Pieces & productions defdites parties. Declaration du Roy du 11.
Decembre 1597. verifiée en ladite Cour le 14. Mars 1603. Ledit
Arreft du 25. Juin 1611. pourfuites faites & contraintes obtenuës
par ledit Comte d'Efcars, défendeur, du 12. Avril dernier, contre ledit Nau, de rendre lefdits cinq facs, tout confideré : Dit a
efté, que ladite Cour ayant égard à ladite Requefte, aprés l'affirmation dudit Nau, l'a déchargé & décharge, fuivant le Reglement
d'icelle, de la repréfentation des cinq facs jugez, par luy retirez de
M. Bernard de Fortias Confeiller en icelle, par recepiffé du 5. Fevrier 1612. A fait & fait inhibitions & défenfes audit Charles Comte d'Efcars, & tous autres, faire aucunes pourfuites pour raifon de
ce : & à tous Huiffiers de mettre aucune contrainte à execution contre ledit Nau, à peine de nullité, caffation, dommages
& interefts, fans dépens. Prononcé le 13. jour de May 1622. Signé,
GALLARD.

EXTRAIT DES REGISTRES DE PARLEMENT.

ENTRE M Simon Gorlidot Procureur en ladite Cour, demandeur à l'enterinement d'une Requefte par luy prefentée le 10. Janvier 1619. à ce qu'en confequence de l'Edit & Arreft
de verification du 14. Mars 1603. par lequel aprés dix ans, les Avocats & Procureurs des parties font déchargez des procés dont ils

se trouveront chargez, attendu qu'il y a plus de dix ans qu'il se trouve chargé vers M. François de la Vau Conseiller, du procés dont est question, d'entre Jean de Barville, & Damoiselle Marie de Saint Martin sa femme, appellans d'une Sentence donnée par les Gens tenans les Requestes du Palais, d'une part; Et Jean de Barville Chevalier, Sieur de Ligerville, intimé d'autre, estant en un sac, qui est la production dudit de Barville, aprés l'offre qu'il a faite d'affirmer qu'il n'a & ne delaisse à avoir par dol ou fraude ledit procés, d'une part; Et Charles de Cambray Chevalier, Sieur de Rangulle ; & Jean d'Estud Chevalier, Sieur d'Aubrissec, à cause de Catherine & Loüise de Barville leurs femmes, heritieres de défunt Jean de Barville leur pere, reprenant le procés au lieu dudit défunt Jean de Barville, défendeurs d'autre ; Gorlidot Procureur pour ce dispensé de plaider, a dit, qu'il y a dix ans qu'il est chargé d'un procés, duquel l'on demande la representation, & qui se trouve adiré, dont a requis estre déchargé sous la faveur des Arrests, attendu qu'il n'y a de mauvaise foy pour le défendeur : A dit, qu'il s'en rapporte à la Cour d'ordonner de la representation, & luy estre permis de refaire leurs productions. La Cour aprés que Gorlidot s'est purgé par serment, & qu'il n'a le procés dont l'on demande la representation, ny par dol ou fraude delaisse de l'avoir, l'en a déchargé & décharge; & a permis & permet aux parties faire refaire les productions sur les pieces énoncées au vû de la Sentence. Fait en Parlement le 9. Fevrier 1624. Signé, DU TILLET.

EXTRAIT DES REGISTRES DE PARLEMENT.
Du 27. Juillet 1629.

ENTRE Maistre Jean Vic Procureur au Bailliage & Siege Presidial de Blois, demandeur suivant la Requeste presentée à la Cour le 10. May 1627. d'une part ; Et Loüise Guilleverd veuve de feu Maistre René Barre, vivant Procureur en ladite Cour, tant en son nom que comme tutrice de ses enfans, défenderesse d'autre. Et encore entre la Communauté des Procureurs de ladite Cour, demandeurs en Requeste du 21. Fevrier 1629. afin d'intervention, d'une part ; Et lesdits Vic & veuve Barre, défendeurs d'autre. Vû par la Cour ladite Requeste du 10. May, à ce que lad. veuve Barre audit nom fust condamnée solidairement rendre & remettre és mains dudit Vic vingt sacs & pieces qui auroient cy-devant esté mises és mains dudit défunt Barre, concernant une cause

sous le nom de Pierre Gombault , allencontre de Maistre Guillaume Bouchet ; & depuis contre Maistre Jean Bouchet son heritier,
sinon & à faute de luy payer la somme de 600. livres à luy dûë par
ledit Bouchet , restant de plus grande somme pour la composition
de l'Office du Substitut du Procureur du Roy , & Adjoint aux Enquestes du Grenier à Sel de Blois , les interests de ladite somme
depuis l'année 1611. que ladite instance se commença à Blois , &
seroit continuée en l'année 1615. au Privé Conseil du Roy , & aprés
renvoyée à ladite Cour , & luy payer tous les dépens par luy faits
esdites poursuites contre lesdits Bouchet, dont il seroit crû par serment , faute de ladite representation , & és dépens de l'instance.
Défaut, appointement en droit à écrire & produire, bailler contredits & salvations dans le temps de l'Ordonnance. Production dudit Vic , aprés que ladite Guilleverd audit nom par Requeste du
5. Aoust 1628. pour toutes écritures & productions, auroit employé
sesdites défenses : la procuration par elle passée le 14. Aoust 1628.
& le contenu en ladite Requeste. Contredits dudit Vic. Contredits de ladite Guilleverd par Requeste du 11. Septembre 1628.
Requeste dudit Vic, employée pour salvations. Production nouvelle dudit Vic. Requeste de lad. Guilleverd du 17. Fevrier 1629.
employée pour contredits. Ladite Requeste desdits Procureurs de
Communauté du 19. Fevrier 1629. tendante à ce qu'ils fussent reçûs partie intervenante en ladite instance , & faisant droit sur leur
intervention décharge lad. veuve Barre & tous autres Procureurss
& leurs veuves , en telles occurences des procés qu'il leur seroient
ou pourroient cy-aprés estre demandez. Appointement en droit
à écrire & produire, & joint , & acte aux demandeurs Procureurs
de Communauté , de ce que pour tous moyens d'intervention ,
écriture & production, ils auroient employé ladite Requeste, & ce
que par ladite veuve Barre auroit esté écrit & produit en ladite instance. Ecriture & production dudit Vic, aprés que lad. Guilleverd pour écritures & production en ladite intervention , auroit
employé ce qu'elle auroit écrit & produit en l'instance principale.
Conclusions du Procureur General , & tout consideré: Dit a esté,
Que ladite Cour ayant aucunement égard à l'intervention de la
Communauté desdits Procureurs, aprés l'affirmation d'icelle Guil-
levert par sadite procuration du 14. Aoust, a mis & met sur la demande dudit Vic les parties hors de Cour & de procés sans dépens.
Prononcé ce 17. Juillet 1629. Signé, MORINEAU.

EXTRAIT

EXTRAIT DES REGISRTES DE PARLEMENT.
Du quatriéme Aouſt 1629.

ENTRE Maiſtre Pierre Petitpied Procureur en icelle , demandeur en Requeſte du 27. Juillet 1629. tendante à ce qu'il fuſt déchargé de la demande contre luy faite pour la repreſentation du procés duquel il eſt chargé , d'entre Françoiſe Guerif & Mathurine Guerif , attendu que dés-lors qu'il ſe chargea dudit procés , il le mit és mains de Maiſtre Guillaume Jolly Avocat en icelle , pour faire les griefs de ſa partie , & qu'il eſt porteur du recepiſſé dudit défunt Jolly , du mois de May 1625. Qu'il ſera pareillement déchargé des executoires contre luy decernez de trente-deux ſols pour chacun jour de ſéjour , faute d'avoir rendu leſdits procés , que main-levée luy fuſt faite de ſes meubles ſaiſis , & pris par execution , que Perrineau Sergent qui a emporté & pris par execution une éguiere d'argent , ſera contraint par corps à la luy rendre : ce faiſant , déchargé. Et encore ledit Petitpied demandeur , à ce que la veuve & enfans dudit défunt Jolly ſoient condamnez l'acquitter de ladite pourſuite , avec tous dépens , dommages & intereſts , & rendre ledit procés , à ce faire contraint par les mêmes voyes que ledit Petitpied y pourroit eſtre contraint. Et encore la Communauté des Procureurs de ladite Cour , intervenus & joints avec ledit Petitpied , d'une part ; Et Françoiſe Guerif , veuve Clement Leſpicier ; & encore Damoiſelle Jeanne Loiſeau , veuve dudit défunt Maiſtre Guillaume Jolly , vivant Avocat en ladite Cour , tant en ſon nom que comme tutrice de ſes enfans & dudit défunt , défendeurs d'autre , ſans que les qualitez puiſſent prejudicier. Petitpied en ſon nom a dit , qu'ayant eſté chargé du procés dont eſt queſtion , il auroit iceluy mis és mains dudit défunt Jolly , & en auroit pris ſon recepiſſé , aprés la repreſentation duquel ſoûtient , qu'il doit eſtre déchargé des condamnations contre luy intervenuës , & ſubordinement contre la veuve dudit Jolly , à ce qu'elle ſoit tenuë l'acquirer. Lambin pour le défendeur , qu'il s'eſt rendu adjudicataire de certains heritages , en a conſigné le prix : & neanmoins par la negligence du demandeur , n'a pû encore joüir. Badoulleau pour la veuve Jolly , qu'incontinent aprés le decés de ſon mary , elle a fait recherche dudit ſac en ſon Etude , en la preſence du demandeur , n'a pû encore le trouver ; ſoûtient qu'elle ne peut eſtre tenuë le repreſenter : En premier lieu , à cau-

III. Part.   D d

se du long-temps que l'on a esté à en faire demande ; Et aussi qu'elle a renoncé à la Communauté d'entre son défunt mary & elle. Vizet pour la Communauté des Procureurs a dit, que cette cause les regarde tous, & soûtient, que Petitpied representant le recepissé de l'Avocat, il n'a pû estre poursuivi de representer le sac dont est question ; & que si telle demande estoit tolerée, il ne se trouveroit Procureur qui se voulût charger des affaires des parties : & est ledit Petitpied en bonne foy, qui n'a en cette affaire fait que ce qui est de l'usage du Palais, au moyen dequoy interviennent avec luy. La Cour ayant égard à ladite Requeste, aprés que ledit Petitpied a representé le recepissé dudit défunt Jolly Avocat, l'a déchargé du sac & pieces dont est question : Et aprés la renonciation faite par la veuve dudit Jolly à sa communauté, l'a mis hors de cause, sauf à la partie de Lambin à se pourvoir contre les heritiers dudit défunt ou autrement, ainsi qu'il verra bon estre ; Défenses au contraire, à cette fin luy mettra ledit Petitpied ledit recepissé és mains : & a déchargé & décharge ledit Petitpied de la condamnation contre luy intervenuë, luy fait main-levée de ses biens saisis, & à la representation le Gardien contraint par toutes voyes dûës & raisonnables, même par emprisonnement de sa personne comme depositaire de Justice, ce faisant déchargé. Fait en Parlement le quatriéme Aoust 1629.

EXTRAIT DES REGISTRES DE PARLEMENT.
Du dernier Aoust 1630.

LOUIS, par la grace de Dieu, Roy de France & de Navarre: A tous ceux qui ces presentes Lettres verront, Salut. Sçavoir faisons : Comme de la Sentence donnée par nos amez & feaux Conseillers, & Maistre des Requestes de nostre Hostel, le 20. Janvier 1629. entre M. Aveyny de la Porte Sieur de Montagny, demandeur en saisie & arrest, & délivrance de deniers, selon les Exploits du 10. Avril 1623. du défendeur, en Requeste du premier Mars 1629. d'une part ; Et Pierre de Sainte Marie sieur d'Esguilly, au nom & comme tuteur des enfans mineurs de Jacques d'Orglanden, Baron de Prefors, défendeur & demandeur en ladite Requeste, d'autre. Et entre ledit de Sainte Marie audit nom, ayant repris au lieu dudit défunt de Prefors l'instance pendante pardevant lesdits Maistres des Requestes, entre ledit de la Porte, demandeur selon l'Exploit du 4. May 1629. & défendeur d'une part,

Et ledit défunt de Prefors défendeur & demandeur, par le moyen
de ses défenses fournies le 27. Avril ensuivant. Et encore entre
ledit de Sainte Marie audit nom , demandeur en sommation selon
sa Requeste du 10. Avril 1629. à ce que M. Robert Hommet Procureur en nostre Cour de Parlement , fût condamné par corps
rendre & restituer audit de Sainte Marie , ou à ceux qui faisoient
ses affaires , l'acquit & amortissement du premier Avril 1614. de
la rente de 500. livres & arrerages d'icelle , pretenduë par ledit de
la Porte : les acquit & amortissement cy-devant baillez aud. Hommet par ledit de Prefors , & dont ledit Hommet restoit chargé au
Greffe desdites Requestes ; faute de ce faire , acquiter ledit de Sainte Marie de la condamnation qui pourroit intervenir contre luy
audit nom au profit dudit de la Porte , & en tous ses dépens , dommages & interests , & dépens tant en demandant qu'en défendant ,
& de ladite sommation , d'une part ; & ledit Hommet défendeur
d'autre : par laquelle entr'autres choses lesdits Maistres des Requê-
tes ayant aucunement égard à la Requeste dudit premier Mars ,
avoient fait main-levée audit de Sainte Marie des saisies & arrests
faits à la requeste dudit de la Porte , & neanmoins condamné led.
de Sainte Marie racheter dans deux ans pour tous delais , les
764. livres de rente d'une part , & 500. livres de rente d'autre ,
dont estoit question au procés , payer les arrerages desdits 500. liv.
de rente échûs depuis la constitution d'icelle jusqu'au jour de lad.
Sentence , & ceux qui écherroient cy aprés , & de fournir dans
ledit temps la décharge & amortissement desdites deux rentes , en
rembourser ledit de la Porte des arrerages qu'il auroit payez de ladite rente de 500. livres , à peine de tous dépens , dommages & interests ; & sur la sommation contre ledit Hommet , les parties
hors de Cour & de procés , sans dépens ; eût esté appellé en
nostre Cour de Parlement , en laquelle parties oüies en leurs causes d'appel , & le procés par écrit conclû & reçû pour juger en
icelle , entre ledit de Sainte Marie audit nom , appellant , en ce
qu'il avoit esté condamné payer ladite rente de 500. livres & arrerages d'icelle , & que sur la sommation dud. Hommet les parties
avoient esté renvoyées hors de Cour & de procés ; & lesd. de la Porte
& Hommet , intimez. Et encore entre ledit de la Porte appellant ,
en ce que deux ans de delay auroient esté donnez audit de Sainte
Marie audit nom , de racheter lesdites deux rentes , & de payer &
rembourser dans ledit temps les arrerages de ladite rente de 500. l.
& en ce qu'on ne luy auroit adjugé les dommages & interests , ny

dépens , d'une part ; Et ledit de Sainte Marie , intimé , d'autre ,
fi bien ou mal auroit efté appellé , joint les griefs hors le procés,
pretendus moyens de nullité , & production nouvelle defdits appellans , qu'ils pourroient bailler dans le temps de l'Ordonnance, aufquels griefs , pretendus moyens de nullité , lefdits intimez
pourroient répondre , & contre leur production nouvelle bailler
contredits aux dépens defdits appellans. Iceluy procés vû , griefs
dudit de Saint Martin , tant contre ledit de la Porte que contre
la veuve & heritiers dudit Hommet. Réponfes dudit de la Porte
& de Anne Honet veuve dudit Hommet , tutrice des enfans mineurs dudit défunt & d'elle , qui auroient repris ledit procés en
procedant au lieu dudit défunt fon mary. Requefte dudit de la
Porte , employée pour griefs , forclufions de fournir par ledit de
Sainte Marie de réponfes. Autre Requefte dudit de la Porte , employée pour production nouvelle. Inftance entre ledit de Sainte
Marie audit nom , demandeur en fommation felon fa Requefte du
18. Janvier dernier , à ce que les enfans & heritiers de défunt M.
Loüis Germain Procureur en noftredite Cour , cy aprés dénommez, euffent à faire ceffer le defaveu formé par ledit de la Porte,
des défenfes & repliques fournies en fon nom , le 4. Juillet 1621.
par led. défunt Germain , faute de ce, faire condamner en tous fes
dépens, dommages & interefts, d'une part ; Et M. Jean, Claude,
Loüis & André Germain , enfans & heritiers dudit Loüis Germain, défendeurs d'autre. Demande , défenfes, appointement en
droit ; Production defdites parties. Arreft du 20. de ce mois, entre lefdits Germain demandeurs , pour le moyen des fruits par eux
fournis contre ledit de Sainte Marie , le 17. dudit mois , à ce que
ledit de la Porte fût tenu faire ceffer le defaveu par luy formé , &
en confequence la fommation dudit de Sainte Marie , faute de ce
faire , condamné en tous leurs dépens, dommages & interefts, d'u-
ne part ; & ledit de la Porte défendeur d'autre : par lequel fur ladite fommation lefdites parties auroient efté appointées en droit
à écrire & produire ; & acte audit de la Porte de ce que pour défenfes & production il employe ce qu'il avoit écrit & produit au
procés. Production defdits Germain. Autre Arreft du 8. dudit
mois d'Aouft , par lequel la Requefte de la Communauté des
Avocats & Procureurs de noftredite Cour , afin d'eftre reçûs parties intervenantes audit procés, auroit efté joint à iceluy , pour en
jugeant y avoir tel égard que de raifon. Lettres de nous obtenuës
par ledit de Sainte Marie audit nom , le 7. dudit mois d'Aouft ,

afin d'eſtre reçûs à articuler de nouvel & faire preuve des faits y
contenus, communiquer à partie & miſes au ſac de l'Ordonnance de noſtredite Cour. Production nouvelle dudit de Sainte Marie. Requeſte dudit de la Porte du 30. dudit mois d'Aouſt, employée pour contredits.   Tout joint & diligemment examiné:
NOSTREDITE COUR par ſon Jugement & Arreſt, ſans
s'arreſter, tant à noſdites Lettres que Requeſte du 8. Aouſt, faiſant droit ſur l'appel dudit de Sainte Marie, a mis & met l'appellation au neant, ſans amende : a ordonné & ordonne que ladite
Sentence de laquelle a eſté appellé, ſortira ſon effet, a condamné
& condamne ledit de Sainte Marie audit nom, és dépens de la
cauſe d'appel, tant envers ledit de la Porte que ladite Honet audit nom ; & en tant que touche l'appel dudit de la Porte, a mis
& met l'appellation & ſentence de laquelle a eſté appellé au neant,
ſans amende, en ce que delai de deux ans auroit eſté donné audit
de Sainte Marie de racheter leſdites deux rentes, & de payer &
rembourſer les arrerages de rente de 500. livres : émendant ladite
Sentence quant à ce, à condamné & condamne ledit de Sainte
Marie audit nom, convertir & racheter dans ſix mois leſd. deux
rentes, & dans ledit temps payer & rembourſer les arrerages de
celle de 500. livres. Ladite Sentence au reſidu ſortiſſant ſon effet,
& ſur leſdites ſommations & informations les intimez hors de Cour
& de procés ; La taxe des dépens adjugez pardevers noſtred. Cour
reſervée.   SI mandons au premier des Huiſſiers de noſtred. Cour,
ou autre noſtre Sergent, à la requeſte dudit de la Porte, ce preſent
Arreſt mettre à dûë & entiere execution, ſelon ſa forme & teneur,
contraignant ; A ce faire & ſouffrir ledit de Sainte Marie & autres qu'il appartiendra, par toutes voyes dûës & raiſonnables. De
ce faire donnons pouvoir. Donné à Paris en noſtre Parlement le
dernier Aouſt, l'an de grace 1630. Et de noſtre Regne le vingt-
uniéme ; Et plus bas, Par Jugement & Arreſt de la Cour.   Signé,
RADIGUE ; Et ſcellé.   LE BLANC.

*Par Arreſt du ſeptiéme Septembre 1634. rendu en la Grand' Chambre,
au rapport de Monſieur Phelipeaux, a eſté jugé, que la Declaration avoit
un effet retroactif.*

EXTRAIT DES REGISTRES DE PARLEMENT.
Du 14. May 1640.

ENTRE Meſſire Pierre du Bois, ſe diſant Chevalier Sieur de Mennetou, & heritier de feu Aſtremoyne du bois, Chevalier ſieur de Souzay, ſon pere, demandeur en Requeſte du 7. du preſent mois de May, à ce que le défendeur cy-aprés nommé ſoit condamné & contraint par corps à rendre le procés, duquel il eſt chargé vers M Antoine Rancher Conſeiller en ladite Cour, par recepiſſé du 28. Avril 1626. d'entre ledit Aſtremoyne du Bois appellant, & frere Simon Cheminée, lors Commandeur de Fretey, pour n'eſtre ſujet à peremption, & le défendeur Procureur d'aucunes des parties dénommées audit procés, qu'il n'a retiré que comme Procureur de Jacques Broſſin, auquel n'appartient les arrerages du temps dudit feu Simon Cheminée, & eſtre ledit défendeur ſaiſi dudit procés, ou qu'il a mis és mains dudit Broſſin, & avoir action juſqu'à trente ans contre le défendeur, tout ainſi que contre perſonne particuliere, pure privée : nonobſtant que ledit défendeur dit avoir rendu ledit procés, & la Declaration du Roy & les Arreſts, & que le défendeur veüille ſoûtenir qu'ils ne reçoivent point autre interpretation qu'une décharge en termes generaux, & qu'il n'a pû eſtre pourſuivi de rendre ledit procés, qui conſiſte en deux productions faites par ledit feu Cheminée, & ſuppoſe que ledit demandeur n'y peut rïen pretendre : n'ayant encore de qualité ny repris le procés au lieu de ſon pere, qui eſtoit défendeur, & ait laiſſé juger le procés par forcluſion en cauſe principale, & eſté condamné à la continuation & aux arrerages des redevances, & que ledit Broſſin ait le ſeul intereſt, pour eſtre commandeur & ſubrogé aux droits dudit Cheminée, & que les productions ſe puiſſent refaire ſur le vû de la Sentence, d'une part ; Et M. Loüis Petit Procureur en ladite Cour, défendeur d'autre, ſans que les qualitez puiſſent prejudicier, aprés que Hilaire Avocat du demandeur a conclû en ſa Requeſte, & que Pietre Avocat du défendeur a dit, qu'aprés cinq ans paſſez, les Procureurs ſont déchargez des procés, ainſi qu'il a eſté jugé par pluſieurs Arreſts, & qu'il a rendu ledit procés, & negligé de retirer ſon recepiſſé. LA COUR aprés le ſerment pris du défendeur, qu'il n'a le procés, & que par dol & fraude ne delaiſſe de l'avoir : a mis & met ſur la Requeſte les parties hors de Cour & de procés. Fait en Parlement le 14. jour de May 1640. Signé, GUYET.

E X T R A I T   D E S   R E G I S T R E S
de Parlement.

Du cinquième Fevrier mil six cent quatre-vingt-six

ENTRE Messire Pierre de Bragelonne, Chevalier, Seigneur de Bourcany & consors, creanciers & exerçans les droits de défunt Messire Robert de Bragelonne, vivant, Chevalier, Seigneur de Bourcany, & de Dame Madelaine de Cormeille son épouse, demandeurs en Requeste du 10. Juin 1684. tendante à ce qu'il fût ordonné que dans huitaine pour toutes prefixions & delais, le défendeur cy-aprés nommé seroit tenu de remettre és mains du Clerc de feu Monsieur Genoult, vivant, Conseiller en la Cour, Rapporteur, le procés d'entre ledit défunt Robert de Bragelonne, d'une part: & de défunt Messire Nicolas de Bautru Comte de Nogent, & autres, duquel le défendeur est chargé par son recepissé du dernier Janvier 1664. duquel luy a esté baillé copie, sinon qu'il fût condamné en son nom au payement des sommes dûës audit défunt sieur de Bragelonne, tant en principal qu'interests, d'une part; Et M. Michel de la Croix Procureur, Tiers Referendaire en la Cour, défendeur d'autre, aprés que Jolly Avocat pour de Bragelonne & consors, & Gueau Avocat pour de la Croix défendeur, ont esté oüis. LA COUR deboute les parties de Jolly de leur Requeste, & les condamne és dépens. Fait en Parlement le 5. Fevrier 1686. Collationné, Richard. Signé, Jacques, avec paraphe.

Le 14. Fevrier 1686. signifié & baillé copie à Maistre Souillard Procureur. Signé, Dallençon, avec paraphe.

PAR Arrest du 21. Juillet 1689. rendu a la seconde des Enquestes, a esté jugé qu'on ne peut point demander au Procureur la restitution des pieces dont il a signé les copies : En effet, le Procureur qui signe les pieces qu'il communique, n'est pas reputé estre chargé des originaux que la partie retient le plus souvent en sa possession, la communication s'en faisant sur les copies, la representation des originaux n'estant necessaire que lors qu'ils sont contestez, ou pour produire dans d'autres ordres.

EXTRAIT DES REGISTRES
de Parlement.

Du trente-unième Janvier mil six cent quatre-vingt neuf.

ENTRE Messire François d'Argouges Conseiller d'Estat du Conseil Royal, & Directeur des Finances ; Maistre Eustache Thibeuf Seigneur de Saint Germain, Conseiller en la Cour ; Maître Jean Gautier Avocat en ladite Cour ; & Jacques Desniau Bourgeois de Paris, Creanciers & Directeurs des autres Creanciers de Messires Charles & Henry de Lorraine, Ducs de Mayenne & d'Aiguillon, pere & fils, demandeurs en deux Requestes presentées à ladite Cour les 10 Juillet & premier Decembre 1688. La premiere, à ce que le défendeur cy-aprés nommé fût condamné, & par corps, leur remettre entre les mains les quarante-trois pieces concernant l'affaire du Sindic desd. Creanciers, contre le Sieur Marquis d'Urfé, dont il s'est chargé comme Procureur de la Dame Comtesse de Barraut, envers Me Rolland Bry sieur de la Clergerie, Avocat en la Cour, & Bailly de Saint Germain des Prez, par son recepissé du 10. Janvier 1659. qui leur a esté remis entre les mains par la Dame de la Clergerie, en consequence de l'Arrest de la Cour du premier Septemb. 1687. qui l'a condamné leur rendre toutes les pieces, registres & papiers qu'elle avoit concernant lesd. Sindics & ledit Sindicat, & aux dépens. Et la seconde, à ce que le défendeur fût aussi condamné en son nom à leur payer les dommages & interests resultans de la perte que les demandeurs pretendent souffrir, à cause du deperissement de la Requeste civile par eux obtenuë contre les Arrests, obtenus contre les pretendus Sindics & Creanciers par la Dame Comtesse de Barraut & ses coheritiers, en la succession de Messire Philbert Emanuël de Savoye, Marquis de Villars, les 13. Mars & 4. Septembre 1655. & 22. May 1665. faute d'avoir lesdites pieces qu'ils pretendent estre necessaires pour la faire plaider & faire déchoir lesdits heritiers dudit sieur Marquis de Villars du profit desd. Arrests, avec dépens, & défendeurs d'une part : Et Me François Secousse Procureur en la Cour, défendeur, & demandeur en Requeste du 29. du present mois de Janvier, à ce qu'il fût receu opposant à l'execution de l'Arrest obtenu par défaut par les demandeurs, le 17. du present mois de Janvier, signifié le 26. faisant droit sur son opposition, aprés la declaration par luy faite, & affirmation qu'il

offre

offre faire, qu'aprés une exacte perquifition qu'il avoit faite defd.
pieces, il ne les avoit point trouvées, qu'il ne les avoit point, qu'il
ne les retenoit point, & que par dol, fraude, & autrement, il ne
delaiffoit de les avoir ; il fut en confequence de la prefcription
des dix années ordonnées par la Declaration du Roy du 11. Decembre 1597. & Arreft de verification de ladite Cour, du 14. May 1603.
envoyé quitte & abfoût de la demande des demandeurs avec dépens,
d'autre part, fans que les qualitez puiffent nuire ni prejudicier. Gautier Avocat des Directeurs, & Severt Avocat de Secouffe, oüis.
LA COUR en la Cinquiéme des Enqueftes, a reçû la partie de
Severt oppofante, & au principal deboute les Directeurs de leur
Requefte, en affirmant par ledit Secouffe qu'il n'a point les pieces
en queftion, que par dol & fraude il ne les retient point, & ne de-
laiffe de les avoir, luy a donné acte de fon affirmation. Fait en
Parlement le 31. Janvier 1689. Signé, DONGOIS.

P AR Arreft rendu en la Grand' Chambre, le 23. Janvier
1694. Bornat plaidant pour les Adminiftrateurs de l'Hoftel-
Dieu, qui demandoient à M. Jacques Mûnier Procureur trois productions, & les titres de la creance dont il eftoit chargé envers défunt Monfieur Nevellet, l'un des Directeurs des Elûs du Mans:
Et Robeton plaidant pour M. Mûnier. A efté jugé, qu'en conformité de la Declaration le Procureur eftoit déchargé, en affirmant.
Voyez cy-deffus, pages 190. 191. & 192.

TITRE II.

Sur le Desaveu.

C'EST une maxime certaine que le Procureur n'eſtant prépoſé que pour agir pour la partie, il ne peut rien faire ſans pouvoir; il eſt pourtant toûjours valablement conſtitué quand il eſt porteur de l'Exploit donné à la partie. Et pour éviter la fraude, l'Ordonnance l'oblige de tenir Regiſtre pour y enregiſtrer les cauſes, & marquer par qui il eſt chargé; c'eſt une des premieres obligations que le Procureur doit regulierement obſerver: ce faiſant, il ne peut point eſtre deſavoüé d'avoir occupé, quand il ſe trouveroit de la fraude, parce qu'eſtant à ſon égard dans la bonne foy, elle ne pourroit tomber ſur luy, en declarant qui l'a chargé, & la voye par laquelle il a reçû l'aſſignation, ce qui feroit reparer le mal, & tomber la peine ſur ceux qui auroient fait la faute.

Mais il ne peut point interjetter de premieres appellations, intenter de demandes principales, former d'inſcription de faux, deſaveu, recuſations, ſans pouvoir ſpecial de la partie.

Bien entendu neanmoins que dans les incidens des procés, lors que l'Avocat trouve neceſſaire & donne conſeil au Procureur d'y former quelques appellations incidentes, ou de prendre nouvelles concluſions pour rectifier & rétablir celles qui ont eſté priſes au procés, il le peut faire ſuivant les Reglemens de la Cour, ſans pouvoir eſtre deſavoüé.

Le Procureur qui eſt dans l'obligation de vuider par expedient les deſertions, folles intimations, appellations d'appointemens, de fins de non-proceder, taxes de dépens, ne peut eſtre deſavoüé, non plus que de la procedure qu'il fait en conformité des Reglemens qui le mettent à couvert du deſaveu.

C'eſt auſſi une Juriſprudence certaine eſtablie par les Arreſts, que le Procureur aprés ſon decés ne peut eſtre deſavoüé, eſtant un fait perſonnel: il eſt éteint par la mort, la raiſon ne ſouffrant point que des heritiers répondent de ce qui n'eſt point de leur fait.

Quoique le Procureur ne ſoit point reſponſable des obmiſſions qu'il fait en la procedure , que fon ignorance ne luy puiffe eftre imputée , la partie fe devant prendre à elle-même de n'avoir pas pris un bon confeil , & un Procureur vigilant & capable de luy conferver fes interefts ; neanmoins il doit toûjours s'inftruire de fon devoir pour rendre fa Profeffion utile à fon Client & foûtenir fa bonne foy , qui doit toûjours eftre infeparable de fa conduite.

PAR Arreft du 23. May 1576. il eft enjoint au Procureur de vuider à l'expedient les defertions , folles intimations , appellations d'appointemens , de fins de non - proceder , taxe de dépens , fans pouvoir eftre defavoüé.

PAR Arreft du 23. Fevrier 1580. jugé qu'un Procureur ne peut eftre defavoüé aprés fon decés , eftant une adminiftration perfonnelle, éteinte par fa mort, qu'on ne peut imputer à fes heritiers.

EXTRAIT DES REGISTRES
de Parlement.
Du vingt-troifiéme Avril 1607.

CE jour , aprés que judiciairement lecture a efté faite des Ordonnances fur l'ordre de proceder és Charges des Avocats & Procureurs , enfemble de la fceance des Avocats aux Bareaux: & que le Bret pour le Procureur General du Roy , par une Remontrance , les a exhortez à la verité , tant au recit des pieces que de la doctrine, à la conftance & au devoir de leur charge: Et contre les Procureurs, fuplié la Cour pourvoir à l'abus des apointez au Confeil des Caufes du Rôlle ; Enfemble , à ce que aucun n'entreprenne faire les écritures & intenter demandes fans avis de Confeil ; Avec injonction de figner leurs demandes & inventaires, Monfieur le Premier Prefident leur a fait par autre Remontrance pareille admonition , & au furplus prononcé l'Arreft qui enfuit. LA COUR, oüy fur ce le Procureur General du Roy , a fait & reiteré les défenfes cy-devant faites aux Procureurs d'intenter aucunes actions, ny faire demandes en execution d'Arreft fans avis de Confeil, lequel , s'il y a appointement en droit , feront tenus de produire.

Leur a enjoint, & enjoint vuider par avis de leurs anciens, les demandes legeres esquelles sera question de sommes pecuniaires au
deffous de huit livres parisis ; Et si aucuns estoient contraints de
prendre appointement en droit és causes legeres, & où n'y aura
differend que pour cette somme en procedant au jugement, la
condamnation & l'executoire de dépens sera delivré contre le Procureur qui aura esté refusant & contrevenu au present Arrest, en
son privé nom. Outre, leur a fait défenses de prendre appointement au Conseil sur les Causes des Rôlles demeurées indecises,
qui doivent estre terminées hors jugement par avis de Conseil.
Declarant dés-à-present, toutes les procedures faites sur les appointez au Conseil, contre le present Arrest, nulles, & de nul effet &
valeur : Et leur a fait défenses mettre au Greffe aucunes demandes & inventaires qu'ils ne soient signez d'eux. Fait en Parlement
le 23. Avril 1607. Signé, GUYET.

ARREST,

*Par lequel un Procureur est declaré mal desavoüé, pour avoir
interjetté, par avis du Conseil, un appel sans charge
d'une Sentence definitive.*

Du vingt-deuxième Fevrier 1629.

ENTRE Maistre Pierre Joüard Procureur, demandeur en
Requeste du 19. de ce mois, & défendeur d'une part; Et François Briand défendeur & demandeur en autre Requeste du
dudit mois de Fevrier, afin d'estre reçû opposant à l'execution des
Arrests donnez contre luy : Ensemble de l'adjudication par decret
faite en ladite Cour, de ses heritages saisis en consequence du desaveu formé contre ledit Joüard ; Ce faisant, déchargé de la condamnation contre luy intervenuë; & Jean Roger, défendeur d'autre, sans que les qualitez puissent prejudicier. Aprés que Talon
Avocat pour le demandeur, a conclud en sa Requeste, tendant à
ce que le desaveu formé par le défendeur fût declaré injurieux &
calomnieux; & luy condamné à en faire reparation publique aud.
demandeur, & en l'amende, & en tous ses dépens, dommages
& interests, & à luy payer tous ses frais, salaires, & vacations du
procés qu'il a poursuivi contre Jean Roche, dont il sera payé par
preference sur les deniers des heritages saisis, & dont l'adjudica-

tion se poursuit en la Cour ; & neanmoins se rapporte à la Cour de les moderer à telle somme qu'il luy plaira. Oüy J. Petit pour le défendeur, present en personne en sa défense, qui a dit, qu'il a esté constitué pour Procureur par led. défendeur : qu'il avoit chargé un Avocat de la Cause, qui luy a rendu ses pieces : & que le sujet de l'opposition qu'il a formée à l'execution de l'Arrest donné contre luy, est le desaveu qu'il a formé contre ledit Joüard, pour avoir interjetté appel d'une Sentence definitive, dont il ne luy avoit point donné charge. Replique par Talon, qu'il est porteur de quantité de lettres missives dudit défendeur, qui portent, qu'il a sçû l'appel, luy a envoyé memoire pour diminuer les dépens adjugez contre luy : que c'est un desaveu temeraire, & qu'il merite d'estre condamné en une amende : Ensemble Veillon pour ledit Roze, qui a requis le défendeur estre debouté de l'opposition par luy formée à l'execution dudit Arrest. LA COUR ayant égard à la Requeste, a declaré ledit Joüard mal desavoüé, condamne ledit Briand és dépens : ensemble, à luy payer ses frais, salaires & vacations du procés dont est question, liquidez avec iceux dépens à quinze livres tournois ; Et en consequence sur l'opposition formée par iceluy Briand, à l'execution de l'Arrest dont est question, a mis & met les parties hors de Cour & de procés. Fait en Parlement en la Chambre de l'Edit, le vingt-deuxiéme Fevrier 1629. Signé, LEVESQUE.

PAR Arrest du 14. Mars 1671. rendu à la Premiere Chambre des Enquestes, au rapport de Monsieur Feydeau, sur l'intervention de la Communauté des Procureurs, jugé que Lestorel Procureur n'a pû estre desavoüé aprés son decés.

PAR Arrest du 9. Juillet 1689. à la Grand' Chambre, jugé que Journet Procureur n'a pû estre desavoüé de s'estre constitué Procureur, estant porteur de l'exploit.

A R R E S T,

Jugé en conformité de l'Ordonnance , que le Procureur n'est pas garant de la solvabilité de ceux pour lesquels il encherit , & qu'il suffit qu'il ait un pouvoir d'une Partie apparemment solvable.

Du 14. Janvier 1687.
Extrait des Registres de Parlement.

ENTRE Nicolas Saroüel Ecuyer , sieur de Ligny, Major des deux Villes de Nancy, au nom & comme tuteur de ses enfans mineurs , & de feuë Dame Perside de Laguon sa femme ; François Fleury Marchand, Bourgeois de Paris ; Suzanne Fleury veuve Michel Mandavy Marchand, Bourgeois de Paris , tant en son nom , à cause de la communauté d'entre ledit défunt & d'elle, que comme tutrice de leurs enfans mineurs , estans aux droits de Pierre Fleury , subrogé au lieu de Maistre Jean Bataillon Procureur en la Cour , & ayant repris en son lieu , lequel avoit esté subrogé au lieu des Sieurs de Vion , d'Herouval, Quentin, & Davests, nommez Directeurs des creanciers de Me Pierre Alleaulme Conseiller du Roy , Prevost Provincial des Maréchaux de Montfort-Lamaury , demandeurs en Requeste du 30. May 1686. tendante à ce qu'il plût à la Cour ordonner que dans trois jours pour tout delai , le défendeur cy-aprés nommé seroit tenu de venir passer le contrat de vente & adjudication faite à Me Loüis le Tanneur Procureur en la Cour , aussi défendeur cy-aprés nommé de l'Office de Conseiller du Roy , Prevost Provincial des Maréchaux de Montfort-Lamaury , & ledit le Tanneur , tenu de faire comparoir ledit défendeur pour passer ledit contrat de vente , suivant & aux termes de l'adjudication , affiches & publications ; sinon & à faute de ce faire dans ledit temps , & iceluy passé , qu'il seroit procedé en la Cour à la revente dudit Office , à la folle enchere desdits défendeurs , qui seroient en outre condamnez en tous les dépens, dommages & interests des creanciers , d'une part ; Et Claude de Choiseil Ecuyer , sieur de Bescheville & Dinnont , Paroisse de Clamauge en Champagne : & Maistre Loüis le Tanneur Procureur en la Cour , en son nom , défendeur d'autre. Et entre ledit le Tanneur en son nom , opposant à l'execution de l'Arrest du 29.

Aouſt 1686. intervenu ſur la ſuſdite Requeſte , ſuivant l'acte du 18. Septembre 1686. d'une autre part ; Et leſdits Saroüel & Fleury eſdits noms , défendeurs d'autre. Et entre François de Climchamp ſieur de Trancheville , & demandeur en Requeſte du 28. Decembre 1686. tendante à ce qu'il fût reçû partie intervenante en la ſuſdite cauſe , y faiſant droit , que la procedure qui a eſté faite pour parvenir à la vente de la Charge de Conſeiller du Roy, Prevoſt Provincial des Maréchaux de Montfort-Lamaury, dont ledit Alleaulme eſt pourvû , & à luy adjugé en la direction , le 28. Decembre 1683. & la nouvelle adjudication , à ladite charge , au profit dudit de Choiſeil , le 4. May 1686. en ladite direction , fût declarée nulle, & en tant que beſoin ſeroit fût reçû oppoſant à l'execution de l'Arreſt du 29. Aouſt dernier , & à tout ce qui a eſté fait contre ſa pretenduë veuve & heritiers , comme ſuppoſant ſon decés ; & leſdits Directeurs condamnez en leurs propres & privez noms en ſes dommages & intereſts , aux offres qu'il faiſoit d'executer le contrat de vente à luy fait dudit Office , en luy accordant un delai competant pour payer la ſomme de dix mil livres qu'il eſt obligé de payer , & icelle conſigner és mains de des-Noſts Notaire, faiſant partie dudit contrat , en payant l'intereſt , & le ſurplus montant à autres dix mil livres , en faire profit aux creanciers dudit Alleaulme , conformément audit contrat , ou à ceux qui auront leurs droits , & leſdits Directeurs condamnez en leurs noms aux dépens ; & leſdits Saroüel & Fleury , & ledit de Choiſeil défendeurs d'autre. Et entre ledit le Tanneur Procureur en la Cour, en ſon nom , demandeur en Requeſte du 31. dud. mois de Decembre , tendante à ce qu'acte luy fût donné de la ſommation & dénonciation qu'il faiſoit auſdits Directeurs de tous les actes d'oppoſition au titre dudit Alleaulme , que Requeſte dudit de Clinchamp, & de ce qu'il conclut aux riſques, perils & fortunes dudit de Choiſeil , & deſdits creanciers Alleaulme , à ce qu'il fût reçû oppoſant à l'Arreſt du 29. Aouſt 1686. leſdits Creanciers Directeurs deboutez de leur Requeſte du 30. May dernier , avec dommages, intereſts & dépens , attendu la declaration qu'il avoit faite au profit dudit de Choiſeil , & par luy acceptée le 17. dudit mois de May, d'une autre part ; & leſdits Saroüel & Fleury eſdits noms , & ledit de Choiſeil , défendeurs d'autre. Aprés que Baudoüin le jeune pour les demandeurs , Maillard pour Choiſeil , qui a requis acte de ce qu'il offre payer le prix de ſon adjudication en faiſant lever les oppoſitions ; Le Moyne pour Clinchamp , le Tanneur Procureur en ſon nom , ont eſté oüis.

LA COUR, de grace ordonne, que dans quinzaine de Clin-champ premier adjudicataire, payera la somme de dix mil livres pour la moitié du prix de son adjudication ; les autres 10000. l. aux conditions de l'adjudication de l'Office en question, de laquelle luy sera passé contrat de vente : autrement & à faute de ce faire dans ledit temps, déchûs en vertu du present Arrest ; & la nouvelle adjudication, ensemble toute la procedure, confirmées, Choiseil adjudicataire tenu de passer le contract de la Charge en question, en payer le prix aux conditions d'icelle adjudication, sinon & à faute de ce faire, qu'il y sera contraint comme depositaire : ce faisant déchargé, le Tanneur Procureur déchargé de la demande des Directeurs, tous dépens compensez que les Directeurs emploiront en frais de Direction. Fait en Parlement le 4. Janvier 1687. Collationné, Richard. Signé, Jacques, avec paraphe.

Le 18. Janvier 1687. signifié & baillé copie à Maistres le Tanneur & Rabineau Procureurs. Signé, Dallençon, avec paraphe.

A R R E S T

Qui juge que le Procureur n'est point garand envers la partie pour n'avoir pas étendu ny expliqué les causes de son opposition.

Du vingt-uniéme May 1691.

LOUIS par la grace de Dieu Roy de France & de Navarre: A tous ceux qui ces presentes Lettres verront, Salut. Sçavoir faisons, que comme de certaine Sentence donnée par nos amez & feaux Conseillers les Maistres des Requestes ordinaires de nostre Hostel, le 3. Aoust 1690. Entre Marguerite Houdart veuve de Gaspard du Bray, vivant Maistre Chirurgien à Paris, tant en son nom que comme mere & tutrice des enfans mineurs dudit défunt & d'elle, demanderesse en Requeste du 26. Aoust 1689. à ce que François Tulloüe Procureur en nostredite Cour, fût condamné en ses dommages & interêsts, & desd. mineurs, comme garant de sa procedure, & en consequence à lui payer & rembourser la somme de 1355. livres 16. s. 6. d. avec les interests de ladite somme ; comme aussi à la restitution des pieces, titres & procedures concernant les creances de ladite Houdart & desdits mineurs sur les

deux

deux tiers de maifons venduës & decretées fur Denife Dory , veuve Jean Girard , aux offres que faifoit ladite Houdart de déduire
audit Tulloüe fes frais & falaires raifonnables ; & ledit Tullouë
condamné aux dépens , d'une part ; Et ledit François Tullouë Procureur en noftredite Cour , en fon nom , défendeur d'autre part.
Et entre ledit Tullouë , demandeur en Requefte du 22. Juillet audit an 1690. à ce qu'acte luy fût donné des offres par luy faites , &
qu'il reïteroit de remettre és mains de ladite Houdart les titres &
pieces de la fucceffion dudit Debray fon mary , en ce qu'il en avoit
eu en fa poffeffion , & fe purger par ferment , que par dol ou fraude il n'en retient aucuns , & ne luy en auroit efté mis d'autres entre les mains que ceux qu'il rendroit , confiftant en la creance defdits Guerard & fa femme , & des nommez de la Grange pere &
fils , en le faifant dire & ordonner avec Henry Debray , & luy four-
niffant main-levée de fon oppofition , du 9. Mars , ou de les dépo-
fer à cette condition entre les mains de tel Notaire qui feroit nommé , à la referve de ceux qui concernoient ce qui leur eftoit dû en
commun par lefdits de la Grange pere & fils , que ledit Tullouë
avoit produit & mis au Greffe , & produit fur l'appel de la Sentence d'ordre du 30. May 1687. Et encore à la referve de fes procedures comme fon gage , jufqu'à ce qu'il ait efté payé de fes frais ,
falaires , vaccations & deniers débourfez , & que ladite Houdart
fut condamnée en fon nom en tous les dépens , d'une autre part ;
& lad. Houdart veuve dudit Debray , défendereffe d'autre ; par
laquelle faifant droit fur le tout , ledit Tullouë auroit efté condamné payer à ladite veuve Debray audit nom de tutrice de fes enfans
mineurs , la fomme de 677. liv. 18. fols , faifant moitié de celle de
1355. liv. 16. fols , avec les interefts depuis le 18. Janvier 1679. jour
de l'oppofition formée par ledit Tullouë au decret des biens faifis
fur Denife Dory , & à rendre & remettre à ladite Debray fes titres ,
papiers , même ceux qui luy eftoient communs avec ledit Henry
Debray : & ce faifant , dire & ordonner avec ledit Henry Debray
à cet égard , & en payant par ladite veuve Debray aud. nom Tullouë , fes frais , falaires ; & ledit Tullouë condamné aux dépens , eût
efté appellé à noftredite Cour de Parlement : en laquelle parties
ouïes en leurs caufes d'appel , & le procés par écrit conclû & reçû
pour juger en la maniere accoûtumée , entre ledit Tulloüe , appellant de ladite Sentence du 3 Aouft audit an 1690. d'une part ; Et
lad. Houdart audit nom , intimée d'autre , fi bien ou mal auroit efté
appellé , les dépens refpectivement requis par les parties , en l'a-

III. Part.   F f

mende pour nous & lesd. parties, appointées à bailler griefs, réponses & productions nouveles dans le temps de nostre Ordonnance ; iceluy procés, griefs fournis par ledit Tulloüe, à ce que l'appellation, Sentence de laquelle avoit esté appellé, fût mise au neant, en ce qu'il avoit esté condamné payer à ladite Houdart audit nom ladite somme de 677. liv. 18. sols, faisant moitié de celle de 1355. l. 16. sols, avec les interests depuis le 18. Janvier 1679. jour de l'opposition par luy formée au decret des deux tiers d'une maison saisis & vendus sur Denise Dory veuve de Jean Girard, en ce qu'il avoit esté condamné aux dépens : émendant, quant à ce, debouter ladite Houdart audit nom de sa demande, & qu'elle fût condamnée aux dépens, tant des causes principales que d'appel. Réponses. Trois productions nouvelles, deux dudit Tulloüe, & l'autre de ladite Houdart. Contredits d'icelles, salvations. Arrest de nostred. Cour du 16. Janvier 1691. entre Henry Debray fils de Gaspard Debray, vivant Maistre Chirurgien à Paris, & de Marie Chevalier, ses pere & mere, demandeur en Requeste du 11. dudit mois de Janvier 1691. à ce qu'il fût reçû partie intervenante, acte luy fût donné de ce que pour moyens d'intervention il employoit le contenu en ladite Requeste avec ce qui avoit esté écrit & produit par ladite Houdart, & en consequence faisant droit sur ladite intervention, declarer l'Arrest qui interviendroit entre ledit Tulloüe & ladite Houdart, commun avec ledit Debray : ce faisant, ledit Tulloüe fût condamné lui payer & rembourser la somme de 677. liv. 18. s. faisant moitié de celle de 1355. liv. 16. sols, avec les interests, sans prejudice de ses autres droits & actions, & ledit Tulloüe condamné aux dépens, d'une part ; & lesdits Tulloüe & Houdart défendeurs d'autre, par lequel ledit Debray auroit esté reçû partie intervenante sur ladite intervention, les parties auroient esté appointées à bailler moïens d'intervention, réponses, & produire le tout dans trois jours, & acte audit demandeur de ce que pour moïens d'intervention & production il emploïoit sa Requeste & les pieces y énoncées, joint les fins de non-recevoir, défenses au contraire sur lesquelles seroit prealablement ou autrement fait droit, ainsi que de raison. Requestes emploïées pour réponses à moïens d'intervention. Production dudit Tulloüe sur ladite intervention. Contredits d'icelle. Requeste de ladite Houdart emploïée pour production. Autre Requeste dudit Tulloüe emploïée pour fins de non-recevoir. Requeste dudit Debray emploïée pour défenses. Requeste dudit Tulloüe du 3. Mars 1691. à ce qu'acte lui fût donné de la

fommation & dénonciation qu'il faifoit à du Beffey Procureur en
noftredite Cour en fon nom, du defaveu formé par Henry Debray,
par acte du 12. Fevrier 1691. reïteré au Greffe de noftredite Cour,
par autre acte du 23. dudit mois, & en confequence ledit Tulloüe
fût renvoïé de fa demande & intervention, & declarer ledit du
Beffey bien defavoüé : ce faifant, qu'il fût condamné en fon propre
& privé nom aux dommages & interefts dudit Tulloüe, qu'il bail-
leroit par declaration, fuivant noftre Ordonnance, fi mieux n'ai-
moit noftredite Cour les liquider à telle fomme qu'il lui plairoit,
& en tous les dépens faits, tant en demandant, défendant, que de
la fommation, & lui donner acte de ce que pour écritures & production il emploïoit le contenu en ladite Requefte & les pieces y
énoncées ; fur laquelle Requefte, par Ordonnance de noftredite
Cour eftant en fin d'icelle, auroit efté donné acte de l'emploi, &
ordonné que ledit défendeur fourniroit de défenfes, écriroit &
produiroit dans trois jours, & joint. Requefte dudit du Beffey
Procureur en noftredite Cour, emploïée pour défenfes, écritures
& production. Acte fait au Greffe de noftredite Cour le 6. Mars
audit an 1691. par ladite Houdart en fon nom, & comme aïant
droit de Henry Debray fils dudit défunt Gafpard Debray & de
Marie Chevalier, au jour de fon decés femme dudit Gafpard Debray, par tranfport du 23. Decembre 1690. Icelui Henry Debray
feul heritier de ladite Chevalier fa mere, par lequel ladite Debray
auroit declaré qu'elle reprenoit audit nom la demande & intervention dudit Henry Debray, offrant de proceder fuivant les derniers
erremens. Requefte de ladite Houdart du 16. Mars audit an 1691.
à ce qu'acte lui fût donné de ce qu'elle prenoit le fait & caufe dud.
du Beffey Procureur, pour raifon dudit defaveu : ce faifant, lui
fût pareillement donné acte de ce qu'elle fommoit & contrefom-
moit audit Henry Debray le defaveu en queftion, & en confequence il fût declaré non recevable & mal fondé dans ledit defaveu,
& qu'il fût condamné aux dépens faits, tant par ledit du Beffey
que ladite Houdart, & aux dommages & interefts, qu'elle bail-
leroit par declaration, fuivant noftre Ordonnance, demande en
fommation & contre fommation, & qu'acte lui fût donné de ce
que pour écritures & production fur ladite demande elle emploïoit
les pieces énoncées en ladite Requefte, fur laquelle par Ordonnance de noftredite Cour eftant enfin d'icelle, auroit efté donné
acte, & ordonné que le défendeur fourniroit de défenfes, écriroit
& produiroit dans le temps de noftre Ordonnance, & acte de l'em-

ploi, & joint , sur le surplus avoit esté reservé à faire droit en jugeant. Requeste dudit Debray employée pour défenses & production. Sommation de fournir de défenses & de produire par les autres parties. Requeste dudit du Bessey Procureur en nostred. Cour,
du 16. Mars audit an 1691. à ce qu'acte lui fût donné de ce qu'il sommoit & contre-sommoit audit Henry Debray aux risques, perils &
fortunes de ladite Houdart le desaveu par lui formé au Greffe de
nostredire Cour ledit jour 23. Fevrier 1691. signifié & dénoncé aud.
du Bessey de la part dudit Tulloüe ce 4. Mars : ce faisant, ledit
Henry Debray fût declaré non-recevable & mal fondé dans sondit
desaveu , & en consequence condamné le faire cesser avec dépens,
dommages & interests, & qu'acte luy fût donné de ce que pour écritures & production sur ladite demande il emploïoit le contenu en
ladite Requeste , sur laquelle , par Ordonnance de nostred. Cour
estant enfin d'icelle , auroit esté donné acte , & ordonné que sur la
demande les parties demeureroient appointées en droit, que le défendeur écriroit & produiroit dans le temps de nostre Ordonnance,
& acte de l'emploi. Autre Requeste dudit du Bessey Procureur en
nostredite Cour , dudit jour 16. Mars audit an 1691. à ce qu'acte luy
fût donné de ce qu'il sommoit & dénonçoit à ladite Houdart le desaveu dudit Debray , & en consequence il fût ordonné que ladite
Houdart prendroit le fait & cause dudit du Bessey , & feroit cesser
ledit desaveu ; sinon & à faute de ce faire , & où ledit Debray ob-
tiendroit à ses fins , ladite Houdart fût condamnée à l'acquiter, ga-
rantir & indemniser des condamnations qui pourroient intervenir
contre luy au profit dudit Debray , & la condamner aux dépens
faits, tant en demandant , défendant que de la sommation & con-
tre-sommation, & qu'acte luy fût donné de ce que pour écritures
& production il employoit sa Requeste & les pieces y énoncées ;
sur laquelle Requeste, par Ordonnance de nostredite Cour estant
enfin d'icelle , auroit esté donné acte sur la demande , les parties
auroient esté appointées en droit à écrire & produire dans le temps
de nostre Ordonnance, & acte de l'emploi, & joint. Requestes employées pour défenses , écritures & productions sur les deux precedentes Requestes dudit du Bessey. Requeste de lad. Houdart du
19. jour de Mars audit an 1691. à ce qu'entre autres choses , en ex-
pliquant les premieres conclusions, elle consentoit de ne toucher
des interests que depuis le 11. May 1686. jour du payement fait à la
veuve le Pelletier par le Receveur des Consignations des Requestes
de nostre Hostel , & en consequence les fins & conclusions par elle

prifes par fes griefs luy fuffent adjugées avec dépens ; fur laquelle
Requefte auroit efté refervé à faire droit en jugeant. Autre Requefte de ladite Houdart du 23. dudit mois de Mars audit an 1691.
à ce qu'entre autres chofes acte luy fût donné de ce qu'elle reftrai-
gnoit la demande generalement faite par ledit Henry Debray des
interefts de la fomme de 677. liv. 18. fols aux interefts qui avoient
couru depuis le 11. May 1636. en confequence que les fins & conclufions prifes par ladite Requefte d'intervention luy fuffent adjugées avec dépens ; fur laquelle Requefte auroit efté refervé à faire
droit en jugeant. Arreft du 3. Avril 1691. entre la Communauté
des Procureurs de noftredite Cour, demandeurs en Requefte du
28. Mars 1691. à ce qu'ils fuffent reçûs parties intervenantes, leur
donner acte de ce que pour moyens d'intervention ils employoient
le contenu en ladite Requefte, & en confequence faifant droit fur
ladite intervention & infirmant la Sentence dont eft appel, declarer ladite Houdart non-recevable en fon action contre led. Tulloüe
d'une part ; Et lefdits Houdart & Tulloüe défendeurs d'autre, par
lequel ladite Communauté des Procureurs auroit efté reçûë partie
intervenante ; fur ladite intervention les parties auroient efté appointées à bailler moyens d'intervention, & réponfes, & produire
dans le temps de noftre Ordonnance, & acte aux demandeurs de
ce que pour moyens d'intervention & production ils employoient
leur Requefte. Requeftes defd. Houdart & Tulloüe, employées
pour réponfes & production fur ladite intervention. Requefte de
ladite Communauté employée pour réponfes. Requefte de ladite
Houdart du 7. Avril audit an 1691. à ce qu'entre autres chofes acte
luy fût donné de ce qu'elle confentoit qu'en vertu de l'Arreft qui
interviendroit ledit Tulloüe demeure fubrogé de plein droit à fes
droits & actions, & aux droits & actions dudit Henry Debray, &
en confequence fans s'arrefter à l'intervention de ladite Communauté des Procureurs, fes fins & conclufions luy fuffent adjugées
avec dépens ; fur laquelle Requefte auroit efté refervé à faire droit
en jugeant. Requefte employée pour réponfes. Autre Requefte dudit Debray en datte du 10. Avril audit an 1691. à ce qu'en declarant ledit du Beffey bien defavoüé, il fût debouté de fa demande
avec dépens ; fur laquelle Requefte auroit efté refervé à faire droit
en jugeant. Requefte de ladite Houdart employée pour réponfes.
Requefte dudit Debray du 27. Avril audit an 1691. à ce qu'en procedant au jugement du procés les Lettres de refcifion par luy prifes en Chancellerie le 11. Avril audit an 1691. contre l'acte du 23.

Decembre dernier 1690. fuſſent enterinées ſelon leur forme & teneur,& en conſequence les parties fuſſent remiſes en tel & ſembla-
ble eſtat qu’elles eſtoient avant ledit acte dudit jour 23. Decembre 1690. Ce faiſant, il fût reçû oppoſant à l’acte de repriſe fait en
conſequence par ladite Houdart de l’intervention & demande qui
avoit eſté faite ſous ſon nom ſans aucun pouvoir, du 6. Mars 1691.
faiſant droit ſur ladite oppoſition la debouter de ſa demande , luy
donner acte de ce que pour écritures & production ſur leſdites
Lettres il employoit ladite Requeſte & les pieces y énoncées ; ſur
laquelle Requeſte , par Ordonnance de noſtredite Cour eſtant enfin d’icelle , ſur ladite demande les parties auroient eſté appointées
en droit , ordonné que la défendereſſe fourniroit de défenſes , écriroit & produiroit dans le temps de noſtre Ordonnance , & acte
de l’emploi, & joint ; leſdites Lettres de reſciſion obtenuës par ledit Debray ledit jour 11. Avril audit an 1691. contre ledit acte du
23. Decembre 1690. Requeſte de ladite Houdart employée pour
défenſes , écritures & production ſur leſdites Lettres. Tout joint,
vû & diligemment examiné : NOSTREDITE COUR par
ſon Jugement & Arreſt faiſant droit ſur le tout, ſans avoir égard
aux fins de non-recevoir , à l’intervention, deſaveu, oppoſition &
lettres dudit Debray , & aux Requeſtes deſdits Houdart & Debray
des 19. & 23. Mars, 7. & 10. Avril 1691. ayant égard à l’intervention de la Communauté des Procureurs de ladite Cour , en tant
que touche le procés par écrit, a mis & met l’appellation & Sentence de laquelle a eſté appellé , au neant, en ce que ledit Tulloüe
auroit eſté condamné de payer à ladite Houdart la ſomme de 677. l.
18. ſols , & intereſts & dépens : émendant, quant à ce , décharge
ledit Tulloüe deſdites condamnations ; Ce faiſant , deboute lad.
Houdart de ſa demande. Ladite Sentence au reſidu ſortiſſant effet,
& en conſequence ſur les ſommations & dénonciations , deſaveu
& oppoſition dudit Debray , les parties hors de Cour & de procés , condamne leſdits Houdart & Debray en tous les dépens,
tant des cauſes principales que d’appel , demandes , interventions,
deſaveu , ſommations & dénonciations vers leſdits Tulloüe , du
Beſſey , & la Communauté des Procureurs , & ledit Debray en
ceux des Lettres & oppoſition vers lad. Houdart ; la taxation des
dépens adjugez & execution du preſent Arreſt pardevers noſtred.
Cour reſervée. SI mandons au premier noſtre Huiſſier ou Sergent ſur icelle premiere Requeſte, le preſent Arreſt , mettre à execution : de ce faire te donnons pouvoir. Donné en Parlement en

la Quatriéme Chambre des Enqueftes le vingt-uniéme May, l'an
de grace 1691. Et de noftre Regne le quarante-neuviéme. Par
Jugement & Arreft de la Cour. Signé , DU TILLET:
Collationné , JANNET.

*Le vingt-neuviéme May 1691. fut ce prefent Arreft fignifié & baillé
copie à Maiftre Deshayes , du Beffey , des Verneys & Tuault Procureurs
des adverfes parties. Signé , JEUNESSE.*

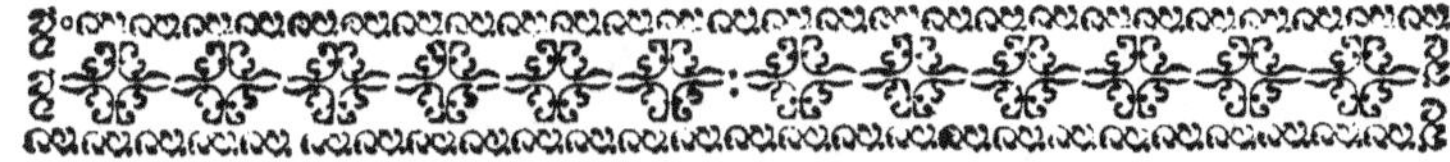

TITRE III.

Sur la Confignation que les Procureurs doivent faire des Amendes.

IL y a plufieurs Edits & Declarations fur le fait de la Confignation des Amendes , mais comme ils font renfermez dans
l'Edit du mois d'Aouft 1669. & Declaration du 21. Mars 1671.
on ne tranfcrira que ces deux derniers.

Les Procureurs pour fe conformer aux Reglemens , obferveront de ne point prendre d'appointement au Confeil fur les appellations qui font mifes aux Rôlles , de ne conclure aucuns procés ny faire juger les appellations à l'Audience fans que l'amende
de douze livres n'ait efté prealablement confignée ; Et quant aux
Appellations fur lefquelles il fera prononcé en jugeant les Incidens qui feront portez à l'Audience , l'Amende en pourra eftre
payée en confequence de l'Arreft qui interviendra. Et afin qu'il
n'y arrive point de conteftation avec le Receveur des Amendes ,
les Procureurs font avertis, lors que ces cas particuliers arriveront,
de faire mention dans les qualitez de l'Arreft comme la Cour aura
fait judiciairement conclure en l'appel.

Sur les infcriptions de faux , c'eft à celuy qui veut s'infcrire
à configner l'Amende , fans laquelle confignation il n'eft point
reçû.

C'eft auffi au demandeur en Requefte civile à configner l'Amende , à faute dequoy il peut eftre pourfuivi pour le faire déchoir.

DECLARATION DU ROY,

*Portant Reglement pour les Consignations , Condamnations &
Recouvrement des Amendes.*
Du 21. Mars 1671.

LOUIS par la grace de Dieu , Roy de France & de Navarre:
A tous ceux qui ces presentes Lettres verront , Salut. Ayant
par nostre Declaration du 13. Aoust 1669. en confirmant les Ordonnances de nos predecesseurs Rois, de 1539 & 1548. celles de Roussillon,
& Arrest du mois de Decembre 1649. pour de bonnes & justes considerations à ce nous mouvans , établi de grosses Amendes contre les
temeraires plaideurs , afin de les empêcher de s'engager en des appellations , oppositions , requestes civiles & inscriptions en faux frivoles : Nous avons neanmoins appris , avec déplaisir , que l'on recherche toutes sortes de moyens pour en éluder l'execution , sous
pretexte qu'il y a des cas qui ne sont pas assez exprimez par nostre
Declaration , & par les precedentes Ordonnances : A quoi voulant
pourvoir de l'avis de nostre Conseil, qui a vû les articles 115 118. &
128. de l'Ordonnance de 1539. celle du 26. Novembre 1548. l'article
23. de l'Ordonnance de Roussillon , les Declarations des premiers
Juillet 1554. & du mois de Decembre 1639. l'article 16. du titre 35.
& autres articles concernant le fait des amendes, de nostre Ordonnance du mois d'Avril 1667. nostredite Declaration du 13. Aoust
1669. & les Arrests & Reglemens de nostre Parlement de Paris, des
5. Mars 1646. septiéme Juillet 1649. sixiéme Aoust 1650. trentiéme
May 1654. neuviéme Aoust 1660. huitiéme May 1665. & septiéme
Septembre 1667. & autres donnez sur le fait des amendes , & autres
condamnations à nous adjugées ; & pour le recouvrement d'icelles
par preference à tous creanciers : Nous avons ordonné & declaré , &
par ces Presentes signées de nostre main, ordonnons, declarons, voulons & nous plaist: Que toutes les amendes qui seront consignées pour
les apellations qui seront relevées en nos Cours de Parlement , &
autres Cours superieures , ne pourront estre moindres de douze
livres , soit que les appellations soient verbales ou par écrit , &
qu'elles soient interjettées des Sentences des Juges Subalternes &
de Pairies , Sentences arbitrales, Ordonnances de police , & autres
appellations de quelques Juges & Justices que ce puissent estre ; &
de six livres pour les appellations qui seront relevées aux Sieges Presidiaux

fidiaux és cas efquels ils jugent Prefidialement & en dernier reffort ; fans qu'une même partie foit tenuë de configner plus qu'une
amende de douze livres ou de fix livres, encore que par la fuite de
l'affaire elle interjettât d'autres appellations incidentes. Enjoignons
neanmoins à nos Cours de Parlement , & autres Compagnies qui
jugent en dernier reffort , de ne prononcer en toutes caufes & procés d'appel , que par bien ou mal jugé, avec adjudication de l'a-
mende de 75. liv. du fol appel, fous ce temperament, toutefois,
que fi pour de bonnes & juftes confiderations il fe trouvoit à propos
de prononcer l'appellation au neant, ou hors de Cour & de procés
fur l'appel, l'appellant qui fuccombera foit toûjours condamné en
une amende qui ne pourra eftre moindre de 12. liv. même des ac-
quiefcemens qui feront vuidez par expediens, ou autrement, fans
que fous quelque pretexte que ce foit, ny en quelque maniere que
la prononciation foit conçûë, les appellans en puiffent eftre déchargez. Enjoignons pareillement à tous nos autres Juges, de condamner ceux qui fuccomberont en leur appel en celle de 6. liv. és cas
efquels ils jugent en dernier reffort ; à peine d'en répondre en leurs
noms : Comme auffi à nofdites Cours & Juges inferieurs de condamner en l'amende les oppofans & tiers oppofans qui feront deboutez de leurs oppofitions , fuivant & conformément à noftre Declaration du mois d'Avril 1667. Ordonnons que tous demandeurs
en requeftes civiles, foit qu'ils ayent efté parties dans les Arrefts contre lefquels les requeftes civiles feront obtenuës, ou non , feront tenus de configner la fomme de 450. liv. fçavoir 300. liv. pour Nous,
& 150. liv. pour la partie ; Et pour les Arrefts donnez par défaut ou
forclufion, celle de 225 liv. fçavoir, 150. liv. pour Nous, 75. liv.
pour la partie ; Et à l'égard des infcriptions en faux, que la confignation fera de 100. liv. ou plus grande s'il y échet, és caufes, procés & inftances qui feront pendantes en nofdites Cours de Parlement , Grand Confeil, Cour des Aydes, Requeftes de noftre Hoftel
& du Palais, de 60 liv. aux Prefidiaux, & autres Juftices reffortif-
fantes immediatement à nofdites Cours , & de 20. liv. dans les autres Juftices ; le tout auparavant que les demandeurs en requeftes
civiles & les infcrivans en faux y puiffent eftre reçûs: Lefquelles fommes feront reçûës par le Fermier de nos Domaines , ou fes Commis à la recette de nofdites amendes, qui s'en chargeront comme
depofitaires fans aucun droit , ny frais ; pour aprés le jugement des
appellations, requeftes civiles & infcriptions en faux , eftre lefdites
amendes renduës & délivrées auffi fans frais à qui il appartiendra.

III. Part.   Gg

Voulons & ordonnons, que de quelque maniere qu'il soit prononcé, quand les poursuivans succomberont dans leurs requeftes civiles, infcriptions de faux ou oppofitions, foit par debouté, fans avoir égard, fans s'arrefter, ou hors de Cour, même en cas d'acquiefcement ; l'amende nous foit acquife, quand même les lettres en forme de requefte civile auroient efté obtenuës avant noftre Ordonnance de 1667. fans que lefdites Cours & Juges en puiffent ordonner la remife ou moderation, & fans qu'ils puiffent faire application d'aucunes amendes civiles & criminelles à quelques fommes qu'elle fe puiffent monter ; foit pour reparations, pain des prifonniers, neceffitez du Palais, à l'Ordonnance de la Cour, ou fous quelqu'autres pretextes que ce foit, lefquelles nous apartiendront entierement, attendu que par les Eftats arreftez en noftre Confeil nous pourvoyons au payement de toutes les Charges ordinaires & extraordinaires qui doivent eftre prifes fur lefdites amendes : Pourront neanmoins condamner les accufez en quelques fommes applicables en œuvres pies dans les cas où il aura efté commis facrilege, & où ladite condamnation d'œuvre pie fera partie de la reparation. Défendons à tous Procureurs, poftulans de nofd. Cours & Sieges Prefidiaux, és cas efquels ils jugent en dernier reffort, de mettre aucunes appellations aux Rôlles ordinaires & extraordinaires, tant en matiere civile que criminelle, n'y d'en pourfuivre l'Audience fur placets, foit aux grandes Audiences ou à huis clos, ny de conclure en aucuns procés par écrit, que les Amendes n'ayent efté confignées, & la quittance du Receveur defd. amendes fignifiée & rapportée. Voulons qu'il foit fait mention fur les placets & Arrefts de conclufion de la datte de la quittance fous le nom & paraphe des Procureurs qui en demeureront refponfables en leurs noms. Et en cas que les appellans foient en demeure de configner Amende ; l'intimé pourra, fi bon luy femble, faire ladite confignation, fauf à la repeter enfin de caufe contre l'appellant ; & jufques à ce toute l'Audience déniée à l'une & à l'autre des parties ; Et en cas que l'intimé configne l'amende de 12. liv. pour l'appellant, & que par l'Arreft l'appellant foit condamné en l'amende de 75. liv. l'intimé employera les 12 liv. par luy confignées dans la declaration des dépens qui luy feront adjugez, & le furplus fera recouvré par ledit Fermier du Domaine ou fes Commis contre la partie condamnée. Et pour faciliter le recouvrement des amendes qui ont efté ou feront adjugées à noftre profit : Nous ordonnons que les Procureurs de nofdites Cours & des Sieges Prefidiaux qui mettront à l'avenir des caufes aux Rôlles,

ou en pourfuivront des Audiences fur Placets, feront tenus chacun
à leur égard, de faire fignifier aux Procureurs des parties adverfes les
qualitez des Arrefts & Jugemens intervenus au profit de leurs parties, portant condamnation d'amende à noftre profit, dans le jour
qu'ils auront efté rendus, & d'y comprendre les noms, furnoms, qualitez & demeures defdites parties condamnées, & de les mettre
dans trois jours aprés qu'elles auront efté fignifiées és mains des
Greffiers qui auront reçû lefdits Arrefts, Sentences & Jugemens :
Comme auffi qu'ils employeront la même chofe dans les qualitez
des Arrefts d'appointé au Confeil, de Conclufion, Acquiefcement,
Appointemens, Reglemens, Congez, Défauts, Sentences, & Ju-
gémens : Aufquels Greffiers nous ordonnons de faire les extraits
defdites amendes, & les délivrer tous les Lundis de chacune femaine au Fermier de nofdits Domaines ou fes Commis à la recette
d'icelle ; Et défendons aux Greffiers & Commis des Greffes de
délivrer aucuns Arrefts, Sentences ou Jugemens où il y aura condamnation des amendes qui doivent eftre confignées, qu'ils n'ayent
vû la quittance du Fermier ou fon Commis, & cotté fur la minutte
la datte de la quittance, & par qui l'amende aura efté payée, &
fait mention d'icelle fur leurs Regiftres. Tout ce que deffus, à peine
de payer par les contrevenans chacun endroit foy lefdites amendes
en leurs propres & privez noms ; & outre de cinq cent livres d'amende contre chacun Greffier des Cours & Sieges, & Procureur contrevenant pour chacune contravention pour la premiere fois, & d'interdiction en cas de recidive : Et au payement feront les contrevenans contrains par corps à leurs frais & dépens en vertu des prefentes. Toutes lefquelles amendes à nous appartenantes, Nous voulons
& ordonnons eftre payées és mains dudit Fermier de nos Domaines,
ou fes Commis à la recette d'icelles, fur les biens, meubles & immeubles, & autres effets des condamnez par preference & privilege
à tous creanciers, tant par les Fermiers conventionnels & judiciaires,
Receveurs des Confignations, Commiffaires des Saifies Réelles,
Payeurs des gages d'Officiers, que tous autres debiteurs des condamnez efdites amendes ; lefquels y feront contraints comme depofitaires, nonobftant toutes faifies & Arrefts, oppofitions ou appellations, ou autres empêchemens quelconques ; encore que ledit Fermier ou fes Commis ne fe foient oppofez au decret des biens des
condamnez, ny faifis iceux, & fans qu'ils foient obligez de les faire
dire & ordonner avec les creanciers, parties faifies, faififfantes &
oppofans. Et en cas que les Greffiers des Geoles & Concierges re-

çoivent des amendes pour faciliter l'élargiſſement des priſonniers condamnez en icelles; ils feront tenus de le declarer, & en fournir les deniers audit Fermier de nos Domaines ou ſes Commis, tous les Lundis de chacune ſemaine; à peine d'y eſtre conraints à leurs frais & dépens, & de cent livres d'amende. Les deniers de toutes leſquelles amendes conſignées des affaires qui n'auront eſté jugées, feront de trois mois en trois mois mis & délivrez par les Commis à la recette d'icelles és mains dudit Fermier de nos Domaines, & ſes Sous-fermiers chacun en droit ſoy; pour en demeurer depoſitaires, & les rendre jour à jour aux appellans & autres qui auront conſigné, qui obtiendront gain de cauſe, ſans aucuns frais ny droits; Et feront leſd. Fermiers & Sous-fermiers tenus à la fin de leurs baux de fournir l'eſtat deſdites amendes conſignées des affaires qui n'auront eſté jugées, & de remettre les deniers aux Fermiers & Sous-fermiers qui entreront en leur place, qui s'en chargeront, pour en faire le payement auſſi ſans aucuns frais ny droits, à ceux & ainſi qu'il ſera ordonné; & rendre audit precedent Fermier celles qui nous feront adjugées, à proportion que les inſtances feront jugées : Et en demeureront les cautions dudit Fermier & Sous-fermiers tenus & reſponſables en leurs privez noms. Si donnons en mandement à nos amez & feaux Conſeillers les Gens tenant noſtre Cour de Parlement à Paris, que noſtre preſente Declaration ils faſſent lire, publier & regiſtrer, & le contenu en icelles, garder & obſerver de point en point ſelon ſa forme & teneur, nonobſtant oppoſitions ou appellations quelconques, privileges de Pairies, Edits, Ordonnances, Reglemens, Lettres-patentes & Arreſts à ce contraires, auſquels & aux dérogatoires des dérogatoires avons dérogé & dérogeons par ces Preſentes : Car tel eſt noſtre plaiſir. Données à Saint Germain en Laye le 21. jour de Mars, l'an de grace 1671. Et de noſtre Regne le vingt-huitiéme. Signée, **LOUIS** : Et plus bas, Par le Roy, **Colbert.** Et ſcellé du Sceau de cire jaune.

Regiſtrées, ouy, & ce requerant le Procureur General du Roy, pour eſtre executées ſelon leur forme & teneur. A Paris en Parlement, le 29. Avril 1671 Signé, DU TILLET.

Collationné aux originaux, par moy Conſeiller Secretaire du Roy, Maiſon, Couronne de France & de ſes Finances. **ROLLAND.**

EDIT DU ROY,

Portant que les amendes de six & douze livres seront consignées avant qu'on puisse estre reçû appellant.

Du mois d'Aoust 1669.

LOUIS, par la grace de Dieu, Roy de France & de Navarre: A tous presens & à venir, Salut. Comme il n'y a point de procés plus onereux aux familles que ceux qui se forment sur les appellations des premiers Juges, parce qu'ils obligent les parties de quitter leurs maisons, & leurs emplois pour les aller poursuivre dans les Cours où ils sont devolus ; aussi n'y en a-t-il point sur qui les soins & la prévoyance des Rois nos Predecesseurs se soient plus étendus, puisque non seulement ils ont creé des Sieges entiers dans les Provinces, avec pouvoir de juger en dernier ressort, jusqu'à une certaine concurrence ; mais ils ont encore étably de grosses amendes contre les temeraires appellans, afin de les empêcher de s'engager en de frivoles appellations. Cependant nous apprenons que nonobstant toutes ces precautions, il y a peu de matieres où il s'exerce plus de vexations ; ce qui ne peut proceder que de l'impunité que les mauvais plaideurs trouvent par la décharge ou moderation des amendes, estant certain que si l'Ordonnance qui a fixé celle du fol appel à 75. liv. avec injonction aux Juges de condamner, en autant d'amendes qu'il y a de chefs de mauvaises appellations, avoit esté exactement observée, on n'en verroit pas un nombre si excessif : mais parce que les Juges s'en sont dispensez sous pretexte d'équité, la voye d'appel qui est toute bonne dans son origine, a decliné dans un abus si manifeste, que le Roy Charles IX. fut obligé pour y donner quelque ordre, de défendre expressément à toutes les Cours par l'art. 23. de l'Ordonnance de Roussillon, de remettre ou moderer l'amende de 75. liv. à peine d'estre repetée sur les contrevenans ; & quoyque cette disposition ne fût presque qu'un renouvellement des art. 115. 118. & 128. de celle 1539. Neanmoins elle n'a point eu plus d'execution ; si bien que les choses au lieu de se rétablir sont tombées dans une telle confusion, que le feu Roy nostre tres-honoré Seigneur & Pere, pour restraindre le nombre & reprimer la licence des appellations, fut aussi obligé d'enjoindre en particulier à nostre Parlement de Paris, par sa Declaration du mois de Decembre 1639. de ne prononcer en toute cause & procés d'appel,

que par bien ou mal jugé avec l’adjudication de l’amende du fol appel, sous ce temperament toutefois, qu’où pour de bonnes & justes
considerations il trouveroit à propos de prononcer l’appellation au
neant, l’appellant qui succomberoit fût toûjours condamné en
une amende de 12. liv. au moins, sans que sous quelque pretexte
que ce soit, ni en quelque maniere que la prononciation fût conçûë
il en pût estre déchargé, laquelle Declaration a esté si utile au bien
de la Justice, qu’encore qu’elle n’ait esté faite que pour nostre Parlement de Paris Neanmoins comme nous sommes obligez de procurer également le repos & la Justice à tous nos Sujets, Nous avons
estimé à propos de la rendre generale dans toutes nos Cours, &
même dans tous les Sieges Presidiaux de nostre Royaume, és cas où
ils jugent les appellations en dernier ressort, afin qu’il n’y ait point
de diversité sur une matiere, où il est si facile & si necessaire de
rendre la regle uniforme, avec cette distinction neanmoins, que
l’amende presidiale ne sera que de six livres seulement. Et dautant que nous sommes bien informez que l’une des meilleures pré-
cautions qui ait esté introduite par nostre Ordonnance du mois
d’Avril 1667. pour reduire & diminuer le nombre des Requestes
civiles, a esté d’obliger ceux qui les obtiennent de consigner l’a-
mende, en presentant leur requeste pour l’enterinement des Lettres, Nous avons aussi estimé qu’il estoit juste d’imposer à tous appellans l’obligation de consigner l’amende de 12. liv. en nos Cours,
& celle de 6. liv. aux Sieges Presidiaux. A CES CAUSES,
de l’avis de nostre Conseil, qui a vû les art. 23. de l’Ordonnance de
Roussillon, les 115. 118. & 128. de celle de 1539. la Declaration du
mois de Decembre 1639. & l’article 16. du titre 35. de nostre Ordonnance du mois d’Avril 1667. & de nostre certaine science, pleine
puissance & autorité Royale, Nous avons ordonné & declaré, &
par ces presentes signées de nostre main, ordonnons, declarons,
voulons & nous plaist, que du jour de la publication du present
Édit, aucun ne puisse estre reçû appellant qu’il n’ait consigné l’amende de 12. liv en nos Cours, & de 6. liv. aux Sieges Presidiaux, és
cas ausquels ils jugent Presidialement & en dernier ressort; lesquelles sommes seront reçûës par le Receveur des amendes, qui s’en
chargera comme depositaire sans droits ny frais, suivant & ainsi qu’il
sera cy-aprés par nous ordonné, pour estre aprés le Jugement desd.
appellations renduës & délivrées, s’il y échet, aussi sans frais : Voulons que lesdits appellans soient tenus de donner copie de la quittance du Receveur des amendes au Procureur de leurs parties adver-

ſes , avant qu'ils puiſſent eſtre reçûs à faire aucunes procedures ſur les appellations , ſoit verbales ou par écrit , principales ou incidentes , ſauf à l'égard de celles qui ſeront interjettées ſur le Barreau en plaidant , à donner copie au Greffier par celuy qui voudra lever l'Arreſt de la quittance du Receveur des amendes , avant qu'il puiſſe eſtre délivré , dont le Greffier demeurera reſponſable , ſans neanmons qu'une même partie ſoit tenuë de conſigner plus d'une amende , encore qu'il eût interjeté pluſieurs appellations ; mais s'ils eſtoient reſpectivement appellans l'un & l'autre , ſeront tenus de conſigner chacun une amende , & de le faire ſignifier au domicile de leurs Procureurs , & donner la copie de la quittance du Receveur des amendes , avant qu'ils puiſſent eſtre reçûs à faire aucune procedure ſur l'appel , & que juſqu'à ce toute audience leur ſoit déniée ; & en conſequence défendons à tous Procureurs de nos Cours & des Sieges Preſidiaux , de faire mettre aucune appellation verbale au Rôle , & d'en pourſuivre l'audience , ſur *placet* , ou de conclure en aucun procés par écrit , qu'ils n'ayent donné & fait ſignifier copie de la quittance du Receveur des amendes au Procureur de la partie adverſe , à peine de nullité des procedures , Arreſts , Jugemens , & Sentences , & de payer l'amende en leurs noms ſans aucune repetition. Ledit Receveur comptera par chacune année deſd. Amendes , comme de toutes les autres de ſon maniment ; & en cas que par l'Arreſt qui interviendra la Sentence dont appel aura eſté interjetté ſoit infirmée , ledit Receveur employera l'amende qu'il aura reçûë dans le chapitre de dépenſe de ſon compte , & fera mention de l'Arreſt qui aura infirmé ladite Sentence. Voulons qu'il tienne bon & fidele regiſtre des quittances qui auront eſté par luy délivrées, & qu'il en puiſſe expedier des duplicata pour recouvrer leſdites amendes , s'il eſt ainſi ordonné. Voulons que ladite Declaration du mois de Decembre 1639. ſoit executée dans tous nos Parlemens, & autres nos Cours , en ce qui concerne l'amende des appellations: ce faiſant , que conformément à l'Ordonnance de 1539 ils ſoient tenus en toutes appellations verbales ou par écrit , ſoit principales ou incidentes , de condamner les appellans qui ſuccomberont en l'amende de 75. liv. ou du moins en celle de 12. liv. au cas que pour de bonnes conſiderations ils jugeaſſent qu'il y eût lieu de la moderer. Comme auſſi ſeront tenus noſdits Juges Preſidiaux , és cas eſquels ils jugent en dernier reſſort , de condamner les appellans qui ſuccomberont en leurs appellations , en l'amende de 6. livres , leſquelles amendes de 12. liv. & de 6. liv. ne pourront eſtre remiſes ny moderées fous quelque pretexte que ce foit. SI donnons en mande-ment à nos amez & feaux Confeillers, les Gens tenant noftre Grand' Confeil , que ces Prefentes ils ayent à regiftrer ; & le contenu en icelles faire garder & obferver felon fa forme & teneur, ceffant & faifant ceffer tous troubles & empêchemens qui pourroient eftre donnez , nonobftant tous Edits, Arrefts, Reglemens, & autres à ce contraires, aufquels nous avons dérogé & dérogeons par ces Prefentes: Car tel eft noftre plaifir. Et afin que ce foit chofe ferme & ftable à toûjours , Nous avons fait mettre noftre Seel à cefdites Prefentes. Donné à Saint Germain en Laye au mois d'Aouft, l'an de grace 1669. Et de noftre Regne le vingt-feptiéme. Signé, LOUIS ; Et plus bas, Par le Roy, Colbert. Et à cofté eft écrit, *Vifa* , Seguier.

Lûës , publiées en l'Audience du Grand' Confeil du Roy, & regiftrées , és Regiftres d'icelny , oüy ce requerant le Procureur General du Roy , pour eftre gardées , obfervées & executées felon leur forme & teneur, fuivant l'Arreft du Confeil du 16. Novembre 1669. Ordonné que copies collationnées feront en-voyées en tous les Bailliages , Senechauffées & Sieges Prefidiaux du Royau-me , pour y eftre pareillement lûës & publiées , regiftrées & executées. En-joint aux Subftituts dudit Procureur General efdits Sieges , d'y tenir la main, & d'en certifier le Confeil dans trois mois. Fait audit Confeil à Paris le 19. defdits mois & an. Signé , HERBIN.

EDIT DU ROY,

Pour l'établiffement d'un Greffe des Affirmations au Grand Confeil.

Du mois d'Aouft 1669.

LOUIS par la grace de Dieu, Roy de France & de Navarre: A tous prefens & à venir, Salut, Par l'article 14. du titre 31. de noftre Ordonnance du mois d'Avril 1667. Nous aurions ordon-né que les voyages & féjours ne pourroient eftre employez ny taxez qu'en faifant apparoir par celuy qui en demanderoit la taxe , d'un acte fait au Greffe de la Jurifdiction en laquelle le procés feroit pendant, qui contiendroit fon affirmation qu'il a fait exprés ce voya-ge pour le fait du procés: Et par noftre Edit du 13. du prefent mois , Nous avons creé en titre d'Office formé en toutes nos Cours des Of-fices de Greffiers pour recevoir & expedier les actes d'affirmation mentionnez audit article 14. de noftre Ordonnance. Et voulant pourvoir au même établiffement en noftre Grand Confeil ; A CES CAUSES, de l'avis de noftre Confeil , qui a vû ledit article 14.

du

du titre 3. de noſtre Ordonnance , & de noſtre certaine ſcience,
pleine puiſſance , & autorité Royale, Nous avons creé & étably, &
par ces preſentes ſignées de noſtre main , créons & établiſſons en nô-
tredit Grand Conſeil un Greffe pour recevoir les affirmations des
voyages & ſéjours qui doivent entrer en taxe dans les declarations
de dépens qui feront adjugez en noſtredit Grand Conſeil , auquel
Nous avons attribué & attribuons pour tous droits de Greffe 20. ſ.
pour la reception deſdites affirmations & actes qui feront expediez,
ſans qu'il puiſſe eſtre exigé plus grands droits , à peine de concuſſion,
pour eſtre par Nous pourvû à l'exercice dudit Greffe , ainſi que
nous aviſerons. Si donnons en mandement à nos amez & feaux
les Gens tenant noſtredit Grand Conſeil , que ces Preſentes ils
ayent à regiſtrer , & le contenu en icelles faire garder & obſerver
ſelon leur forme & teneur ; ceſſant & faiſant ceſſer tous troubles &
empêchemens qui pourroient eſtre donnez, nonobſtant tous Edits,
Arreſts, Reglemens, & autres à ce contraires, auſquels nous avons
dérogé & dérogeons par ces Preſentes : Car tel eſt noſtre plaiſir. Et
afin que ce ſoit choſe ferme & ſtable à toûjours, Nous avons fait
mettre noſtre Scel à ceſdites Preſentes. Données à Saint Germain
en Laye au mois d'Aouſt, l'an de grace 1669. Et de noſtre Regne
le 27. Signé , LOUIS; Et plus bas, Par le Roy, Colbert. Et
à coſté eſt écrit, *Viſa*, Seguier , pour ſervir aux Lettres - patentes
en forme d'Edit, portant creation d'un Greffe des Affirmations.

*Lûës , publiées en l'Audience du Grand Conſeil du Roy , oüy , ce requerant
le Procureur General du Roy , pour eſtre gardées , obſervées & executées ſelon
leur forme & teneur , ſuiavnt l'Arreſt dudit Conſeil du 16 Novembre 1669.
Fait audit Conſeil à Paris le 19. deſdits mois & an. Signé , HERBIN.*

TITRE IV.

Sur la Poſtulation.

CE qu'on appelle au Palais Poſtulation, eſt un venin que
l'experience a reconnu ſi dangereux , qu'il y a nombre d'Arreſts & de Reglemens qui y ont pourvû avec ſeverité , en conformité des Ordonnances de Charles VII. de 1453. Loüis XII.
de l'année 1507. François Premier , de 1535. Et pour en arreſter

III. Part.   H h

le cours, le 6. Septembre 1670. est intervenu Arrest, portant qu'il sera nommé par la Communauté, des Procureurs de six mois en six mois pour tenir la main à l'execution des Reglemens; depuis lequel Arrest jusqu'à present la nomination s'est continuée, & ceux qui sont preposez en font la recherche avec exactitude, & quand ils en découvrent les papiers en sont saisis, & le procés leur est fait à la requeste de Monsieur le Procureur General, poursuite & diligence des Preposez; & lors qu'ils se trouvent convaincus d'avoir postulé, & les Procureurs d'avoir presté leur nom & signé pour les Postulans, ils en portent la peine qui est prononcée par les Reglemens: Ce qui marque le peril dans lequel le public s'expose quand il donne la conduite de ses affaires à des particuliers qui n'ont aucun caractere pour agir. Et comme il y a un Recuëil particulier de tous les Reglemens de la Postulation, on y renvoye les Procureurs pour en prendre instruction, & n'y pas contrevenir.

Les Ordonnances n'ont pas seulement défendu aux Procureurs de prester leurs noms aux Postulans, mais encore de le prester à leurs Confreres; Les anciennes Ordonnances ont passé plus avant, ayant défendu aux Procureurs conjoints de lignage, ou demeurans en même maison, de se charger des Procurations des deux Parties: Cependant, contre la prohibition de ces Ordonnances, il s'est introduit entre les Procureurs d'agir & d'occuper sous le nom de ses Confreres; ce qui s'est toleré à cause des rencontres où cela s'est pû faire sans blesser l'interest public. Mais cela ayant passé trop avant, & degeneré dans un abus prejudiciable au public, & à l'honneur de la Justice, par les Reglemens qui sont cy-devant transcrits, la prohibition en a esté faite sous des peines trop fortes pour y contrevenir.

Si bien que non seulement le Procureur ne doit point prester son nom au Postulant, ny encore à son Confrere sans s'exposer luy-même: En effet, pour faire honneur à la Profession, on ne la peut exercer avec trop de pureté; & pour la rendre utile au public, il faut executer les Reglemens, qui font l'assemblage des regles que le Procureur doit suivre, qui luy apprendront à exercer sa Fonction avec un esprit libre, qui luy fera connoistre l'obligation en laquelle il est de faire l'expedition, & à bien joindre toutes les choses qui dépendent de son devoir pour parvenir au degré de ses forces.

TITRE V.

Sur les Frais & Salaires du Procureur.

CE Chapitre seroit d'une grande étenduë si on y rapportoit tous les Arrests qui sont intervenus sur cette matiere, qui sont en grand nombre, & qui ne se sont pas toûjours accordez.

L'Ordonnance de Charles V I I. de 1446. exclut les Procureurs de faire demande de leurs Salaires aprés un an ou deux, sans grande évidente cause ; Suivant cette Ordonnance, le premier Fevrier 1447. le Parlement fit défenses aux Procureurs de demander leurs Salaires aprés deux ans.

Les Ordonnances de Loüis XII. & de François Premier ont bien confirmé les anciennes ; neanmoins celà s'est jugé diversement. L'Arrest de 1634. a étendu l'action à six ans ; & ceux qui ont suivi l'ont étendu à plusieurs années, quand on n'avoit point cessé d'occuper : Il y a des Arrests qui ont donné le privilege, d'autres l'hipoteque du jour des premieres & anciennes Procurations pour des affaires survenuës long-temps aprés ; Il y a aussi nombre d'Arrests qui ont declaré les Procureurs non-recevables, & jugé en conformité du Reglement fait par celuy de 1634.

Enfin, la Jurisprudence sur cette matiere s'est renduë certaine par le Reglement que la Cour a fait, les Chambres assemblées, le 28. Mars 1692. qui a arresté que les Procureurs ne pourront demander le payement de leurs Frais, Salaires & Vaccations deux ans aprés qu'ils auront esté revoquez, ou que les parties seront decedées.

Ces deux premieres dispositions sont justes, & l'execution avantageuse au Procureur, qui a une bonne raison pour demander son payement, qu'il doit aussi demander dans le même-temps pour les affaires jugées.

Quant aux affaires non jugées, le même Reglement donne six années, qui est un temps assez étendu, à celuy qui a travaillé pour avoir la recompense qui luy est dûë.

Le même Reglement donne encore la faculté aux Procureurs,

qui ne feront pas en eftat de procurer leur payement, de prendre la reconnoiffance de leurs parties comme les frais leur font dûs ; Et afin que la partie qui donne cette reconnoiffance ait auffi la certitude de ce qu'elle fait lors que les frais du Procureur excedent la fomme de 2000. liv. elle enjoint au Procureur de les faire arrêter & d'en rendre le calcul certain par la reconnoiffance.

L'Arreft oblige auffi les Procureurs d'avoir un Regiftre de recette en bonne forme, & de le reprefenter, à peine d'eftre declarez non-recevables en leur action : Ce qui eft conforme à l'Ordonnance de Charles VII. Loüis XII. François Premier, & à la Jurifprudence qui a toûjours efté obfervée, la condamnation n'étant prononcée qu'avec la reprefentation des Regiftres.

Aprés ce Reglement il eft inutile de rappeller & de tranfcrire les Arrefts qui l'ont precedé, puifque c'eft à ce dernier qu'il fe faut arrefter comme à une Loy jufte, qui doit eftre toûjours inviolable, le Procureur y trouvant fon utilité auffi bien que le public.

Quant au Privilege des Procureurs, il a toûjours efté inconteftable lors qu'ils font le bien de la chofe, le creancier profitant du benefice que le travail du Procureur fait venir à fon debiteur, ne le peut & ne le doit contefter.

Par Arreft du 30. Juin 1618. rendu au profit de Mangors Procureur, il a efté jugé qu'il feroit payé par privilege aux creanciers des Frais & Vacations par luy faits à la pourfuite des droits du debiteur.

Par Arreft rendu en la Chambre de l'Edit le 7. Septembre 1654. le même Privilege a efté donné à Cornu Procureur, pour avoir occupé pour la partie faifie. C'eft un droit naturel qui eft donné au Procureur comme la fuite neceffaire de fon travail, qui eft inconteftable quand il fait le bien de la chofe.

Obferver que lors qu'une Partie demande au Procureur la reftitution de fes pieces, on ne luy peut point oppofer de fins de nonrecevoir pour fon payement, le Procureur eftant toûjours en droit de retenir les procedures qui font fon gage, jufqu'à ce qu'il foit payé, n'y ayant que les titres qu'il doit rendre fans qu'il foit payé, & qu'on ne luy peut pourtant demander qu'en offrant fon payement, quelque temps qu'il y ait, eftant l'acceffoire & la fuite infeparables de la demande en reftitution qu'on forme contre luy.

ARRESTEZ DE LA COUR DE PARLEMENT,
CONCERNANT

Les Peremptions d'Instances.

Le temps auquel les Procureurs ne pourront demander le payement de leurs Frais & Salaires.

Et l'Indemnité pretenduë par les Seigneurs Haut-Justiciers , lors que des gens de main-morte auront acquis des heritages dans la Censive d'un Seigneur censier auquel la Haute-Justice n'appartient pas.

Du vingt-troisiéme Mars 1691.

CE jour , toutes les Chambres assemblées , Mʳ le Premier President a fait recit à la Cour de ce qui s'estoit passé chez luy le 18. Mars , lorsque Messieurs les Presidens de la Cour , & aucuns de Messieurs les Conseillers de la Grand' Chambre , Presidens & Conseillers des Chambres des Enquestes & Requestes s'y estoient trouvez , avec les Gens du Roy , pour conferer sur les articles qui avoient esté envoyez aux Chambres , afin d'établir une Jurisprudence uniforme dans la Compagnie, au sujet des peremptions, regler les poursuites des Procureurs pour leurs frais & salaires , & resoudre une question sur laquelle Messieurs de la Grand' Chambre s'estoient trouvez comme partagez , aussi bien que les plus considerables Jurisconsultes François , concernant l'indemnité pretenduë par les Seigneurs hauts-Justiciers , lorsque des gens de main-morte acquierent des heritages situez dans la Censive d'un Seigneur censier auquel la haute-Justice n'appartient pas. Aprés que Monsieur le Premier President a eu fait lecture des articles , la matiere mise en deliberation ; LADITE COUR a arresté & ordonné , pour ce qui concerne les Peremptions.

ARTICLE PREMIER.

Que les instances intentées , bien qu'elles ne soient contestées, ny les assignations suivies de constitution & de presentation de Procureur par aucune des parties , seront declarées peries , en cas que l'on ait cessé & discontinué les procedures pendant trois ans, & n'auront aucun effet de perpetuer , ny de proroger l'action , ny d'interrompre la prescription.

II.

Que les appellations tomberont en peremption, & emporteront

Hh iij

de plein droit la confirmation des Sentences , fi ce n'eft qu'en la
Cour les appellations foient concluës ou appointées au Confeil.

I I I.

Que les faifies réelles , & les inftances de criées des terres , heritages & autres immeubles ne tomberont en peremption , lorfqu'il
y aura établiffement de Commiffaires & baux faits en confequence.

I V.

Que la peremption n'aura lieu dans les affaires qui y font fujettes , fi la partie qui a acquis la peremption reprend l'inftance ,
fi elle forme quelque demande , fournit de défenfes , ou fi elle fait
quelqu'autre procedure , & s'il intervient quelque appointement
ou Arreft interlocutoire ou diffinitif, pourvû que lefdites procedures foient connuës de la partie , & faites par fon ordre.

A l'égard des Frais & Salaires des Procureurs.

A r t i c l e P r e m i e r.

Que les Procureurs ne pourront demander le payement de leurs
frais , falaires & vacations deux ans aprés qu'ils auront efté revoquez , ou que les parties feront decedées, encore qu'ils ayent continué d'occuper pour les mêmes parties , ou pour leurs heritiers en
d'autres affaires.

I I.

Que les Procureurs ne pourront dans les affaires non jugées,
demander leurs frais , falaires & vacations pour les procedures faites
au delà de fix années precedentes immediatement , encore qu'ils
ayent toûjours continué d'y occuper , à moins qu'ils ne les ayent
fait arrefter ou reconnoiftre par leurs parties , & ce avec calcul de
la fomme à laquelle ils montent lors qu'ils excederont celle de deux
mille livres.

I I I.

Que les Procureurs feront tenus d'avoir des Regiftres en bonne
forme , d'y écrire toutes les fommes qu'ils reçoivent de leurs parties, ou par leur ordre, de les reprefenter & affirmer veritables toutes les fois qu'ils en feront requis , à peine contre ceux qui n'auront point de Regiftres , ou qui refuferont de les reprefenter &
affirmer veritables , d'eftre declarez non recevables en leurs demandes & pretentions de leurs frais , falaires & vacations.

Et pour ce qui eft de la queftion de l'indemnité pretenduë par
le Seigneur haut-Jufticier , lorfque des gens de main-morte auront
acquis des heritages fituez dans la cenfive d'un Seigneur cenfier

auquel la haute-Juſtice n'appartient pas, que ſi le Seigneur haut-Juſticier demande indemnité, l'on pourra luy adjuger la dixiéme partie dans la ſomme à laquelle le droit d'indemnité, qui ſera payé lors de l'acquiſition, ſe trouvera monter, & que cette portion pourra encore eſtre diminuée, s'il y a des diſpoſitions dans les Coûtumes des lieux, ou des ciconſtances particulieres dans les affaires qui donnent lieu de le faire.

Ordonnne que les preſens Arreſtez ſeront lûs & publiez dans la Communauté des Avocats & Procureurs de la Cour.

Fait en Parlement le 28. Mars 1692. Signé, DONGOIS.

Lû & publié en la Communauté des Avocats & Procureurs de la Cour, le Jeudy 17. Avril 1692. par moy Greffier ſous-ſigné. Signé, FEBVRIER.

TITRE VI.

Sur la Fonction & inſtruction des Tiers Taxateurs des Dépens.

LA premiere Creation des Tiers en titre eſt par l'Edit du mois de Decembre 1635. qui revoque celuy de la Creation des Procureurs, & en crée trente pour le Parlement de Paris, Cour des Aydes, Requeſtes de l'Hoſtel, du Palais, & Juriſdictions de l'Enclos, ſans autre attribution que le même droit d'aſſiſtance que les Procureurs qui en faiſoient la fonction avoient accoûtumé de prendre avec augmentation ſeulement du demy pariſis des droits d'aſſiſtance.

Par la Declaration du mois de May 1637. ſur l'execution de l'Edit qui attribuoit aux Tiers-Referandaires la faculté de poſtuler, Sa Majeſté a ordonné, qu'il ſera pourvû auſdits Offices de Tiers des Procureurs du Parlement qui auront au moins exercé leurs Charges ſix ans, la verification l'étend à dix ans, avec la condition que les Tiers ne prendront que huit deniers tournois pour chaque article de la Declaration, qui eſt les deux tiers de la taxe du Juge, & qu'ils exerceront leurs Charges comme ils faiſoient avant la Declaration, & non autrement.

En Janvier 1639. le Roy par sa Declaration ayant ordonné l'execution de l'Edit de Creation de quatre cent Procureurs en Titre, nonobstant la revocation qui en avoit esté faite par l'Edit de 1635. avec l'exception des trente Tiers Referandaires.

. Par autre Declaration du mois de May 1639. la Creation des quatre cent Procureurs en Titre a esté ordonnée avec suppression des trente Offices de Tiers, & reünion de leurs fonctions, droits & émolumens au profit de la Communauté des quatre cent Procureurs.

Cette derniere Declaration a eu son execution parfaite, toutes les Charges ont esté levées, & la finance payée par chacun Procureur ; l'Edit des Tiers créez auparavant n'avoit point esté rempli, n'y ayant eu en trois ans que dix Offices de levées, sans qu'ils ayent fait fonction.

En 1657. Sa Majesté ayant érigé encore cent Procureurs pour estre incorporez au nombre des quatre cent, la Declaration du mois d'Avril 1674. en a fait la suppression, & les quatre cent Procureurs Tiers-Referandaires ont esté confirmez pour en joüir a toûjours hereditairement, moyennant huit cent mille livres qu'ils ont actuellement payé.

En Novembre 1689. le Roy ayant créé des Tiers Referendaires pour taxer les dépens dans toutes les Cours & Jurisdictions du Royaume.

Par la Declaration du 6. Decembre de la même année 1689. les Procureurs du Parlement de Paris ont esté maintenus en la fonction de Tiers Referendaires, & la fixation qui avoit esté faite de leurs Charges Levée moyennant six cent mille livres qu'ils ont payée au Tresor Royal.

Tous ces Edits & Declarations n'ont donné aux Procureurs qu'une qualité qui a esté unie à leur Creation, en ayant auparavant & de tout temps fait la fonction, qui ne pourroit estre exercée par autres que par les Procureurs qui en sont en possession depuis que le Parlement a prononcé la condamnation de dépens, estant necessaire pour avoir l'application & l'esprit de discernement, pour alloüer ou rejeter, & faire la distinction de la bonne ou mauvaise procedure, d'avoir beaucoup d'experience en la Pratique, de sçavoir les differens Usages des Jurisdictions ressortissantes au Parlement ; d'estre bon Praticien, & encore faut avoir suivi la procedure sujette à la taxe, dont le Procureur est seul capable d'avoir l'instruction.

II

Il ne les faut pas considerer comme Juges en leur cause, la fonction qu'ils exercent ne les concerne point , leurs droits estant certains , ne peuvent estre augmentez ny diminuez par le Tiers qui est preposé pour examiner ce qui vient en taxe , ce qui en doit estre retranché , & se conformer aux Reglemens, ausquels , s'il contrevenoit, il a des Superieurs pour le reformer.

On ne pourroit aussi changer l'ordre établi de tout temps sans que le public en souffrit infiniment plus que le Procureur ; Ces taxes qui se font avec facilité par ceux qui ont les lumieres que leur Profession leur donne , & qui sont instruits dans la procedure qu'ils font , seroient difficiles en d'autres mains , & ne se pourroient faire qu'avec des frais qui augmenteroient infiniment , n'étant pas possible qu'autres que les Procureurs puissent taxer avec la même certitude , expedition , & avec aussi peu de retribution , n'y ayant point de Jurisdiction où les droits soient si moderez.

Pour rendre cette fonction utile au public, la Communauté des Procureurs s'applique continuellement à instruire ceux qui sont en exercice, des Regles : Il y a la Chambre des Tiers , qui a esté établie de l'ordre de la Cour , où les difficultez qui arrivent sur la taxe sont portées, & sur les doutes qui s'y forment , on va à la Communauté , qui donne ses avis qui servent d'instruction ; Et quand il s'agit d'expliquer les Reglemens , la Communauté a recours à l'autorité de la Cour , qui prescrit la regle qu'on doit tenir : en sorte qu'avec cette exactitude en tous les Semestres de la Chambre des Tiers , les Regles se trouveront toûjours uniformes comme elles doivent estre ; Et c'est pour s'y conformer que les Reglemens & Deliberations sont cy-aprés transcrits , dont l'execution produira l'extinction des appellations des taxes , qui n'ont esté que trop frequentes , & qui ne viendront plus que de ceux qui y auront recours pour retarder le payement de ce qu'ils doivent.

Extrait des Registres des Deliberations de la Communauté des Avocats & Procureurs de la Cour.
Du 20. Decembre 1684.

CE jour , la Compagnie aprés avoir deliberé sur ce qui concerne les dépens & l'ordre qui y doit estre tenu pour en faire expedition au soulagement des parties : A arresté , sous le bon plaisir de la Cour , que les Deliberations cy-devant faites seront

executées, & suivant icelles que tous frais & dépens adjugez, &
dont la taxe sera poursuivie, seront distribuez par le Procureur
qui sera en mois, à l'instant & dans le rang que les declarations luy
seront apportées, à commencer par l'ancien de ceux qui seront en
mois, & suivre jusques au dernier par égalité, tant qu'il se pourra;
pour estre les dépens vûs par le Tiers auquel ils auront esté distribuez, dans le delai prescrit par l'Ordonnance : Et sera le Tiers tenu de rejetter de la declaration toutes les procedures inutiles, même de retrancher & reduire des écritures ce qu'il trouvera super-
flu. Pourront les Procureurs des parties, aprés que les dépens auront esté vûs du Tiers, marquer & cotter respectivement les difficultez qu'ils trouveront sur le memoire du Tiers, qui seront reglez à la Communauté sans frais ; Et en cas qu'il se trouve plusieurs articles, ils seront renvoyez à un Ancien qui sera nommé
par la Communauté, ou convenu par les Procureurs des parties
par écrit, pour en passer par son avis, qui mettra son reçû de sa retribution, & reglera celle des parties qui en sera tenu, sans que
les Procureurs des parties puissent en aucun cas prendre aucune
chose pour la revision ; Et ne sera délivré aucuns Executoires que
sur le memoire des Tiers, qui demeurera annexé à la declaration
avec celuy de l'Ancien, s'il y en a, sans qu'aucun autre Procureur
que le Tiers puisse les voir, à la reserve des frais, dont il n'y
aura point d'adjudication, ou de ceux adjugez, qu'on voudra volontairement payer, & alors qu'il ne sera point necessaire d'Executoire, le tout à peine par tous ceux qui contreviendront d'estre
pour la premiere fois privez de leur droit de Tiers pour six mois,
& en cas de rescidive pour un an, & d'estre tenus en leurs noms
des dommages & interests des parties qui en souffriront.

*Cette Deliberation n'est employée que pour marquer la necessité de retran-
cher les procedures inutiles. Reduire les écritures suivant le pouvoir que la
Cour en a donné par l'Arrest du 14. Aoust 1680. en renvoyant à un Ancien
Procureur l'appel de la taxe.*

Extrait des Registres de la Communauté des Avocats & Pro-
cureurs de la Cour.
Du cinquiéme May 1687.

CE jour, la Compagnie aprés avoir deliberé sur ce qui concerne les dépens, & l'ordre qui doit y estre tenu, A arresté,

sous le bon plaisir de la Cour, que suivant les Deliberations cy-devant faites , qui seront executées , les dépens seront vûs par le
Tiers, auquel ils auront esté distribuez , dans le delay prescrit par
l'Ordonnance, par les mains duquel les Procureurs des défendeurs
en taxe pourront en prendre communication sans déplacer ; & en
cas que le Tiers trouve à propos de les prester aux Procureurs des
condamnez , il cottera au pied de la Declaration le jour qu'il la
leur aura donnée, & le temps qu'il leur aura accordé pour la rendre , dans lequel ils seront tenus d'y satisfaire , à peine de vingt
livres d'aumône envers les Pauvres de la Communauté , même
des autres peines qui y seront avisées ; & s'il y échet , en cas de
recidive , d'estre privez pour un temps ou pour toûjours de la
Bourse commune du droit de Tiers.

I.

S'il arrive des difficultez sur la taxe , elles seront proposées au
Tiers qui les reglera sans frais : si ce sont des questions generales,
elles seront portées à la Communauté, & où il se trouvera plusieurs
articles en contestation, les Procureurs des parties interessées conviendront d'un Ancien , & en signeront la convention sur la declaration , & sera tenu le Procureur du défendeur de mettre ses
apostils & signer la declaration, conformément à l'Avis de la Communauté & de l'Ancien à la premiere sommation qui luy en sera
faite , & en cas de refus de signer , le Tiers sera tenu d'y mettre
les apostils suivant l'avis de la Communauté , ou memoire
de l'Ancien, & portera le Procureur refusant en son nom la vacation de l'Ancien , & sera mulcté de peine arbitraire aux Pauvres
de la Communauté. Et afin d'éviter toutes surprises, les Procureurs ne pourront délivrer ny envoyer aux Parties les Executoires , qu'ils n'ayent esté auparavant signifiez aux Procureurs des
défendeurs.   II.

Que de quatre cent Procureurs , il en sera tous les mois nommé trente-deux , suivant l'ordre du Tableau , pour voir & regler
les dépens , & du nombre desdits trente-deux , il en sera choisi
un par la Communauté, pour faire la distribution pendant le mois,
qui se rendra tous les jours à la Sacristie depuis dix heures jusqu'à midy , pour en faire la distribution entre lesdits trente-deux
le plus également qu'il pourra , sans qu'il accorde aucun de ceux
qui luy seront demandez , & ne sera fait aucun changement en
la distribution que pour cause legitime , & par l'avis des Procureurs de Communauté.

III.

Tiendra le Diſtributeur Regiſtre de la diſtribution qu'il fera, & aprés le mois le remettra au Greffe de la Communauté.

IV.

Les declarations feront dreſſées ſuivant l'ordre des demandes, & les pieces rapportées ſans confuſion, articulées & dattées, pour eſtre taxé ce qui concernera une même piece en un ſeul article, ſans qu'il puiſſe eſtre rien taxé par préſuppoſition pour éviter aux doubles emplois, ſinon en connoiſſance de cauſe : Et toutes les procedures qui feront faites pour ſigner & rendre, ne feront employées qu'en un ſeul article.

V.

Aucun Procureur ne pourra voir les dépens adjugez s'ils n'ont eſté diſtribuez, & à l'égard de ceux non adjugez, que les parties voudront payer volontairement ſans executoire, il en fera uſé à la volonté des parties, qui demeureront libres de convenir de qui bon leur ſemblera.

VI.

Les Procureurs Tiers obſerveront exactement de ne taxer aucunes procedures inutiles & ſuperfluës, mêmes les actes d'affirmation, où il n'échet voyage.

VII.

Ne fera taxé ſur tous les incidens portez à l'Audience aucuns moyens, défenſes, repliques, ou autres écritures, qui ne pourront eſtre données qu'aprés qu'il y aura Reglement, à l'exception des demandes principales, ſur leſquelles il eſt neceſſaire de défendre avant que la cauſe ſoit portée à l'Audience.

VIII.

Le Tiers lira les Ecritures, Requeſtes & Inventaires, dont il retranchera tout ce qui fera inutile, ſoit qu'elles ayent eſté faites au principal, ou ſur les incidens, même en cas que les lignes & les ſillabes ne ſoient remplies conformément aux Reglemens.

IX.

Que dans les ordres ou preferences, toutes les procedures, demandes ou dénonciations inutiles feront rayées.

X.

Ne fera taxé aucune copie d'inventaires ſur les appellations & demandes principales, & feront ſeulement taxées ſur les incidens.

XI.

Les oppoſitions afin de charge, de diſtraire, ou autres qui doi-

vent eſtre terminées auparavant l'adjudication, ſeront reglées avec
le ſaiſi & plus ancien Procureur par même Reglement, ſans pouvoir faire aucune demande contre la partie ſaiſie, ny contre les oppoſans pour faire declarer l'Arreſt commun.

XII.

N'entreront en taxe aucunes réponſes du pourſuivant aux moyens
d'oppoſitions afin de conſerver, ny autres dénonciations, que celles
portées par le Reglement du 17. Janvier 1664. ſans qu'on puiſſe
dénoncer pluſieurs fois ce qui dépendra d'une même oppoſition,
ny qu'on puiſſe ſignifier aux oppoſans les Jugemens preparatoires
qui interviendront, qu'en la perſonne de l'Ancien Procureur ; Et
à l'égard des définitifs qui apporteront changement, il ne ſera
donné aux oppoſans copie que des qualitez & diſpoſitifs ſans autre dénonciation.

XIII.

Pour les Juriſdictions reſſortiſſantes en la Cour, en attendant
qu'il ait plû à la Cour d'en faire un Reglement, les taxes ſeront
faites de leurs droits par les Procureurs Tiers, conformément aux
Reglemens, auſquels ne ſera ajoûté que le papier & contrôlle des
exploits, à l'exception des Juriſdictions où le Reglement de leurs
droits a eſté verifié en la Cour, qui ſeront ſuivis.

XIV.

Pour prévenir les plaintes & éviter qu'il ne ſe commette erreur
aux calculs des dépens, & obliger le Procureur du demandeur en
taxe de tenir la main qu'il ſoit exactement fait, ne ſera délivré aucun Executoire, que le Procureur n'ait mis & ſigné la certification
du calcul veritable au pied de la declaration, pour demeurer reſponſable, & tenu en ſon nom de la repetition, s'il en convient faire
aucune, & de telle peine qui ſera arbitrée en la Communauté envers
les Pauvres de la Compagnie.

XV.

Ne ſera levé aucun Executoire, que les declarations n'ayent eſté
diſtribuées & paraphées par l'un des Procureurs de Communauté, ou par le Greffier, ſur les peines portées par les Deliberations precedentes contre le Procureur qui l'aura levé, & même en cas de
recidive d'eſtre privé de la Bourſe commune pour un temps ou
pour toûjours, & de plus grandes peines qui ſeront arbitrées.

XVI.

Pour connoiſtre les abus & contraventions qui y ſeront faites,
les declarations ſeront vûës au Greffe par les Procureurs de Com-

munauté, conformément au Reglement du 26. Aouſt 1665.

XVII.

Les productions en vertu de Reglement, où l'Ordonnance ne preſcrit point d'employer, ne pourront eſtre faites que par inventaire, lors qu'il y aura des pieces à produire.

XVIII.

Les Procureurs, conformément aux Arreſts & Reglemens, ſeront obligez de venir à la Communauté répondre aux plaintes qui ſeront contr'eux faites, & en cas d'abſence ou maladie, d'y faire comparoir leurs Subſtituts, ſur les peines pecuniaires portées par leſdits Arreſts, pour la premiere fois, qui ne pourront eſtre remiſes ; & en cas de contumace les Procureurs de Communauté iront au Parquet de Meſſieurs les Gens du Roy , & à la Grand' Chambre , à la premiere requiſition qui leur en ſera faite, demander leur interdiction. Signé , DE LA MARE.

L'ordre pour la diſtribution eſt changé par les Deliberations ſuivantes, qu'il faut ſuivre.

Extrait des Regiſtres de la Communauté des Avocats & Procureurs de la Cour de Parlement.

Du Jeudy 15. Decembre 1689.

CE jour , la Compagnie aſſemblée pour faciliter l'execution de l'Edit des Tiers Referendaires du mois de Novembre dernier, & ſe conformer à ce qui eſt preſcrit par iceluy , en conſequence de la Declaration du ſix du preſent mois , qui y a maintenu la Communauté.

Arreſté, ſous le bon plaiſir de la Cour, que des Procureurs qui auront acquis les dix années qu'il eſt neceſſaire d'avoir pour faire la fonction de Tiers, il en ſera fait huit colomnes, de chacune deſquelles il en ſera pris pour en compoſer le nombre de trente , qui commenceront de faire leur exercice de ce jourd'huy , pour continuer juſqu'à la fin du mois de Janvier prochain, qu'il ſera fait une nouvelle Liſte de ceux qui devront entrer en exercice ; ce qui ſera continué , en ſorte que pendant l'année les huit colomnes ſoient remplies.

Qu'il ſera pareillement établi deux Receveurs à chacune nomination , autres que du nombre des trente cy-deſſus.

L'un defdits Receveurs fera la diftribution des declarations à ceux qui feront en exercice, qu'il fera le plus également que faire fe pourra.

Sera la diftribution écrite de fuite fur un même Regiftre par chacun jour, & à cofté de l'article où les dépens feront regiftrez, le Diftributeur cotera le nom de celuy auquel la diftribution en aura efté faite.

Ne recevra le Diftributeur que la moitié du droit attribué par l'Edit, l'autre demeurant à recevoir par celuy auquel la diftribution en aura efté faite, pour les regler & calculer ainfi qu'il eft prefcrit par ledit Edit.

L'autre Receveur tiendra Regiftre des Declarations, & fera auffi mention fur la Declaration du jour de l'enregiftrement, pour lequel il recevra du Procureur du demandeur en taxe, quatre deniers par article qu'il rapportera de fon affiftance à la Bourfe commune, pour employer aux dettes & charges de la Compagnie.

Qu'à la fin de chacun Exercice, il fera fait calcul & arrefté fur les Regiftres de ce que l'un & l'autre defdits Receveurs aura reçû, pour eftre les deniers mis par lefdits Receveurs fortans de charge, dans un coffre qui fera en la Sacriftie, fermé fous trois differentes clefs, dont le premier Procureur de Communauté en aura une, & les deux Receveurs chacun une autre, qu'ils remettront à ceux qui entreront en leur lieu.

Lors qu'il conviendra payer les arrerages des rentes dûës par la Compagnie, les Receveurs en charge rapporteront leurs clefs, pour eftre les payemens faits en leur prefence, & les quittances mifes dans le même coffre, dont il fera fait mention fur le Regiftre des charges & rentes de la Compagnie, qui demeurera au Greffe.

Les Procureurs de Communauté tiendront la main à ce que l'ordre foit obfervé, & à cette fin verront toutes les femaines les Regiftres defdits Receveurs, pour reparer les manquemens, fi aucuns eftoient faits en la diftribution.

Pourront auffi les anciens Procureurs de Communauté, & tous ceux de la Compagnie, prendre communication defdits Regiftres.

Au furplus, obferveront ponctuellement tous les Tiers Referendaires ce qui leur eft prefcrit par l'Edit & Declaration, feront l'expedition dans les delais prefcrits par l'Ordonnance de 1667. Et ceux qui ne s'appliqueront ou negligeront leur devoir, feront privez à toûjours de la fonction de leur exercice.

Pour regler les difficultez, fi aucunes fe trouvent fur la taxe,

ceux defdits Tiers Referendaires qui feront en exercice , fe rendront à la Chambre de la Sacriftie tous les jours, depuis neuf heures jufqu'à midy , au nombre de dix , pour regler par leur avis les
conteftations qui pourront naiftre fur leur memoire, fans que fous
tel pretexte que ce foit eux ny aucun autre Ancien puiffe en prendre retribution, à peine d'eftre rayé de la Matricule.

---

*Extrait des Regiftres de la Communauté des Avocats & Pro-
cureurs de la Cour.*

Du vingt-neuviéme Decembre 1689.

CE jour , la Compagnie a arrefté , que la Chambre des Tiers
fe tiendra dans la feconde Chambre de la Sacriftie : & que
de ceux qui ont efté nommez pour en faire la fonction jufqu'au
dernier Janvier, Maiftres Gervais Savy, François Chaftillon , Pierre
Cherbonnier , François Bonnet , Michel de la Croix , Louis Prieur
le jeune, Louis Favieres, Nicolas Clement, Cefard Charon, Charles Charpentier le jeune, feront tenus tous les jours ordinaires du
Palais , de fe rendre depuis neuf heures jufqu'à midy, pour y regler
les difficultez qui pourront arriver en la taxe des dépens ; ce qu'ils
exerceront jufqu'au 10. Janvier, qu'ils feront relevez par Maiftres
Philippes Riquier , Louis Defacy , Pierre Fournier , Jacques Buc-
quet , Pierre de la Gardette , Jean Desbonnes , Claude Feugere ,
Florentin Perdreau , Thomas Marchais , Claude Gillet le jeune ,
qui exerceront jufqu'au 20. dudit mois , que Maiftres Jacques Ga-
ranger , Claude de Benoift , Louis Pigis , Nicolas Coüart , Jacques
le Mire, Jean Roullier , François Goujon , François Chevrel , Jean
de la Fuye, Pierre Remonneau , en feront exercice le refte dudit
mois de Janvier , en laquelle Affemblée les Procureurs de Communauté , & ceux qui feront de mois, fe pourront trouver ; Et à
faute par ceux qui feront nommez de fe rendre en ladite Chambre des Tiers, ils feront privez de la fonction.

EXTRAIT DES REGISRTES DE PARLEMENT.

Du quatorziéme Janvier mil fix cent quatre-vingt dix.

CE jour, les Gens du Roy font entrez, & Maiftre Denis Talon
Avocat dudit Seigneur Roy, portant la parole , ont dit qu'ils
apportoient deux Deliberations de la Communauté des Avocats

&

& Procureurs de la Cour, l'une pour faciliter l'execution de l'Edit
des Tiers Referendaires du mois de Novembre dernier , & de la
Declaration du Roy donnée en confequence ; & l'autre pour éviter les furprifes qui fe peuvent faire dans l'obtention des défauts aux
Audiences ; lefquelles Deliberations ils ont laiflées fur le Bureau,
luy retiré , aprés que lecture en a efté faite , la matiere mife en déliberation. L A C O U R ordonne , que lefdits deux Actes de
Deliberations des 15. Decembre & 9. Janvier derniers , feront ho-
mologuez pour eftre executez felon leur forme & teneur ; ce faifant , que des Procureurs qui auront acquis les dix années qu'il eft
neceffaire d'avoir pour faire la fonction de Tiers , il en fera fait huit
colonnes , de chacune defquelles il en fera pris pour en compofer
le nombre de trente, qui commenceront de faire leur exercice de
ce jourd'huy pour continuer jufqu'à la fin du mois de Janvier ; Qu'il
fera fait une nouvelle Lifte de ceux qui devront entrer en exercice:
ce qui fera continué, en forte que pendant l'année les huit colonnes foient remplies , & les noms des Procureurs choifis dans lefdites
colonnes pour faire lefdites fonctions , feront prefentez à la Cour
trois jours auparavant qu'ils puiffent entrer en l'exercice d'icelles.
Qu'il fera pareillement établi deux Receveurs à chaque nomination, autres que du nombre des trente cy-deffus ; l'un defdits Receveurs fera la diftribution des declarations à ceux qui feront en
exercice , qu'il fera le plus également que faire fe pourra : fera la
diftribution écrite de fuite fur un même Regiftre par chacun jour,
& à cofté de l'article où les dépens feront regiftrez, le diftributeur
cotera le nom de celuy auquel la diftribution aura efté faite. Ne
recevra le diftributeur que la moitié du droit attribué par l'Edit,
l'autre demeurant à recevoir par celuy auquel la diftribution en
aura efté faite pour les regler & calculer, ainfi qu'il eft prefcrit par
l'Edit; L'autre Receveur tiendra Regiftre des Declarations, & fera
auffi mention fur la Declaration du jour de l'enregiftrement, pour
lequel il recevra du Procureur du demandeur en taxe quatre deniers par article, qu'il rapportera de fon affiftance à la Bourfe commune , pour employer aux dettes & charges de la Compagnie ;
Qu'à la fin de chacun exercice il fera fait calcul & arrefté fur les
Regiftres de ce que l'un & l'autre defdits Receveurs aura reçû, pour
eftre les deniers mis par lefdits Receveurs fortant de charge dans
un coffre qui fera en la Sacriftie fermé fous trois differentes clefs,
dont le premier Procureur de Communauté en aura une , & les
deux autres Receveurs chacun une autre , qu'ils remettront à ceux

III. Part.   K k

qui entreront en leur lieu. Lors qu'il conviendra payer les arrerages des rentes dûës par la Compagnie , les Receveurs en charge
rapporteront leurs clefs , pour estre les payemens faits en leur prefence , & les quittances mifes dans le même coffre , dont il fera fait
mention fur le Regiftre des charges & rentes de la Compagnie ,
qui demeurera au Greffe ; les Procureurs de Communauté tiendront la main à ce que l'ordre foit obfervé , & à cette fin verront
toutes les femaines les Regiftres defdits Receveurs pour reparer les
manquemens , fi aucuns eftoient faits en la diftribution. Pourront
auffi les anciens Procureurs de Communauté , & tous ceux de la
Compagnie , prendre communication defdits Regiftres. Au furplus obferveront ponctuellement tous le Tiers Referendaires, ce
qui leur eft prefcrit par l'Edit & Declaration , feront l'expedition
dans les delais prefcrits par l'Ordonnance de 1667. Et ceux qui ne
s'appliqueront ou negligeront leur devoir , feront privez de ladite
fonction ; Et pour regler les difficultez , fi aucunes fe trouvent fur
la taxe , ceux defdits Tiers Referendaires qui feront en exercice ,
fe rendront à la Chambre de la Sacriftie tous les jours depuis neuf
heures jufqu'à midy , au nombre de dix , pour regler par leur avis
les conteftations qui pourroient naiftre fur leur memoire, fans que
fous tel pretexte que ce foit eux ny aucun autre Ancien puiffe en
prendre retribution , à peine d'eftre rayez de la Matricule. Que
dans toutes les caufes où les Avocats feront chargez , même en celles qui feront aux Rôlles, les Procureurs refpectivement avant de
remettre le fac & pieces pour plaider, feront tenus de declarer par
acte le nom de leurs Avocats , fans qu'en aucunes defdites caufes ils
puiffent l'un ny l'autre prendre défaut ny congé , que ladite Declaration du nom de leur Avocat n'ait efté préalablement fignifiée,
à peine de nullité , & d'en demeurer par le Procureur refponfable
en fon nom. Et a efté le Baftonnier invité de vouloir exhorter les
Avocats de ne demander aucun défaut ny congé aux Audiences
qu'il ne leur apparoiffe de l'acte qui fera mention que leur nom a
efté declaré au Procureur de la Partie. Et afin de retrancher du
Bareau ceux qui abufent du nom & de la profeffion d'Avocat, fe
vouloir auffi donner la peine de donner à la Communauté le Tableau corrigé des Avocats , qui pourront eftre employez , tant à la
plaidoirie qu'aux écritures , pour s'y conformer. Fait en Parlement
le 14. Janvier 1690. Collationné. Signé, DU TILLET.

EXTRAIT DES REGISTRES
de la Communauté des Avocats & Procureurs
de la Cour.
Du treiziéme Mars 1690.

CE jour, la Compagnie ayant esté informée des contraventions qui se commettent par plusieurs Procureurs à l'Edit de Creation des Tiers, Declaration du 6. Decembre, & Deliberation de la Compagnie du 15. dudit mois, homologuée par Arrest du 14. Janvier 1690. A arrêté, sous le bon plaisir de la Cour, qu'en conformité de l'Edit, Declaration & Arrest de Reglement, que les dépens adjugez ne pourront estre taxez & reglez que par les Procureurs qui seront en exercice ; que les difficultez qui surviendront sur les Memoires, seront reglées à la Chambre des Tiers, par ceux qui y seront nommez (sans qu'on puisse convenir d'Ancien ny aucun Procureur autre que ceux qui se trouveront en exercice, & ausquels la distribution en aura esté faite) pour taxer & regler les dépens adjugez, sous tel pretexte que ce soit, quand même ils seroient nommez, attendu qu'on ne peut déroger à ce qui est prescrit par l'Edit, Declaration & Reglement de la Cour. Qu'aucun Procureur ne pourra aussi signer la Declaration, qu'elle n'ait esté préalablement vûë & reglée par le Tiers, auquel la distribution en aura esté faite, ny lever d'Executoire que le Memoire de Tiers ne soit attaché à la Declaration, & qu'elle n'ait esté préalablement enregistrée par le Contrôlleur prepofé par la Communauté, & visée par l'un des Procureurs de Communauté en charge. Et ceux qui contreviendront, seront dénoncez & poursuivis comme coupables du crime de faux, ainsi qu'il est prescrit par lesdits Edit, Declaration, Arrest de verification & Reglement ; & seront rayez de la Matricule, sans qu'aucune excuse puisse estre reçûë de leur part, ny qu'ils puissent rejetter la faute sur leurs Clercs, ou tel autre pretexte que ce soit.

Lû & publié à la Communauté des Avocats & Procureurs de la Cour, par moy Greffier d'icelle, fous-signé, le vingtiéme Mars 1690. Signé, TUAULT.

❧

EXTRAIT DES REGISTRES
de la Communauté des Avocats & Procureurs de la Cour.
Du Mardy vingt-huitiéme Novembre 1690.

CE jour, la Compagnie ayant esté informée que dans les Declarations qui sont dressées, pour parvenir à la taxe des dépens, on affecte de mettre les pieces sans ordre & des emplois, quelqu'unes qu'on taxe par présupposition comme ayant esté faites, & dans un autre ordre & hors leur rang, on rapporte les mêmes pieces taxées par présupposition, qui ont esté taxées une seconde fois sur la piece ; à quoy il est necessaire de pourvoir, même aux copies des Declarations qu'on signifie en entier à tous les Procureurs des condamnez, quoyque souvent les articles ne les concernent qu'en particulier, aprés y avoir déliberé.

Arrêté, sous le bon plaisir de la Cour, que les Declarations de dépens & frais adjugez se dresseront par ordre, suivant les incidens qui seront employez de suite ; Que les Expeditions, Requestes & Procedures sujetes à la taxe seront datées ; Que toutes les pieces qui ne seront rapportées en leur ordre seront rejetées de la taxe, sans que celuy qui sera preposé pour les regler puisse rien taxer par présupposition, sous tel pretexte que ce puisse estre, si ce n'est qu'elles se trouvent adhirées, & qu'il en soit fait mention dans le vû des Jugemens, à peine contre celuy qui contreviendra, & qui employera une même chose, d'estre multé de peine & privé de ses frais ; Que lorsqu'il y aura plusieurs condamnez qui occuperont par differens Procureurs, si les articles les concernent conjointement, la copie de la Declaration ne sera donnée qu'à l'ancien Procureur, ce qui sera seulement declaré aux autres Procureurs par un simple acte ; Que si l'interest des condamnez est distinct, il ne leur sera donné à chacun copie que des articles qui les concerneront, & en ce cas les Procureurs ne pourront aussi prendre leur assistance qu'à proportion des articles qui concerneront leurs parties, à peine d'estre multez, & de la repetition du quatruple ; Que la Declaration du 6. Decembre & Arrest de verification, seront ponctuellement executez, & conformément à icelle, que tous Procureurs autres que ceux qui seront commis pour faire la fonction de Tiers, ne pourront voir taxer ny calculer les dépens, quoyque nommez par Jugemens ou Arrests, à peine de faux, & que les Tiers nommez se-

ront tenus de rejeter de la taxe toutes les procedures inutiles, & retrancher les écritures superfluës, à peine d'en répondre en leurs noms.

Lû & publié à la Communauté des Avocats & Procureurs de la Cour,
par moy Greffier sous-signé, le premier jour de Decembre 1690. Signé,
TUAULT.

EXTRAIT DES REGISTRES
de Parlement.

Du dix-septiéme Janvier 1691.

CE jour, la Cour, aprés avoir vû les Deliberations de la Communauté des Avocats & Procureurs d'icelle, du 28. Novembre
dernier, concernant le Reglement par eux requis sur le fait des
taxes des dépens & frais adjugez par Arrests, Jugemens, Sentences. Oüy le Procureur General du Roy en ses conclusions, la matiere mise en deliberation, a arrêté & ordonné, que les declarations, dépens & frais se feront par ordre de datte, eu égard aux
incidens qui y seront employez; qu'à cette fin les Expeditions, Requestes & Procedures sujetes à la taxe y seront datées, sans qu'on
puisse passer en taxe celles qui ne seront point rapportées, si ce n'est
qu'elles ayent esté adhirées, & qu'il en soit fait mention dans le
vû des Jugemens, Sentences & Arrests. Ordonné en outre, que
lorsqu'il y aura plusieurs condamnez aux dépens qui occuperont
par differens Procureurs, & que les articles les concerneront conjointement; la copie de la declaration ne sera donnée qu'à l'ancien
Procureur, en le declarant neanmoins aux autres Procureurs par un
simple acte; & en cas que l'interest des condamnez soit distinct &
separé, il ne leur sera donné à chacun copie que des articles qui les
regardent, sans que les Procureurs puissent prendre leur assistance
qu'à proportion des articles qui concerneront leurs Parties, que
conformément à la Declaration du Roy du 6. Decembre 1689. registrée en ladite Cour, tous les Procureurs autres que ceux qui seront commis pour faire la fonction du Tiers, ne pourront voir, taxer, ni calculer les dépens; dans laquelle prohibition ne seront com-
prises les appellations de taxes & contestations qui peuvent surve-
nir en consequence d'icelles, qui seront reglées par les Procureurs
ausquels la Cour en fera le renvoi. Seront au surplus toutes les
écritures & procedures abrogées par l'Ordonnance, rejetées de la
taxe des dépens; ensemble, les écritures inutiles & superfluës fai-

tes par les Procureurs ; & seront tenus lesdits Procureurs Tiers de representer au Procureur General du Roy les écritures de la même qualité qui se trouveront faites par les Avocats, & les remettre en ses mains, pour sur ses Conclusions y estre par la Cour pourvû, conformément à l'article 11. du titre 31. de l'Ordonnance du mois d'Avril 1667. Et sera le present Arrest lû & publié à la Communauté des Avocats & Procureurs de ladite Cour. Fait en Parlement le 17. Janvier 1691. Collationné. Signé, DU TILLET.

Lû & publié en la Communauté des Avocats & Procureurs de la Cour, par moy Greffier sous-signé, le 29. Janvier 1691. Signé, TUAULT.

EXTRAIT DES REGISTRES
de la Communauté des Avocats & Procureurs de la Cour.
Du 3. Avril 1691.

CE jour, la Compagnie aprés avoir deliberé sur les difficultez proposées en la Chambre des Tiers (où les Procureurs qui sont en exercice) se trouvent dans les Semestres de differens avis sur des questions qui doivent estre uniformes.

Arrêté sous le bon plaisir de la Cour, que dans tous les Semestres de la Chambre des Tiers, les taxes des articles suivans y seront uniformes.

Que les dépens adjugez par Arrest seront taxez en conformité de ce qui sera ordonné, qu'encore que la condamnation ne soit que d'une partie des dépens, les épices & frais de l'Arrest se taxeront pour le tout, s'il n'y a arrêté au contraire, mais que les épices & frais de la Sentence, même des Arrests interlocutoires, n'entreront en taxe que pour la portion qui sera adjugée ; les dépens n'étant considerez que comme les autres frais faits pour parvenir à la condamnation. Le Reglement de 1665. qui porte, que celuy qui est condamné en partie des dépens, doit toutes les épices, n'ayant son application qu'au seul titre en vertu duquel les dépens sont taxez.

Que lors qu'il y aura adjudication de partie des dépens & des autres reservez, les épices & frais de l'Arrest entreront pour le tout, sauf aprés le jugement des chefs interloquez à repeter la portion reservée contre ceux qui y seront condamnez.

Que lors qu'il se trouvera des incidens joints dans les Instances ou Procés jugez, dans lesquels celuy qui aura obtenu adjudication

de dépens n'aura point esté partie principale , ayant payé les vacations , épices , & levé l'Arrest , il pourra dans la declaration des
frais à luy adjugez, les employer, & seront taxez pour le tout contre les condamnez envers luy , encore qu'il y ait des Arrêtez qui en
rendent ceux avec lesquels il n'aura point esté partie tenus de portion , sauf en ce cas ausdits condamnez leurs recours , & en faire
le recouvrement contre ceux qui en sont tenus ; & quand celuy
qui aura avancé & payé les vacations & frais de l'Arrest aura esté
partie dans lesdits Incidens , il n'aura la repetition que contre le
condamné.

Ne sera taxé aux Procureurs dans les affaires criminelles instruites en la Cour pour produire les témoins , soit dans l'information,
recollement & confrontation, pour chacune vacation que 60 sols,
sans qu'on puisse taxer les deux tiers de la taxe de M{{r}} le Commissaire, sinon lors qu'il y aura transport hors la Ville.

Quant aux enquestes & matieres civiles , soit en cette Ville ou
dehors , les taxes des deux tiers de Monsieur le Commissaire seront observées.

Arrêté , qu'aux interrogatoires sur faits & articles, outre la vacation de 15. sols pour requerir l'Ordonnance , il ne sera taxé au
Procureur que 32. sols pour sa vacation chez Monsieur le Commissaire , soit que l'interrogatoire soit fait , ou le procés verbal , qui
tiendra les faits pour confessez par défaut.

*Lû & publié à la Communauté des Avocats & Procureurs de la Cour,
le Jeudy 26. Avril 1691. Signé , TUAULT.*

ARREST DE LA COUR DE PARLEMENT,

Portant Reglement general sur les voyages & sejours.

Du dixiéme Avril 1691.

EXTRAIT DES REGISTRES DE PARLEMENT.

Vû par la Cour l'Arrest d'icelle en forme de Reglement, du
26. Aoust 1665. Conclusions du Procureur General du Roy, &c.
Voyez cy-dessus les pages 161. 162. 163. 164. & suiv.

EXTRAIT DES REGISTRES
des Deliberations de la Communauté des Avocats & Procureurs de la Cour.

Du dixiéme Aoust mil six cent quatre-vingt-onze.

CE jour, la Compagnie ayant esté informée que quelques Procureurs se donnent la liberté d'arrêter entr'eux les Declarations de dépens, & de faire signer les Memoires aux Tiers qui sont nommez en conformité de leurs apostils, & qu'ils ne trouvent pas la facilité qu'ils souhaitent, ils suppriment le Memoire du Tiers, remettent au net les Declarations, qu'ils font passer à une autre distribution, ou passent entr'eux des appointemens de liquidation pour se mettre à couvert de la faute qui seroit reconnuë, en mettant la Declaration au Greffe avec le Memoire du Tiers : Ce qui donne atteinte à l'Edit, aux Reglemens de la Cour, & à l'établissement de la Chambre des Tiers, qui degenerroit dans un abus préjudiciable au public, auquel il est tres-necessaire de pourvoir pour maintenir la Communauté dans les Regles qui leur sont prescrites, & empêcher qu'il ne soit contrevenu, aprés y avoir deliberé :

Arrêté, sous le bon plaisir de la Cour, que tous les Procureurs se conformeront à l'Edit des Tiers & aux Reglemens de la Cour, & suivant iceux, que la fonction de Tiers ne pourra estre faite que par ceux qui sont en exercice.

Que ceux ausquels la distribution sera faite en conformité des Reglemens sur les pieces, sans s'arrêter aux apostils qu'ils trouveront prejudiciables, ny suivre aucun memoire d'Ancien, dont les Procureurs ne pourront convenir sous tel pretexte que ce soit, ny autres que ceux qui seront en exercice, voir & regler le dépens.

Que les Procureurs Tiers feront par eux-mêmes les dépens, sans pouvoir signer aucun memoire à la relation de leurs Confreres, ny d'autre.

Que le Tiers ayant fait sa fonction, son memoire ne pourra estre supprimé, ny la Declaration refaite pour passer à une autre distribution.

Que les Procureurs ne pourront passer entr'eux des appointemens de liquidation de frais sujets à taxe, & qui auront esté reglez

glez fur la declaration qu'ils feront tenus de mettre au Greffe avec
le memoire du Tiers, pour y prendre l'executoire, ainfi qu'il eft
preferit.

Que les Tiers fe conformeront au Reglement fait par la Cour
le 17. Janvier dernier ; & pour éviter qu'ils ne foient furpris, &
qu'on ne leur rapporte une feconde fois la même chofe qu'ils auront taxée en reglant les dépens & faifant leur memoire, ils mettront taxe fur la piece.

Au furplus, que fur les difficultez qui furviendront en la taxe,
les Procureurs fe pourverront à la Chambre des Tiers pour y eftre
reglez fans frais, & en cas de contravention à aucuns des autres
cy deffus, que la plainte en fera portée au Parquet de Meffieurs
les Gens du Roy & à la Grand' Chambre par les Procureurs de
Communauté, pour demander, contre les contrevenans, qu'ils feront rayez de la Matricule, fans y pouvoir eftre rétablis, ny que
la Communauté les puiffe décharger de la contravention.

EXTRAIT DES REGISTRES
des Deléberations de la Communauté des Avocats & Pro-
cureurs de la Cour.
Du Vendredy onziéme Janvier 1692.

C E jour, la Compagnie aprés s'eftre diverfes fois affemblée à
l'effet de rendre les queftions qui fe reglent à la Chambre des
Tiers uniformes dans les Semeftres de ceux qui font prepofez pour
les regler.

I.

Arrête, fous le bon plaifir de la Cour, que conformément au
Reglement en la Jurifdiction des Eaux & Forefts en toutes les Inftances qui y font introduites pour y eftre jugées à l'ordinaire, les
frais ne feront taxez que comme aux Requeftes du Palais, & n'y
aura que les appellations qui y feront relevées des Maîtrifes particulieres, & les affaires introduites pour y eftre jugées en dernier
reffort, qui y feront taxées comme au Parlement.

I I.

Ce qui fera de même obfervé pour la Connétablie, où il n'y
aura que fur les appellations des Prevoftez qui feront taxez comme en la Cour.

III. Part.   L l

III.

Et en l'Amirauté les frais s'y taxeront comme au Parlement suivant le Reglement.

IV.

Que pour former la demande en peremption, il ne sera point taxé de voyage, encore qu'il soit affirmé ; mais un vin de messa-ger seulement.

V.

Qu'il ne sera taxé aucuns frais des appellations & demandes jugées peries, comme estant les procedures éteintes par la pe-remption.

VI.

Que les Factums faits en tous Procés & Instances n'entreront point en taxe, encore qu'ils soient employez pour écritures, & signifiez.

VII.

Que conformément à l'Arrest de Reglement du 10. Avril 1691. lors que les dépens de la cause d'appel seront compensez, & qu'il n'y en aura que de la cause principale, le voyage d'homme de cheval donné pour lever l'Arrest sera taxé & employé dans les dépens, encore que l'Arrest soit levé par le condamné, pour-vû que le voyage ait esté affirmé avant l'Arrest ; & où il n'aura point fait d'affirmation avant le Jugement, l'Arrest estant levé par le condamné, & signifié avant qu'il ait esté fait d'affirma-tion pour le lever, en ce cas seulement il ne sera point taxé de voyage.

VIII.

Que pour obtenir les Sentences d'évocation & de cassation, il ne sera taxé au Procureur aucun droit de consultation ; aura seu-lement 15. sols pour la Requeste judiciaire sur laquelle la Sentence sera obtenuë, & 15. sols pour sa plaidoirie.

IX.

Qu'il sera taxé journée sur tous les Reglemens, soit qu'ils soient contradictoires ou par défaut, même sur ceux qui interviennent sur les Requestes en toutes les Jurisdictions où les Procureurs oc-cupent, pour produire, retirer du Greffe les Procés & Instances jugées, consigner & retirer l'amende.

X.

Ne sera taxé aux Procureurs aucun droit de consultation sur les oppositions qu'ils formeront aux Arrests & Jugemens pris con

tr'eux par défaut à l'Audience où ils auront esté appellez.
XI.
Ny pareillement ne sera taxé aucun droit de consultation sur les Requestes données en jugeant, de quelle qualité qu'elles soient; Ny sur les assignations données en constitution de nouveau Procureur.

XII.
Ne sera employé dans les Reglemens qui se prendront sur les ordres , ny sur les incidens portant jonction aux préferences le nom d'aucun Avocat ; Et s'il y est employé , ne sera taxé si la cause n'a esté plaidée.

XIII.
Le Reglement concernant les Appointemens à mettre en la Grand' Chambre , sera ponctuellement executé, & ne sera point taxé de contredits , de quelle qualité que se trouve l'Appointement à mettre , même dans les Instances , qu'aprés qu'il aura esté converty en droit,

XIV.
Que pour la vacation du Procureur de faire enregistrer la saisie réelle au Parlement , ne sera taxé que 30. sols , de même chez le Commissaire , & aux Justices ordinaires où les Procureurs de la Cour occupent moitié.

XV.
Que lors qu'il sera arrêté aux procés jugez de grands Commissaires qu'une partie payera des vacations , il payera aussi les épices à proportion des vacations, dont il est tenu , si l'arrêté n'est au contraire.   XVI.
Que les appellations des Sentences diffinitives ou preparatoires dans les Jurisdictions où les Procureurs occupent , ne pourront estre relevées avec eux que dans l'année du jour qu'elles auront esté signifiées, aprés lequel temps on sera tenu de faire assigner la partie à son domicile , suivant le Reglement.

Extrait des Registres des Deliberations de la Communauté des Avocats & Procureurs de la Cour.

Du 28. Novembre 1692.

CE jour , la Compagnie s'estant assemblée à l'effet de rendre les questions , qui se reglent à la Chambre des Tiers, uniformes dans les Semestres de ceux qui sont preposez pour les regler.

I.

A arrêté, sous le bon plaisir de la Cour, que dans les Instances appointées au Conseil, il ne sera taxé aucun droit de communication, pour fournir de réponses à causes d'appel, lors qu'elle aura esté donnée pour contredire la production, & sera seulement taxée quand il n'en sera point donné pour contredire..

I I.

Que dans les instances d'ordre & de preference, il ne sera point taxé de premiere communication, mais seulement la communication ordinaire sur les productions qui auront esté contredites.

I I I.

Ne seront les contredits signifiez qu'au Procureur de l'opposant dont la production aura esté contredite, & n'entreront en taxe les significations, si aucunes sont faites, aux Procureurs des parties saisies & plus ancien Procureur des opposans.

I V.

Ne sera taxé aucun droit de communication, ny de contredits sur les Requestes d'employ, où il n'y aura point de pieces jointes, ausquelles on pourra seulement répondre.

V.

Toutes Requestes d'employ pour réponse à cause d'appel, contredits & production, dans les Instances ne pourront estre taxées moins de soixante sols.

V I.

Que dans les frais ordinaires il sera employé contre l'adjudicataire jusques à trois remises, même en la Cour quand il y en aura, le surplus en frais extraordinaires suivant le Reglement.

V I I.

Que dans les contestations qui seront jugées pour raison des frais & salaires des Procureurs en la Cour, en cas qu'il en soit par eux fait cession, il ne sera taxé à leur Cessionnaire aucuns voyages ny vins de messagers, & seront les dépens qui seront adjugez, reglez de même qu'ils auroient esté en la personne du Procureur.

V I I I.

Ne sera taxé au Procureur du poursuivant en la Cour que trois comparutions aux Baux judiciaires, à raison de trente sols chacune, & aux Requeftes du Palais, de l'Hoftel, & Jurifdictions ordinaires, quinze fols.

Signé, FEVRIER.

Extrait des Regiſtres de la Communauté des Avocats & Procureurs de la Cour.

Du premier Septembre mil fix cent quatre vingt-treize.

CE jour, la Compagnie ayant deliberé fur les difficultez arrivées en la Chambre des Tiers, à l'effet de rendre les regles uniformes.

Arrefté, fous le bon plaifir de la Cour, que les voyages feront taxez, conformément au Reglement du dixiéme Avril 1691. même à ceux qui feront nommez par Sa Majefté pour faire la fonction d'Intendant dans les Provinces, quand ils y feront actuellement avec leur famille, & qui n'auront plus lors d'habitation en cette Ville, leurs voyages feront taxez du lieu où ils feront, en faifant les affirmations fuivant l'Ordonnance.

Qu'il ne fera taxé aucunes procedures qui feront faites avec les Commiffaires aux Saifies Réelles, Receveurs des Confignations fur des provifions & demandes où ils n'ont point d'interefts perfonnels.

Que les productions faites fur les appellations ou demandes principales en vertu du premier Reglement, feront au moins taxées fix livres, & celles fur les incidens, trois livres.

Que depuis le Reglement fait par la Cour en 1665. y ayant plufieurs Jurifdictions qui ont fait regler leurs droits, les Tiers qui feront en mois taxeront en conformité de ce qui a efté approuvé par la Cour.

Dudit jour premier Septembre 1693.

Arrefté, que l'on fe conformera à l'Edit de Creation des Tiers, & fuivant iceluy qu'aucun Procureur, quoyque nommé par les Arrefts, Sentences & Jugemens, ne pourra taxer les dépens qui feront diftribuez & vûs par les Procureurs Tiers en mois.

Extrait des Regiſtres des Deliberations de la Communauté des Avocats & Procureurs de la Cour.

Du Vendredy 20. Novembre 1693.

CE jour , la Compagnie aprés avoir deliberé ſur l'ordre que les Procureurs Tiers en exercice doivent tenir pour l'execu-tion de la Declaration , portant rétabliſſement du droit de reviſion, & Arreſt de Reglement intervenu ſur icelle.

ARTICLE PREMIER.

Arreſté, ſous le bon plaiſir de la Cour, que les Procureurs Tiers en exercice ſe conformeront à la Declaration & Arreſt de Reglement, & ſuivant ce qui eſt preſcrit , ne paſſeront en taxe aucunes écri-tures attribuées au miniſtere des Avocats , ſi elles n'ont eſté faites & ſignées d'un Avocat connu & employé au Tableau , arreſté par la Cour, à peine d'en répondre en ſon nom.

I I.

Que le droit de reviſion ne ſera taxé aux Procureurs que ſur les écritures qui auront eſté faites & ſignées par les Avocats , & non ſur celles qui ſont attribuées par le Reglement à leur fonction, qui ne ſeront plus faites par Requeſtes.

III.

Que le droit de conſeil ne ſera taxé qu'à raiſon de quinze ſols pour chacun ſur les renvois , fins declinatoires , titres & pieces à communiquer , défenſes, repliques, cauſes d'oppoſition , moyens de nullité , réponſes , Requeſtes en jugeant ou communiquées à partie , ſur les Reqüeſtes incidentes portées aux Audiences, ſans qu'il puiſſe eſtre taxé ſur les exceptions & dires inutils.

IV.

Que le droit de conſultation ne ſera taxé que ſur les appella-tions , demandes principales , & celles ſur leſquelles il y aura Re-glement , ſur les criées & pour produire , ſans qu'on puiſſe taxer plus de quinze ſols pour le conſeil ſur les actes d'oppoſition , ſoit aux criées ou à l'execution des Arreſts & Jugemens , même ſur les productions nouvelles.

V.

Que dans les incidens où il n'échera point d'écritures, & qu'on employera , les Requeſtes ſeront taxées ſoixante ſols avec la con-ſultation , & lors qu'elles excederont deux rôlles , le diſcours

inutile fera retranché & feront moderement taxées.
V I.
Que les droits de revifion & de confeil ne feront taxez que depuis le rétabliffement porté par la Declaration du 16. May 1693.
& Arreft de verification du 29. dudit mois.
V I I.
Que toutes les copies non lifibles ny correctes, qui auront efté
fignifiées pendant le cours & inftruction des procés & inftances,
n'entreront point en taxe, & en feront rejettées.
V I I I.
Que les droits du Commiffaire aux Saifies Réelles & Greffiers
pour les enregiftremens des faifies, extrait des oppofans & certificats, ne feront taxez que fuivant l'attribution qui leur en eft
faite en conformité des Reglemens, & non fur les reçûs qu'ils
mettront.

F I N.

PRIVILEGE DU ROY.

LOUIS par la Grace de Dieu Roy de France & de Navarre : A nos amez & feaux Conseillers, les Gens tenant nos Cours de Parlement, Maistre des Requestes ordinaires de nostre Hostel, Baillifs, Senéchaux, Prevosts, & tous autres nos Officiers & Justiciers qu'il appartiendra ; Salut. JACQUES LE FEBVRE Marchand Libraire à Paris, Nous a fait remontrer que la Communauté des Procureurs, Tiers Referendaires de nostre Cour de Parlement de Paris, pour faire observer les Reglemens & pour l'instruction de leur Compagnie, leur ont mis entre les mains un Livre intitulé, *le Recüeil des Arrests & Reglemens concernant leur Fonction* ; lequel il desireroit faire imprimer & donner au Public, Nous suppliant luy vouloir accorder nos Lettres à ce necessaires : A CES CAUSES, desirant traiter favorablement l'Exposant, Nous luy avons permis & octroyé, permettons & octroyons de grace speciale par ces Presentes, d'imprimer ou faire imprimer, vendre & debiter le Recüeil desdits Arrests & Reglemens, durant le temps & espace de vingt années entieres & consecutives, à compter du jour que le Livre sera achevé d'imprimer pour la premiere fois ; Faisons tres-expresses inhibitions & défenses à tous Libraires & Imprimeurs de nostre Royaume, & autres personnes, de l'imprimer, faire imprimer, vendre & debiter durant ledit temps sans la permission de l'Exposant, souz pretexte d'augmentation, correction ou autrement, à peine de trois mil livres d'amande par chacun des contrevenans, applicable un tiers à Nous, un tiers à l'Hostel-Dieu de nostre bonne ville de Paris, & l'autre tiers audit Exposant, de confiscation des exemplaires contrefaits, & de tous dépens, dommages & interests, à la charge toutefois qu'avant de l'exposer en vente, il en sera mis deux Exemplaires en nostre Biblioteque publique, un en celle servant à nostre Personne en nôtre Château du Louvre, & un en celle de nôtre cher & feal le Sieur Boucherat Chevalier, Chancelier de France, à peine de nullité des Presentes : du contenu desquelles Nous vous mandons que vous fassiez joüir & user ledit Exposant, & tous ceux qui auront droit de luy, pleinement & paisiblement, sans permettre qu'ils y soient troublez, voulant qu'en mettant au commencement ou à la fin du Livre copie ou extrait des Presentes, elles soient tenuës pour bien & düement signifiées. Mandons au premier nôtre Huissier ou Sergent sur ce requis faire pour l'execution des Presentes tous Exploits necessaires, sans demander autre permission, nonobstant Clameur de Haro, Charte Normande, prise à partie, & Lettres à ce contraires : Car tel est nôtre plaisir. DONNE' à Versailles le 21. jour de Janvier, l'an de grace 1694. Et de nôtre Regne le cinquante-uniéme. Par le Roy en son Conseil. Signé, TOURRES.

Registré sur le Livre des Libraires & Imprimeurs de Paris, le onziéme Aoust 1694. *Signé,* P. AUBOUYN, *Syndic*

Achevé d'imprimer le 20. Decembre 1694.

TABLE

TABLE

DES MATIERES CONTENVES DANS
Les Reglemens concernant les Fonctions des Procureurs, Tiers Referendaires du Parlement de Paris.

A

B

C

III. Part.

M m

Fin de la Table.

Fin de la Table.

www.ingramcontent.com/pod-product-compliance
Lightning Source LLC
Chambersburg PA
CBHW051814150726
47998CB00001B/151